读写相携　初语归真

段艳侠　著

北方联合出版传媒(集团)股份有限公司

万卷出版公司

图书在版编目 CIP 数据

读写相携　初语归真 / 段艳侠著 . —沈阳 : 万卷
出版公司 , 2020.6
　　ISBN 978-7-5470-5336-2

　　Ⅰ . ①读… Ⅱ . ①段… Ⅲ . ①中学语文课—课堂教学
—教学研究—初中 Ⅳ . ① G633.302

　　中国版本图书馆 CIP 数据核字 (2020) 第 052584 号

出版发行：北方联合出版传媒（集团）股份有限公司
　　　　　万卷出版公司
　　　　　（地址：沈阳市和平区十一纬路 25 号　邮编：110003）
印　刷　者：辽宁盛通印刷有限公司
经　销　者：全国新华书店
幅面尺寸：185mm×260mm
字　　数：230 千字
印　　张：11.75
出版时间：2020 年 6 月第 1 版
印刷时间：2020 年 6 月第 1 次印刷
责任编辑：李　明
责任校对：张希茹
封面设计：意·装帧设计
ISBN 978-7-5470-5336-2
定　　价：39.00 元

联系电话：024-23284090
邮购热线：024-23284050
传　　真：024-23284521
E-m a i l : vpc_tougao@163.com

作者简介

段艳侠，女，汉族，1973年1月出生，大学本科学历，中共党员，1993年参加工作，在沈阳市第六十中学任语文教师，一直兼任班主任，中学高级教师职称。工作26年，一直钻研语文教学，始终走在语文课改的前列，是市级名师工作室主持人，所教学生语文成绩名列前茅。先后获得于洪区五一劳动奖章、于洪区名师、于洪区首席教师、于洪区师德先进个人、于洪区优秀共产党员、于洪区骨干教师，沈阳市骨干教师、沈阳市名师、沈阳市五一劳动奖章、沈阳市首席教师、沈阳市最美家庭，辽宁省骨干教师、辽宁省学科带头人等荣誉。

她还把因父母打工忙而没人照看的孩子带回家，该事迹被刊登在《沈阳日报》上。段艳侠任于洪区初中语文工作坊课例组组长，曾赴上海青浦区学习课例研修，执教公开课。撰写课例研修方案、观课点评报告、课例报告、课例总结近6万字。到扬州树人学校学习，撰写的课题《农村初中男女生阅读与写作的差异分析及达到均衡发展策略的研究》考察报告，发表在国家级核心期刊上。课题《农村初中男女生语文文体阅读与写作的差异研究》已结题。代表沈阳市名师团在扬州树人学校做汇报。2018年5月22日，受沈阳市教育研究院邀请在沈阳市光明中学，为沈阳市名师培训作报告《师德深处是繁花》。指导青年教师参加市级优秀课评比。有7篇论文发表在市、省、国家级刊物上：2012年3月《运用多媒体技术提高语文教学效率》发表在《沈阳教育》2012年第3期（市级），为第一作者；2013年3月《扬起科技风帆漫游语文世界》发表在《现代阅读》2013年第3期（国家级），为第一作者；2013年12月，《初中农村教师的语文素养在学生中的导向作用》发表在《中国科教新导刊》2013年第12期（国家级），为第一作者；2014年9月，《初中男女生阅读与写作的差异研究》发表在《辽宁教育》2014年第9期（省级核心期刊），为第一作者；2015年1月，《最近的距离是心与心的交融》发表在《辽宁教育工作》2015年第1期（省级），为第一作者；2016年9月，《农村初中男女生阅读与写作的差异分析及达到均衡发展策略的研究》考察报告发表在《新教育时代》2016 年第 9 期（国家级），为第一作者；2017 年 6 月《让文体阅读和写作插上翅膀》入选《研究型教师优秀成果文集》，为第一作者。

她担任 4 项课题主持人，获结题证书，有课题成果文集，另有 4 项课题获参与人结题证书：2011 年 3 月至 2014 年 3 月主持《中学语文教学最优化实验与研究》（国家级，获主持人结题证书）；2012 年 9 月至 2015 年 9 月主持《教师如何提高学生语文能力的研究》（省级，获主持人结题证书）；2013 年 11 月至 2016 年 11 月主持《农村初中男女生语文文体阅读与写作差异的研究》（市级，获主持人结题证书）；2011 年 8 月至 2013 年 8 月参与《当代"三读"理论与实验研究课题》（国家级，获参与人结题证书）；2010 年 12 月参与研究"十一五"规划课题《当前农村中学生心理健康问题调查研究》获结题证书（国家级）；2011 年 3 月至 2014 年 3 月主持《中学语文教学最优化实验与研究》（国家级，获科研成果一等奖证书）；2011 年 10 月申报的《语文教学中渗透心理健康教育研究成果》获课题研究成果一等奖（国家级）。

执教的课程获得区、市、省、国家级荣誉。2011 年《弱种子也要发芽》获沈阳市优秀课一等奖（沈阳市教育研究院）；2012 年 7 月《弱种子也要发芽》获"耕耘者论坛"教学设计一等奖（中国教育学会中学语文教学专业委员会）；2012 年《弱种子也要发芽》获辽、吉、黑、内蒙古"耕耘者"论坛现场赛课二等奖（中国教育学会中学语文教学专业委员会）；2014 年 11 月获沈阳市千节微课教师奖（沈阳市教育局）；2017 年《记下你心中的美》获"一师一优课、一课一名师"活动省级优秀课；2019 年 5 月获教育部"一师一优课、一课一名师"活动优课一等奖。

楔　子

用心去倾听，便可听到草儿伸展腰身的旋律；

用心去观看，便可看到花儿吐蕊绽放的舞姿；

用心去会意，便可悟到生活点点滴滴的幸福。

细数缀饰我的苍穹的璀璨繁星，

更念燃亮我的天空的灿烂艳阳，

拨动悠扬的弦曲萦绕心间

叩响如潮的感动。

月浅灯深，窗下书案，

将触动心灵的瞬间，

流淌成纸上短短长长的文字，

如滴滴春雨织成的绵绵雨丝，

滋润那一片绿茵茵的梦想。

展开快乐的羽翼，

飞向更广袤的天空，

觅得更多的充实、富有与美好。

每一天都是一个真实的自己，

珍惜每一个今天，

希望就会在某一个明天实现，

每一个明天就必将成为自己

——永远的绿草茵茵、桃李芬芳的幸福时节。

沈阳市第六十中学　语文高级教师　段艳侠

序　言

　　科研课题一直是一线教师在从事教育教学工作中遇到的实际问题。潜心钻研的教师就会有所得。破解难题，不仅使教师受益，而且学生也会终身受益。《读写相携　初语归真》是我在教学一线工作 26 年中遇到的教学问题：农村初中男女生语文文体阅读与写作差异及如何才能达到均衡发展。经过反复研究、提炼、再实践，我找到了问题的破解方法，找到了男女生差异的原因，找到了达到均衡发展的策略。并且我在工作中不断地由此课题深入研究、拓展，又对自身业务提升做了其他课题研究：《中学语文教学最优化实验与研究》《教师如何提高学生语文能力的研究》《农村初中男女生语文文体阅读与写作差异的研究》《基于区域联盟的教学资源共建共享模式的研究》，提高自己的教学工作素养，并培养学生的语文能力和素养。

　　本书共分六篇，分别从《农村初中男女生语文文体阅读与写作差异的研究及达到均衡发展策略》课题界定、《农村初中男女生语文文体阅读与写作差异的研究及达到均衡发展策略》改革实践、总结撰写第一次课题研究报告、课题深入拓展研究、建立读写结合的语文课堂，做课例研修、读写结合的课堂实践，教师自己写习作指导学生读写、课题实践跟踪总结、教学经验总结方面对初中语文课堂读写结合进行探究，总结策略，缩小初中男女生在语文文体阅读和写作上的差异，达到均衡发展。建立了自己的课堂教学模式，读和写相结合，说和写相结合，回归大语文的本真，发扬母语文化的优秀传统，弘扬祖国文化精神，彰显汉语言魅力。

　　　　　　　　　　　辽宁省沈阳市第六十中学　高级语文教师　段艳侠

目　录

第五编 读写结合的课堂，教师自己写习作指导
学生练笔，分类读写

第六编 课题跟踪实践改进经验总结

读写相携　初语归真

　　《礼记》有云："学然后知不足，教然后知困。知不足，然后能自反也；知困，然后能自强也。故曰：教学相长也。""教学相长"即教和学两方面互相影响和促进。教师的教学成长来源于科研课题的破解，科研中受益的不仅是学生，还有教师本人。7—9学年段语文学科有阶段的特殊性，对小学是一个提升，对高中是一个铺垫，既有大语文的人文性、工具性，又有其综合性、实践性、语文适用性。因此建立读写结合的语文课堂尤为重要。读写相携，让初语回归语文本真。

　　我的教学成长来源于课题研究。一个课题选好角度，可以做一辈子研究，既有利于我的教学水平提升，又有利于一届又一届学生。工作中做过很多岗位，但是只有教了语文学科，做了班主任，才发现我的工作中存在诸多问题，亟待解决。

　　于洪区在进行名师培训的时候，请了专家讲课，为一线老师讲解如何发现问题，进行科研立项，进行课题研究分析，得出结论，如何撰写课题研究开题报告、研究报告等，我在培训期间接触到这一领域之后非常着迷，既是为了完成名师培训考核，也是想真正地做课题研究解决我工作中遇到的问题。回顾我的工作经历，我共在四所学校任过职，所到的都是农村最偏远地区，教学环境十分艰苦。我任班主任多年，带过的班级很多，所去过的学校、所带的班级都是男生多、女生少，也许是农村情况特殊，计划生育坚持得不彻底，所以农村学校不同于城市学校，女孩子受教育的权利也不受重视。可是随之而来的就是班级的一系列问题。我刚带班级，教育学生的方法还很稚嫩，经常出现这样或那样的问题，我不能处理得很好，就求教于老教师，学几招，刚能把班级管理得安稳了，学习成绩又下滑，不如同年组其他老教师带的班级好。看到自己的班级成绩不好，学生没有好的学习习惯，我就开始动脑筋琢磨怎么能把学生管理好，让他们有好习惯，能认真学习。别人用的方法我也用了，效果是比以前好了，可是我很卖力气，却还是追不上老教师。

　　这次参加于洪区待评名教师培训，是我教学成长的转折点。我们于洪区教研中心陈玉秋校长请了山东赵桂霞老师做课题研究《不断追问的报告》，她是用数据研究课题。我看到那些数据统计灵光一现：我为什么不能用数据统计我的教学困惑情况呢？学习赵桂霞，我想到了第一个课题题目，马上就被陈校长给否决了，严厉批评我，没有深入研究，我想的不是真问题。这回我愁了，夜里睡不着觉就冥思苦想，后半夜还在思考，第二天我有了新的角度，男女生学习差异性，在班级十分明显。男生多，语文阅读和写作分值都低，造成班级总体成绩不如其他班级。这一发现让我兴奋不已，然后和陈校长探讨，发现是个非常值得研究的课题。然后我就按照指导，一步一步地研究，并且形成文字稿、数据统计图。陈校长也特别欣赏我的钻研精神，有时后半夜两点钟，我俩还在研究。经过反复写、锤炼，课题终于有了大概的轮廓。我发现，这就是我要发现的真问题，我开始深入研究，并且入迷了，越研究越发现，这个课题十分有利于我的教育教学。在写作过程之中，我也开始明白了，教学离不开科研，科研又会让教师在专业上成长起来。随着研究的不断深入，我越来越为此痴迷。

第一编

《农村初中男女生语文文体阅读与写作差异分析
及达到均衡发展的策略研究》课题概念产生过程

第一章　课题界定

首先我找到了课题角度"男女生差异、语文文体阅读差异、写作差异",然后我开始通过调查分析来界定课题概念。

(一) 问题提出

我的班级中现有学生 45 名,其中男生 23 名,女生 22 名,男女生比例接近 1:1。但每次语文测试都发现男生没有高分,优秀率、及格率都很低,女生有高分,优秀率、及格率都优于男生。从学习语文的兴趣、积极性、完成作业情况、上课注意力等方面进行调查,发现女生在这几方面都优于男生。从语言表达、作文上看,女生也优于男生。我仔细研究男女生每次语文的测试卷,发现一个问题:积累与运用中,词语注音、字形、字义上,女生得分率高,男生失分率高,尤其是拼音的平翘舌区分、调号标注的位置,男生填不准,女生优于男生。在选择题中,男生则优于女生,得分多。综合探究中,关于社会、科学方面的,男生普遍会得到分,口语交际的,男生失分则多,女生得分则高。

阅读分四部分,即文言文课内课外比对阅读、记叙文体、议论文体、说明文体。这四部分中,女生在文言文词语积累、翻译和记叙文体叙事、抒情类题型,得分率优于男生,而且相差较悬殊。而议论文和说明文答题得分率,则是男生优于女生。

作文每次是二选一的内容,女生多数写抒情类文章,男生则多数写议论体文章。这一发现让我兴奋不已,不断地追问自己:为什么同一套题,男女生成绩差距这样大,失分和得分的情况差异这样大?发现问题后,我进行了调查问卷。

(二) 调查分析

对全班 45 名学生进行调查:

下面是八年一班 2014 年 5 月的语文监测试卷得分情况:

表一　2014 年 5 月语文质量监测男女生成绩统计表:比较男女生成绩差异

题号	试卷赋分	女生总分	女生平均分	男生总分	男生平均分
1	2	2	0.09	6	0.27
2	2	36	1.64	32	1.45
3	2	6	0.27	8	0.36
4	4	36	1.64	17	0.77

题号	试卷赋分	女生总分	女生平均分	男生总分	男生平均分
5	2	24	1.09	12	0.55
6	10	167	7.59	111	5.05
7	3	24	1.09	4	0.18
一题	25	296	13.45	190	8.64
8	3	39	1.77	22	1.00
9	2	32	1.45	23	1.05
10	5	45	2.05	32	1.45
11	2	32	1.45	21	0.95
12	3	20	0.91	10	0.45
二题（一）	15	168	7.64	108	4.91
13	3	32	1.45	18	0.82
14	3	26	1.18	9	0.41
15	3	33	1.50	9	0.41
16	4	64	2.91	35	1.59
17	2	40	1.82	27	1.23
二题（二）	15	195	8.86	98	4.45
18	2	32	1.45	24	1.09
19	4	11	0.50	14	0.64
20	6	64	2.91	43	1.95
21	3	14	0.64	1	0.05
二题（三）	15	121	5.50	82	3.73
22	50	1003	45.59	899	40.86
三题	50	1003	45.59	899	40.86
总计	120	1783	81.05	1377	62.59

由这个成绩表生成两个统计图：

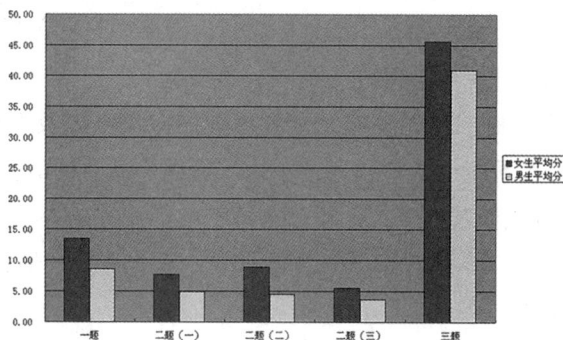

图一 2014年5月语文质量监测男女生各大题平均分差异统计图

图一比较的是男女生在知识积累、阅读理解、作文平均分方面的差异，可以看出女生平均分均比男生平均分高，文言文阅读（二题一）和议论文阅读（二题三）分差小一些。总体成绩女生高于男生。

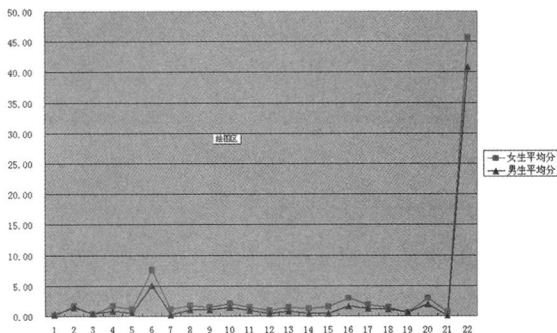

图二　2014 年 5 月语文质量监测男女生各小题平均分差异统计图

图二是男女生在每一个小题的平均分比较，总体分数女生高于男生，但是在1、2、3、9、10、11、12、13、17、18、19、21 几道题上分差不大。6、16、20、22 题上分差比较大。

为此，我又对学生的答题技巧和读书倾向进行了调查：

1. 听写汉字和给汉字注音的测试，考查书后出现的一类字词和书下注释中出现的二类文字，听写后，发现女生字音、字形全对的有 17 人，拼音全对的有 20 人，汉字全对的有 17 人；男生字音、字形全对的有 9 人，拼音全对的有 9 人，汉字全对的有 11 人。在字音、字形的掌握情况，女生得分是男生的 2 倍。

2. 选择题、辨析题，男女生各根据什么去填写选项？

男生回答：看前因后果关系，看暗示的词语；女生回答：有时是乱写，幸运、碰巧填对。

3. 探究题，社会科学方面如何答题？

男生回答：从电视节目"地理科学"中见过；女生回答：不知道。

4. 口语交际题如何得分？

男生回答：不会说。女生回答：我这样做过，母亲教过我怎样说。

5. 平时同学们喜欢读哪类书籍？

男生回答：爱看漫画，因为有趣，爱看侦破、探险小说及军事类、科技发明类、体育类。女生回答：爱看童话故事、言情小说、影视作品、抒情类。

6. 写作文爱写什么体裁文章，爱写什么事？

男生回答：议论文、科幻类、奇思妙想的事，不会写景抒情；女生回答：爱写家庭生活、抒情类叙事文，一写就收不住笔。

根据调查，我又进一步研究，把我班级上学期和这学期几次质量监测男女生总平均分进行比对：

表二　语文 6 次质量监测男女生平均分差异统计表

考试时间	试卷满分	男生平均分	女生平均分
2013 年 10 月	100	49.36	71.48
2013 年 11 月	100	51.45	75.68
2013 年 12 月	120	59.38	84.25
2014 年 3 月	120	61.59	88.32
2014 年 4 月	100	48.75	73.45
2014 年 5 月	120	62.59	81.05

由此表生成图三统计图：

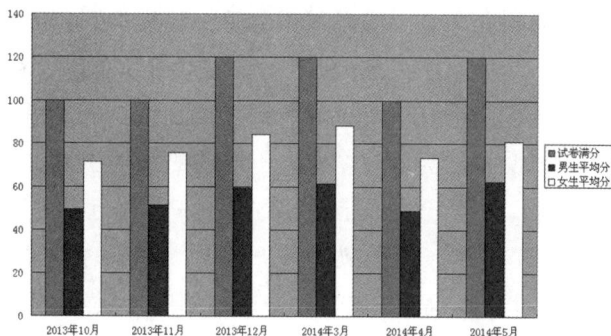

图三　语文 6 次质量监测男女生平均分差异统计图

发现每次测试平均成绩都是女生高于男生，而且每次分差相近。

调查后发现，男女生平时的爱好倾向与考试试卷得分失分情况息息相关，为什么同样是一个教师教，男女生差异这么大呢？

我查阅了相关资料，明白了男女生学习语文出现的文体差异阅读与写作差异大，不仅源于男女生性别差异，而且源于心理差异、性格差异、家庭教育差异、学校教育差异以及教材编写差异。

性别差异，其染色体构成不同，与其空间想象能力有关联，形成男女生智力活动上的一定差别。胼胝体是两侧大脑半球之间最重要的联结点，起着沟通和协调两侧大脑半球的作用。与男性相比，女性的胼胝体较大，导致女性的大脑较少专门化。女性的语言中枢平均分布在左右脑半球的趋势较明显，女性大脑皮质的功能组织似乎不像男性那么单侧化。因此，女性在涉及抽象思维、空间思维以及立体视觉活动的科目时成绩不如男性，而在语言方面优于男性。

另外，从身体发育的整体上看，女生比男生成熟早，在智力发展上也有一定的早期优势。与女性相比，男性在阅读能力的发展上可能需要花更长的时间才能走向成熟。

心理和性格差异。初中阶段是思维发展的重要时期，男生常常以理性的逻辑思维见长，但形象思维以及言语的流畅性不如女生，因而男生对阅读的兴趣普遍不及他们对自然、物理、科技、体育等方面的兴趣那么强烈。而相比之下，女生的形象思维和对语义的把握方面要优于男生，加上她们的情感细腻、丰富和深刻，常常偏向于个人的内心世界，因而女生们更倾向于通过阅读来获得乐趣，以丰富自己的生活。

在阅读的文体上，由于女生往往在具体形象思维方面有优势，因而更喜欢且擅长记叙文、诗歌、散文的阅读，男生往往在抽象逻辑思维方面具有优势，因而更喜欢且擅长说明文、议论文的阅读；在阅读的内容上，男女生也有着非常明显的性别差异。男生比女生更喜欢探索、冒险、刺激，因而备受男生青睐的读物主要集中于科普、武侠小说和军事类读物。与男生不同的是，女生在初中阶段大多显得较为文静，爱幻想，喜欢追求浪漫与完美的感觉，因此文学、心理类的读物逐渐成为女生们最为喜爱的类型。

家庭教育中，父母对男孩子和女孩子的教育重视程度不同。一个家庭中大多数是母亲陪伴孩子，父亲在一个家庭中只是负责工作，提供经济保障，在语言沟通上很少，造成男女生在家庭中接受的教育环境有差异。阅读过程中，母亲为孩子选择的阅读材料可能会偏女性化，题材类型较为单一。男生所偏爱的武侠小说、军事类阅读素材往往不会在家庭阅读中出现。男生会在其他的地方寻找，不让母亲关注，他们爱看漫画，爱玩游戏。男孩对亲情细腻的体会慢慢就少了。同时，母亲的阅读风格和阅读习惯也更适合于女孩阅读素养的培养。家长每次与女孩进行亲子共读的持续时间比与男孩共读的亲子共读持续时间更长。因此，家庭教育不知不觉中，人为地将男女生的阅读差异加大了，因而造成了男女生语文成绩差异大，而他们对不同书籍的探求，也使男女生向两个方向思维发展，造成文体阅读差异。写作来源于阅读，差异也就显而易见。

学校教育差异。学校教育中，用一把尺子衡量男女生，按同样标准要求男女生，忽略了性格差异。在语文学科上，出现了男女生成绩差异大、文体阅读差异大、写作差异大的现象，教师没有深入研究，不能注重对男生学习细节的培养，不能注重对女生整体把握能力的培养，也是目前教育方式亟待解决的问题。

教材的编写中，课文中叙事、抒情类作品居多，利于男生阅读的作品少，注重形象思维，忽视了男女生性别差异、思维差异，也是男女生语文成绩差异大、文体阅读差异大的原因。

综上所述，我又继续深入研究了近几年我市中考语文命题及全国各市中考命题，发现中考命题时，对男女生性别差异也是考虑得较少。有时一套中考试卷在中考中连续出现高分情况，满分150分，最高成绩会在146分。命题偏向女生思维规律的居多，试卷分值设计也是适合女生答题。女生语文成绩高分多，考上省级重点高中的女生居前，男生居后；按比例数，女生考上省级重点高中的占多数，男生占少数。然而，经过高中三年学习，男女生差异不再明显，高考时男女生不均衡的现象就少了很多。但在中考时，男生就因语文的成绩低，可能与较好高校无缘了。

这一调查研究结果让我深深反思。在学生基础教育阶段，作为一线教师，这些问题是我应该注意的，反思我的教学理念是否符合学生的性别发展，反思我在思想教育上对性格差异引导的忽略，反思我在教学中对男女生培养的方式是否做到了因材施教。

这一问题的产生和分析我都做完之后，又赶上去扬州学习，我又深入考察我的课题界定对象的问题。

（三）外出考察界定课题研究对象

我参加了教育研究院组织的赴江苏学习考察活动，在江苏扬州树人学校进行了深层次、近距离的学习和调查。在树人学校我走进了课堂，近距离地与树人学校的老师接触、听课、评课、研讨，与学生进行交流。课间时，我抓紧一切机会与学生、老师进行研讨。我每听一节课，都着重关注一下每个班级男女生分配情况、分组情况、课上男女生回答问题情况及课上男女生的差异呈现情况，老师提问、评价、生生互动、师生互动，所有关于男女生学习语文差异的现象我都关注。不同学科我也是这样关注。我希望在南北方不同省份、不同程度的学校，找到我课题的着眼点，然后改进，提高自己的教学水平。听课之后，我都是追着执教者探讨关于我课题涉及的内容。通过数据显示：市内好的学校，这种差异很小，通过全年组的男女生平均成绩比对，得出结论就是我研究的课题研究范围界定在农村初中，以男女生为研究对象。我的标题为《农村初中男女生语文文体阅读与写作差异分析及达到均衡发展策略的研究》。

第二章　国内外研究现状及课题意义

（一）国内外研究现状

国内现有研究包括《男女生心理差异与教育》《语文教育研究概论》、郭艳霞《初中生语文学习的性别差异研究》、学位论文《初中男女生语文学习差异分析和教学策略实践研究》。

国外现有研究包括美国麦可比·杰克林《性别差异的心理学》、美国布鲁纳《教育过程》，其中有一些是关于这方面的研究，但都没有具体深入到农村初中男女生语文文体阅读和写作差异这方面。国外有关于小学生语文阅读与性别差异的，也没有我要的这方面的研究。对于初中男女生这一部分内容很少涉及，尤其是农村的地域范畴就更少了。

（二）创新点、亮点

我通过总结出农村初中男女生文体阅读与写作存在差异的原因，以及达到均衡发展的策略，能够完善自己的教学风格，还能通过自己的研究引起其他学科教师对农村初中男女生性别差异的重视，从而缩小学生在其他学科上存在的差异，达到均衡发展。

我的研究还填补了7—9年级学段13—16岁农村地区男女生语文教学策略的空白，为带动地区发展实现教育均衡提供真实案例资料，也为学生未来10年、20年的生活打下了基础。

（三）课题的意义

缩小男女生在语文学习上的差异，学生会阅读语文文体的方法，会写作，让男女生并肩同行，使学生在学习语文中得到快乐，形成正确的世界观、人生观、价值观，将语文融在自己的生活和工作中，体现汉语情感熏陶，增强文化底蕴修养的真正意义。我关注的教材编写的改革，关注中考高考改革，希望更适合男女生不同阶段的发展，增强我们的汉语言文化在国人心目中的地位意识，我作为一线教师要在改革中出一份力，让自己的教育教学更有价值。

第二编

《农村初中男女生语文文体阅读与写作差异分析及达到均衡发展的策略研究》：均衡发展策略改革实践

第一章　第一次制定达到均衡发展的策略

（一）**教学措施**

1. 关注男女生存在的差异。

因性别施教，扬长补短，培养男生注重细节，从抽象思维到具体形象思维全面发展。培养女生注重全局意识，由形象思维到逻辑思维，培养缜密性，实现由单一向多元化发展，由具体到概括的迈进。

2. 阅读教学中注重文体差异的研究。

教学中明确体裁，不同文体有不同价值、教学方法、教学目标。在培养学生时，将文体差异与男女生差异相结合。

文体教学初中阶段注重文言文、记叙文、议论文、说明文、散文、小说、诗歌的培养。

陆机《文赋》云："体有万殊，物无一量。"作文须得体，读文须辨体，这也是读写常识。

文体分普通文体和文学文体，普通文体包括记叙文、议论文、说明文、实用文。

（1）记叙文体讲究记人、叙事、写景状物，通讯、消息、报告文学都属记叙文体。这种体裁对于女生而言从生理结构、性格特点、家庭教育等方面都适合学习，而且比较占优势，答题技巧上掌握得好。而男生由于生理结构、性格特点、家庭教育原因、个人爱好等因素，对这种文体掌握比较差，因此不易得分。教师在讲课过程中就应注重对男生学习细节的培养，尤其是写景叙事，引导男生发挥理解性记忆的优势，重视阅读积累，将抽象思维向形象思维过渡，引导学生在家庭中多与父母沟通，锻炼口语交际能力，将关于亲情的故事或生活中观察到的事讲给大家听，从而达到对男生因性别施教的目的。

（2）议论文体是讲明道理、阐明观点，有短文、杂文、文艺评论、学术论文。重视实用，融进自然、社会思维领域，引发人们的思考。这种文体因为男女大脑不同结构及多种差异性特点，更适合男生学习。男生在阅读实践中也真正是先入为先，领悟理解优于女生，他们有敏捷的思维，用逻辑思维来考虑问题、表达观点，写作中也善于运用这种文体。而女生则不然，她们没有这种全局意识。从试卷答题中可看出，女生答"论证思路"这一问题时失分特别多，这就需要我们教师在教授这一文体时，正确引导女生由形象思维向抽象思维、逻辑思维发展，把握全局，有独立见解，从具体到概括发展，弥补其抽象思维的不足。

讲授期间应采用分组上课、小组合作探究模式，每组中有男生有女生，互相交流，男生体会女生细腻的情感，女生倾听男生广博的论辩，扬长补短，注重差异，均衡发展。

（3）说明文指解说事物性状、事理的文章，如说明书、解说词、科普说明文。高中阶段还有实用文，机关单位和人们在工作中用来处理事务，有惯用格式的文章、公文。

讲授指导阅读这种文体时，注意到这种文体适合男生阅读，因为男生在生理特点、性格特点及思维方式上都讲究实用。因此他们更适合学习这类文体，答题时，对于这类体裁，男生得分率便高。教师则需引导女生用视觉空间概念来理解记忆、抽象思维，从浪漫主义向现实主义发展，尊重科学性、准确性，锻炼女生的实用意识，提高答题技巧。在生活中学以致用，关注生活。这项教学活动中，教师可以锻炼学生。分组中，男女生合作，小制作、小发明、动手实践，男生做，女生说，注重实际应用，然后在写作中展示出来，做、说、写相结合，从而缩小他们在说明文阅读与写作方面的差异，锻炼他们缜密的思维。

（4）区分文章与文学作品的差异，正确指导阅读，与男女生阅读差异相结合。

文学作品中，小说、诗歌、散文、戏曲等，教师在讲文章时必须交代文体，探究文体知识点内涵，否则认识解读就会肤浅，难以把握文章的思路、情感主旨，也很难品味出文本语言之妙。文学作品阅读目标在于"悟真审美"。文学文体是想象的真实，艺术地反映人为中心的社会生活，注重情感投入，形象刻画人物、营造环境、勾画生活图景，这种阅读，女生很擅长，因为女生形象记忆能力强，想象力很丰富，情感细腻。而男生则不同，经调查研究，男生对这类作品感悟迟钝，尤其情感投入进入不了状态，在阅读答题中丢分情况也很严重。

那么老师在指导阅读这类作品时，就要针对男女生性别差异、心理差异、性格差异等做出相应的阅读引导策略，引导男生注重细节品位，从概括到具体过渡，培养男生有豪放、有婉约地体会文章，引导女生从具体形象认知到概括作品主题，反映生活，站在更高的高度看问题，弥补理解记忆、逻辑思维的不足。应用到写作中时，文学作品中的故事只能作为一种被引用的简单例子，而不能成为作文的主干。男生可以将作品中素材作为议论文的引用例子，培养男女生不同的写作方向，因性别施教，保留差异，各有所长。教师在命题时，应充分考虑到文体差异、男女生差异。

3. 文体阅读差异、写作差异与中考、高考命题的关系。

语文教学中关注语文学科的性质，人文性与工具性相统一。学习语文是为了更好地应用到生活、工作中，提高语文、人文素养，培养健全的人格。那么在中考和高考命题中应考虑到男女生在学习语文中的差异性，一套试卷的题型设置有时决定了男女学生升学的关键。适合女生思维性的题多，女生高分的人数就多；适合男生思维性的题多，男生得高分人数就会多。如果男女生人数比例不均衡，那么命制中考、高考题的时候，也要考虑到男女生差异的问题。选拔人才就不能是同一套试题。中考是基础，高考是选拔，那么命题程度也要有区别。

中考一线老师应根据男女生在文体阅读中的差异、写作中的差异来进行教学与命题。引导学生学以致用，实现课标要求，回归语文本真、人文性与工具性相统一，培养能承载语文内涵的优秀人才。

语文学科这种差异性研究，对其他学科也有辐射作用。教师在教学时，深入研究、灵活处理教材的内容，拓展延伸进行学科知识整合，更有利于学生全面发展，为中考、高考的改革提供第一手资料，为实现我国教育事业的终极目标而努力，为伟大祖国的富强而努力拼搏！

第一次均衡策略制定出来后，我就写了一篇关于课题的论文《初中男女生语文文体阅读与写作的差异研究》发表在《辽宁教育》上。

第二章　实践研究

课题界定之后，针对男女生在语文阅读和写作上出现的差异，我进行制定教学改革策略，在实际教学中进行实践，检验达到男女生均衡发展的策略是否有效。

（一）针对六大差异教学改革策略

1. 针对性别差异策略

（1）表现在女生语言流畅优于男生，抽象、空间思维、立体视觉，男生优于女生。

（2）具体做法：

①设立口语交际课堂类型（简称课型），锻炼说和写、读和写。

②语文课的一些课件让学生利用网络资源来做，男生擅长的科目让他们给女生讲题。

（3）口语交际课型：

例如口语交际内容：从下列话题中选一个，讲故事给你的同学听。

①我经历过这样一件事

②我有这样一位朋友

③我印象最深的一次出游

④我喜欢的一位老师

⑤我喜欢的一本书

⑥我最爱听的一首歌

⑦一个美丽的梦

要求提示：

讲述故事，要交代清楚故事的来龙去脉、前因后果，还要把故事中的人物、时间、地点等要素表达清楚。

讲述时涉及的故事中的人物，可以适当做一些肖像、神态、心理等方面的描述，重在突出人物的性格特征或精神品质。

根据讲述对象、场合的不同，选择不同的讲述方式。还可以运用多媒体手段，适当营造有利于讲述的氛围。

课型设计：教学目标是注意对象和场合，学习文明得体地交流、耐心专注地倾听，能根据对方的话语、表情、手势等，理解对方的观点和意图。

教学重点是提高口语表达能力，尤其是锻炼男生语言流畅，能说出一段话，教学难点是对七至九年级设置不同的口语交际类型题目。口语交际课注重对男生语言流畅程度的提升，对学生口语进步采取不同的奖励办法。课型设计成常规课型，开展起来效果非常好。

制作课件讲题内容：语文课，老师可以利用学校教科书，外部环境及多媒体资源鼓励学生自己动手做课件，男女生搭配一组，既提升女生对抽象、空间思维的锻炼，又能弥补立体视觉缺憾。男生动手能力强，可以做完了与女生交流，缩小男女生在学习语文上性别的差异。

2. 针对心理、性格差异策略

（1）表现：男生擅长逻辑思维。阅读兴趣方面对自然、物理、科技、体育、说明文、议论文比较热衷，还喜欢探索、冒险、刺激、科普、武侠、军事类。女生语言流畅，擅长形象思维，情感细腻、丰富。通过阅读获得兴趣，喜欢记叙文、诗歌、散文、浪漫文学、心理读物。

（2）具体做法：

①开展阅读比赛，课前三分钟演讲。每天讲的故事可以是影响人生的名人故事，也可以是身边的真人真事，能给人以启迪。开展手抄报评比活动、阅读分享会、读书交流会、综合实践探究活动、校园晨读、图书馆阅读等。有小练笔，要求 70—300 字，对男生要求低一些，对女生要求高一点儿，循序渐进进行，七年级至九年级要求由低到高。

活动设计：教学目标是提升男女生阅读和写作能力，训练读和写结合的语文能力，缩小男女生学习语文心理和性格上的表现差异，弥补不足，达到均衡发展。

②赞美案例教育：对学生心理和性格差异进行正确引导，利用案例教育学生积极乐观，改变心理、性格中的不足。例如 2009 届有一个女孩叫吕俊娇，特别胖，有 200 多斤，我对她的性格、心理引导最成功，也教育了全班学生，在男女生阅读上有了榜样引领，锻炼学生写作能力，我自己也亲自写作，引领学生，弥补心理、性格差异。

教师习作

最近的距离是心与心的交融

每天清晨走进教室，就会闻到茉莉花的香气，令人神清气爽。这是学生悄悄地放到班级中的空气清新剂。他们爱这个班级，爱这个家。我走进班级就像走进幸福的乐园。八年级正是学生初中生活的转折点，这种祥和的氛围来之不易。

45 名同学有 45 个不同的故事。一句真诚的赞美，让他们变得自信；一句肯定的鼓励，打造了一支强有力的班干部队伍；一个期盼的眼神，换来了浪子回头；一句宽容的话语，融化了学生心头的坚冰；一次快乐的游戏，培养了长久的动手能力。

世上最近的距离原来是心与心的交融，最远的工程是学生们十年之后、二十年之后踏上征途的过程。

七年级刚刚阳光分班时，我就被抽调到市里参加"沈阳市教育系统先进典型人物宣讲团"活动，为我区我校的拄拐上课的王峰老师撰稿、宣讲。班级军训期间我没有跟随，接班时就对学生不了解。

第一天接班时就发现班级有个女孩特别胖，坐在最后一排，低头不语。学校德育处要求每班出个值周生，我就让这个女孩去了。她叫吕俊娇。第一天检查回来后，我发现她不高兴，眼里有泪，就问她怎么了。她说："我到其他班级检查卫生，一进教室学生们都笑我，可能因为我太胖了，我不想去检查了。"我看了看她，拍拍肩膀说："你是比我重多了，不过你知道有一句话吗？女孩不是因为美丽才可爱，而是因为可爱才美丽。以后你就实践这句话。我相信你。"她笑了。从这一刻开始，我发现她的头不低了，行动也变得轻快了，我安排她在班级中担任生活委员。第二天，我进教室就看见她拿着扫帚，挨个座位搬凳子、扫地，其他同学见她一声不响地扫，也有几个同学开始扫地，卫生打扫非常彻底，非常干净。从此以后，她每天早上带头扫地、拾垃圾，看着同学书桌里的垃圾和脚下的卫生。我班总是干净整洁，有时班级有清扫任务，她还能指挥同学，分配得是人尽其才，还常常帮助其他学生收拾书包、书桌。看我给学生补衣服，她就把针线抢过去缝补，让我歇着。拿重物搬东西时，一张大桌子她能一手一张地拎起就走，不让我搬，她说："老师你太苗条了，别搬了，我有劲儿。"说得大家全笑了。

她学习也非常努力。有一天下雨，她上学时不小心踩到水坑里摔倒了，浑身湿透了，自己没敢跟我说，愣是坐在座位上挺着上课。下课时她同桌跑到我跟前说："老师，上课时吕俊娇裤腿还在滴水。"我这时才注意到她衣服湿透了，我自责没及时发现，我学校也没有备用的衣服，只好给她家里打电话送来衣服。她母亲见到我说："段老师，我家娇娇别看她长得高、胖，她胆子特别小，以前总嫌自己胖，做什么事也不敢出头、抢先，怕别人说三道四。自从你教她之后，她特别努力，回家常说：'老师对我太好了，总鼓励我，我得好好学习，替老师分担些工作。'有时，学习一学学到夜里一点多，说到学校白天还有白天的任务呢。谢谢您，段老师，孩子可高兴了。"我听了之后，心灵受到极大的震撼，老师一句鼓励的话、一句赞美的话，可以改变一个学生的一生。

我在全班学生面前说："吕俊娇除了稍重点外，浑身都是优点，她是我见过的最美丽的女孩。"学生们越来越佩服她，信任她，都选她做我班的班长、区优秀学生。她也越来越自信，积极参加体育活动，对我和同学及所有人都十分尊重有礼貌。她带动了全班同学的积极性。我由于受学校委派，经常外出开会，班级有时处于无人带班的情况下，吕俊娇就带领全班同学上早自习，听写英语单词，课间检查同学背诵语文课文，组织课间纪律。有时，有的同学犯错误被扣分了，她都急得直哭，告诉犯错误的同学怎样改，怎样和我承认错误。我虽然外出次数多，但是班级并没有乱，而且学生的独立学习、独立生活能力都提高了，变得懂事、重感情了。我每次外出归来，一走进教室，就会响起热烈的掌声和欢呼声："老师回来了，老师，我们可想你了……"那一刻，我的泪流下来了，有什么比孩子纯洁的心灵更可贵的呢？一句鼓励的话语，迎来了满园花开；一句赞美的言语，换来了桃李芬芳。走进教室，如入芝兰之室，工作变成了快乐，学习变成了享受。我们虽是远郊的偏僻学校，但我丝毫感受不到苦涩，而是永远沁人心脾的芳香，心与心的交融最美，醉人……

3. 针对家庭教育差异策略

（1）表现：父母重视程度不同，在引导男女生阅读、性格培养上不注重细节，如穿衣吃饭、礼貌等。男孩子出去一天，衣服就脏得看不出本色，这样的衣服穿多少天父母都没空洗一次。女生不大胆，阅读书籍任由兴趣，不能双向发展，也影响孩子后天阅读习惯的形成。

（2）具体做法：

①家访。作为班主任，语文老师深入每一个家庭家访，了解每一个孩子的家庭情况，有针对性地弥补家庭教育的缺憾。

②个别案例以点带面。李静怡是2006届学生，父亲脑血栓几次住院，行动不能自理。母亲是工厂工人，每个月收入极低，租房子居住。孩子每天放学都是避开师生视线去捡瓶子、废纸壳等。有一天上语文课的时候她晕倒了，我把她送到医院，医生说营养不良，低血糖。我把她送到家里，看到家里四壁皆空，没有现代化家具家电，有的只是摆在墙角的一袋一袋废品。得知家境情况后，我对她十分关心，而且也教育学生对她格外关心帮助。孩子从此之后变得乐观了，班级中的学生也变得细心了，尤其男生有了帮助保护弱者的欲望，每天轮流给李静怡带菜、带东西，有活大家一起干。这个案例在我弥补家庭教育差异时是最成功的。

4. 针对学校教育差异策略

（1）表现：各科老师用统一标准要求男女生。

（2）具体做法：上课注重分层次答题，作业分层次留，作文分层次写，班主任与各科老师谈每个学生的情况，对男女生因性别、因人而异，有针对性地调整教学策略。

例如：有的男同学说话、写字、阅读都很吃力，对他们要求就低一点儿，由浅入深，循序渐进。女生有的说话语言流畅，阅读能力强，写作好，就给她足够的表现机会，要求高一点儿，人尽其才。

5. 针对教材编写差异策略

（1）具体表现：全国统一使用部编教材之前都是多家出版社的教材，教材编写差异很大，对初中男女生阅读差异注重程度还不够。农村初中男女生比例不平衡，在中考命题和高考命题时注重男女生差异还不够。

（2）具体做法：根据男女生性别差异、阅读差异来推荐图书篇目，弥补教材编写差异，让男女生在阅读上能双线并行。如《我爱科学》《科学探秘》，还有军事、体育、科幻、《意林》《读者》等适合不同学生阅读的书。利用校园文化建设对学生进行读书教育。学校到处都是名人事迹介绍，用这些资源来开发学生的阅读潜力。利用图书馆、阅览室来给学生创设阅读学习的环境。班级里利用黑板报、走廊宣传板，设计各种文学作品、绘画、书法展，来陶冶学生情操。针对学生差异制定策略，在课堂中进行实践。

（二）教师磨课进行课堂改革

1. 备课：学习解读文本三层次

我努力学习业务知识，提升业务能力，撰写了备课"解读文本三层次法"的总结。

我读了关景双的书《静听教师成长的脚步声》，收获很大。文中对"解读文本操作方法""解读随笔的写作方法""用笔说话"的专业方式，"解读文本的教学表达"、筛选教学的有效方法等做了详细解读。

（1）"文本解读"属于备课环节，文本解读恰恰能看出教师的素养和教学能力。如果文本解读得法，就能转化为教学能力，成为一名好老师。

（2）解读文本三层次法。

①原文：第一层次是显性的，按时间、空间顺序，将外在的、表层的感知连贯，包括行为和言谈的过程，这个层次是通俗的，学生可以一望而知。

解读：我们便于记忆，就概括为显性的内容，用传统的理解，就是课文的段落大意。

现在以语文版九年级上册课文《白杨礼赞》为例：

从《白杨礼赞》中读出的显性内容。作者简介：茅盾（1896—1981），原名沈德鸿，字雁冰，浙江桐乡人，中国现代作家。1916年毕业于北京大学预科班。1916年起历任上海商务印书馆编辑、《小说月报》主编、《民国日报》主编，为文学研究会发起人之一。1928年赴日本，1930年回国，加入左翼作家联盟。新中国成立后历任文化部长、中国作协主席等职。主要作品有长篇小说《子夜》，中篇小说《蚀》（三部曲），短篇小说《春蚕》《林家铺子》等。

茅盾谋篇的线索：以赞美白杨树的不平凡为线索——描写黄土高原的景色（白杨树生长的自然环境）——描写白杨树的形象和性格突出、不平凡——写白杨树的象征意义点明主题。掌握词语，这些都是表层的显性内容，未触及文章的主旨，学生也能够看出来。所以，孙绍振教授曾感慨：文本的意脉，往往被视而不见。因此，教师练就解读文本的本领，需要从意脉着眼。

②原文：第二层次是隐性的，是作者潜在的"意脉"变化、流动的过程。这不但是普通学生容易忽略的，就是专家也每每视而不见。但若能揭秘，也能使一般读者满足。

解读：我们便于记忆，就概括为"隐性意脉"。通过显性的语言信息，我们还可以发现更加隐秘的文本内涵，可谓力透纸背，发现作者潜在的意脉的变化，即文意和文脉的流动，往往品出文如其人、人如其文，言有尽而意无穷。当师生浅阅读时，就发现不了话里有话、话外有音的韵味。

举例：《白杨礼赞》通过文中的显性线索透视隐性意脉，文中通过描写白杨树的生长环境，表现出白杨树的伟大，通过外部形态和内在气质，表现出白杨树生长旺盛、力争上游的精神，从而赞美歌颂共产党领导下的广大人民保卫祖国的英雄形象，表现了抗战军民质朴、坚强、团结向上的精神和意志。这里的意脉需要教师解读出来，也是教师应该指导学生的地方。

个别语句的话外之音：

第一，这是虽在北方的风雪的压迫下却保持着倔强挺立的一种树。哪怕只有碗来粗细罢，它却努力向上发展，高到丈许，二丈，参天耸立，不折不挠，对抗着西北风。（顽强有斗争精神）

第二，当你在积雪初融的高原上走过，看见平坦的大地上傲然挺立这么一株或一排白杨树，难道你觉得树只是树，难道你就不想到它的朴质，严肃，坚强不屈，至少也象征了北方的农民？难道你竟一点也不联想到，在敌后的广大土地上，到处有坚强不屈，就像这白杨树一样傲然挺立的守卫他们家乡的哨兵！难道你又不更远一点想到这样枝枝叶叶靠紧团结，力求上进的白杨树，宛然象征了今天在华北平原纵横决荡，用血写出新中国历史的那种精神和意志。（象征为抗日战斗的北方军民，精神面貌）

通过显性线索发现作者的感情变化，表现白杨树的神韵。

第三，让那些看不起民众，贱视民众，顽固的倒退的人们去赞美那贵族化的楠木（那也是直干秀颀的），去鄙视这极常见，极易生长的白杨罢，但是我要高声赞美白杨树！

（这是课文最后一段，斥责那些贱视民众、顽固倒退的人们，再一次赞美白杨树。作者把"贵族化的楠木"与"极常见，极易生长的白杨"进行对比，"那""这"表现出界线分明的爱憎。）

这些言外之意属于第二层次的内容。

③原文：第三层次是更被遮蔽的、更加隐秘的、更为深邃的内涵，就是文体形式的规范性和开放性，还有文体的流派与风格……真正进入深层，不但把人还原出来，而且把文体形式的驾驭者还原出来。我们将其概括为文脉。

解读：我们便于记忆，就概括为"文体张力"或"深邃主旨"。

举例：茅盾的《白杨礼赞》写于1941年3月，这是显性的内容，更隐蔽的文脉是本文是茅盾根据自己1940年从新疆归来赴延安途中的见闻和感受写的一篇散文。当时，伟大的抗日战争正处于艰苦的相持阶段，日本帝国主义正加紧对国民党的诱降。国民党反动政府阴谋制造了"皖南事变"，进犯抗日根据地，日寇也因此肆无忌惮地向我敌后抗日根据地进行疯狂扫荡。面对这种严酷的现实，全国人民，特别是抗日根据地军民在中国共产党与毛泽东的领导下，毫不妥协，坚持抗战。文体是散文，就是作者以昂扬的革命激情，意脉是通过对白杨树的赞美，歌颂了在中国共产党领导下坚持抗战的北方农民，及其所代表的我们民族的质朴、坚强、力求上进的精神。而深层次的，也就是第三层次的解读，茅盾的作品大部分是着力暴露旧社会黑暗的，正面歌颂党领导的革命斗争的作品并不多，当他一踏上解放区的土地，便深深地被那里的一切所感动。于是，他不顾国民党反动派的白色恐怖，把解放区的新鲜空气带给了国统区的广大人民，用笔表示了他对共产党、对根据地军民的衷心赞美，写下了《白杨礼赞》这样热情洋溢的赞歌。这种流派风格需要教师去为学生解读，学生是看不出来的。

《白杨礼赞》运用的一些表现手法也具有文体形式的规范性，更是教师解读第三层次的关键。

象征。这是本文最主要的表现手法，作者借白杨树来赞美中共领导下的广大抗日军民，以及他们那种不屈不挠的精神和意志。但因为作者当时身处国统区，所以只好把这种思想通过含蓄的象征手法来加以表现。这种表现手法的思路大致是"物—人—精神"。要想运用好象征手法，关键是找准象征物与被象征体之间的关联，尤其是两者之间的相似点，更要写足。本文在表现白杨树外形时就集中笔墨抓住白杨树的干、枝、叶、皮的特征来表现它的笔直、靠拢、向上的形象特点，这样才会有后文的象征义。但是，要是白杨树不是这样挺拔，而是像歪脖树那样佝偻不堪，它的枝叶也不是一律向上，而是凌乱不堪，甚至憔悴，那么还可以用白杨树来象征北方的抗日军民吗？答案是肯定的，你可以通过白杨树如何在恶劣的环境中顽强不屈地生长，哪怕肢体残缺也要抗争的形象来表现抗日军民的精神和意志。同样是雪，你可以用它来歌颂纯洁，也可以用来鞭挞虚伪。"横看成岭侧成峰"，只因我们的思考方向不同而异。由此看来，物还是那个物，只是因我们的主观情感和思考角度不同而有不同的立意。写文章就是要写出这种"花非花"的深意。

对比。为突出白杨树的伟岸形象，作者多处运用了对比手法。最直接的对比是把白杨树和楠木进行对比，赋予两者不同的象征义（楠木用作者的话来说是象征国民党政府），突出"白杨树"这个主角。

其次是通过抑扬法来达到对比效果。文中第5段先说白杨树算不得树中的好女子，后极力赞美它是树中的伟丈夫，欲扬先抑，文势波澜起伏。再如第2段中先写在黄土高原上长时间行驶使人感到"倦怠""单调"等消极情绪，在这种情绪中陡然看到白杨树，那种振奋之情可想而知。这种前后文的情感对比增强了文章的表现力，给人峰回路转之感。

另外，我觉得文章还采用了绘画的技法。如描写黄土高原时的色彩调配，绚丽斑斓。以黄土高原的平坦辽阔作背景来渲染白杨树的挺拔，达到了像"大漠孤烟直，长河落日圆"的画面效果。还有对白杨树外形的描写，如油画般精细、形神兼备。

我们备课时不借助教参，如果能自己挖掘出深层次的文本内涵，那就是语文老师的功夫了。

我再举两个诗与作文的例子。

再如：柳宗元的《江雪》。

小学生识字学词，背诵得朗朗上口；初中生初步品读诗中人与江雪的意境；高中生则或许要从诗歌的体裁和诗作的背景去透视"独钓寒江雪"的意境，是钓鱼，钓雪，还是钓江山？

"千山""万径"的旷远、"绝""灭"的独守，可见处江湖之远而忧其君的古代诗人和政治家的情怀与胸襟。但是散文《小石潭记》呢？很开心地游览着，后来"以其境过清，不可久居，乃记之而去"，这是散文的风格，散文与诗所遮蔽的风格是不一样的，要老师深入解读。

作文三层次解读：

作文如果只拘泥于语言信息，学生或许有语言积累，但我认为，有语言积累而没有思考的语言，是写不出好作文的。作文是对现实生活的思考。深入第二层次意脉，学生的积累、思考，也就有主题、主旨的意识，或者学会审题、布局谋篇、遣词表达，但是学生们还没有达到最高境界，也就是第三层次：文脉既要有立意，又要文思新颖。所以，教语文与写作，三层次的道理是相通的。

解读文本三层次，需要找到着眼点，即文体知识特点。

①诗言志；②词言情；③散文"神聚"；④记叙文的主旨思想；⑤议论文之论点；⑥小说的因果关系、情节冲突之所在。

鲁迅在《孔乙己》中，最后说"孔乙己的确大概已经死了"。从小说的冲突中来讲，孔乙己作为小说塑造的一个人物，他大概已经死了，但是作者塑造的隐喻国人本性的意象来说，"孔乙己们"在中国遍地都是，死了吗？没死！如阿Q精神一样，仍然到处可见。鲁迅作为小说家，因果关系与情节冲突的隐秘内涵，我们需要用开放的眼光去解读。

解读文本三层次，我把自己备课解读的磨炼过程写出来，就是一篇很好的课例，提升自己的专业修养。

备课过程中，我不仅针对教材和课型研究，还要了解学生学情，掌握男女生差异存在的原因，各种课型在备课预设问题时就考虑到男女生的学习情况。

（3）备课、上课、磨课

《美文阅读还原语文读与写的本真》是参加市优课评比的三实践两反思，我学会了用笔说话，使我在课题研究中提升了自己的业务能力。

美文阅读还原语文读与写的本真
——参加市优课评比的历练

汉语言文字传承中国文化，运用汉语言文字表情达意，意境优美，神韵回环，荡涤灵魂，是任何国家语言文字都代替不了的。在一次市优课的评比中，我体会到了语文阅读的魅力，还原了语文读与写的本真，关注了男女生差异，为均衡发展找到了方法。

2011年9月刚开学，我接到了通知，让我参加沈阳市"教学双优"优秀课评比活动。我工作近20年，一直在郊区农村中学任职，没有参加过这样的比赛活动，对于我来说机会难得，千载难逢。

于洪区教研室刘绍森主任给我提出三点要求：第一要讲叙事类文章，体现课改形式，注意答题技巧指导；第二深入文本阅读，引起心灵共鸣，读为写服务；第三能上出与众不同的优秀课，还原语文本真，让学生喜欢阅读美文。

接受任务之后，我首先阅读《语文课程标准》中关于对七至九年级学生阅读和写作的要求。新课标对七至九年级阅读的要求：在阅读中了解叙述、描写、说明、议论、抒情表达方式，能区分写实作品与虚构作品，了解诗歌、散文、小说、戏剧等文学样式。欣赏文学作品有自己的情感体验，从中获得对自然、社会、人生的有益启示。阅读议论文能区分观点与材料之间的联系。新课标对写作的要求：写作时考虑不同的目的和对象，选择恰当的表达方式，不同文体做到内容充实，明白清楚，观点明确，有理有据，文从字顺。

领悟课标要求之后，开始寻找能承载中国传统文化又有时代感，引起学生心灵共鸣的文章。我阅读了2011年大量的中考叙事类文章，最终选了一篇《弱种子也要发芽》，这篇文章是2011年金华市的中考试题中的一篇。这篇文章文字浅显，内涵丰富，具有时代感，适合学生阅读理解。我设计本节课的目的是通过阅读此文，学会阅读分析叙事类文章的技巧，引起心灵中情感的共鸣，从而懂得学会关心他人，喜欢阅读美文，体会语文学科魅力所在。

在教学设计构思上，我经过了一番磨炼，每一个环节我都反复琢磨。首先我明确了我选的文章体裁是小说，就用小说的文体特点去衡量、确定本节课的教学目标。因为是课外阅读，没有任何参考资料，只有靠自己的理解和经验去解读这篇文章，按照三维目标去确定本节课的教学目标。确立教学目标过程中，我也改了很多次，考虑语言要简洁，表达要准确，最后确立了这个目标。

标准课型：小说阅读

教学目标：

读懂文章，整体感知课文内容。

掌握小说阅读技巧，品味句子含义，感悟作品主题。

体会作者思想感情，懂得尊重弱势群体，树立正确的人生观。

确立教学重点时也是根据小说的知识点来确定的。确立难点时是根据叙事类文章答题技巧来确定的。在语言选用上改了几次，力求语言简洁、明了，重点突出。

教学重点：了解小说故事情节，体会人物形象，理解作品主题。

教学难点：品味题目含义，懂得尊重、关爱弱势群体。

教学策略选用是根据教情和学情分析，体现课改精神教法采用启发谈话法、讨论法；学法采用自主、合作、探究学习法。教学手段用多媒体课件展示。

教学手段：多媒体课件。

教学方法：启发谈话法、讨论法。

学生学法：自主、合作、探究学习。

学情：关注男女生差异。

授课过程就按照课堂环节五个步骤设计的。

1. 导入新课

2. 新授过程

介绍课文背景，找同学读课文，学生提出问题，老师把问题都写到黑板上，小组合作探究找答案解决问题，老师再提出问题解决。

3. 拓展延伸

举例说明自己帮助别人的事情。

4. 课堂总结

5. 作业

要求课下阅读美文。

板书设计：文字的板书

我第一次用这个版本教学设计上课是在九年级，我自己的班级，于洪区教研室的刘绍森主任和张娜教研员来试听我的课。上课时看到他俩皱眉头，我心想一定是不成功。课下他们给我评课时，狠狠地批评了我，但也肯定了我的优点："第一选材很好，可以看出我很下功夫找这篇文章，解读也很深刻，对文章的理解比较好，教学目标确定没有偏离课标要求。讲课时教态很好。"缺点："课堂设计模式没有创新，导语和结束语没有新意，苍白无力，课上读文研讨模式沉闷无生机，每个问题之间深浅程度顺序混乱。而且这篇文章用在九年级学生身上显得浅显，出不来预期效果。"

张娜教研员提醒我一句说："你那么爱好写作，能不能在你的课上体现出来，这是个亮点。"一句话点醒了我。

回到家里，我夜里睡不着觉，就在自己设计的每一个环节上琢磨。首先我想到了导语，什么样的语言会一下子拉近老师与学生的距离，交代本课内容，让学生一下子对我有印象？我也翻阅了网上的优秀课例，有了灵感。导语就用诗一样的语言导入。

（很高兴能够认识×××学校的同学，我来自六十中学，窗外瑞雪纷飞，室内温暖如春，此时心与心的距离接近了，相信这节课同学们一定会敞开心扉与我的心灵对话。）大家学过《空城计》，知道小说是通过完整的故事情节来塑造典型的人物形象，反映社会生活，本节课我们来深入学习记叙文中小说体裁的阅读，我选了一篇2011年金华市中考试题中的文章，来深入解读小说特点。

设计之后自己觉得比之前的导语有了美感，也能表达清楚内容。

对阅读文章后的六个问题，我又调换了一下顺序，并请我校语文组的语文老师看看是否合理。

1. 用四字词语概括文章内容。

2. 农民只挑饱满的种子种到地里，到底对不对？谈谈看法。

3. 你认为是什么原因使农民改变了想法？

4. "饱满的种子""瘪种子"各有什么特殊含义？

5. 农民是个怎样的人？

6. 农民儿子未来的命运会怎样？谁是为他"再塑生命"的人？

语文老师给了我肯定的意见，我有了信心。每个问题之间的过渡语我也用心琢磨，既要体现答题技巧，又要连贯不显突兀，我自己反复修改，觉得说得可以了。

过渡语：读了文章之后，我们感动不已，你能用四字词语给大家讲讲文章的内容吗？孩子得到了新生，那么开始农民只挑饱满的种子种到地里，到底对不对？谈谈你的看法。大家有不同的认识，农民把饱满的种子种到地里没错，那你认为是什么原因使农民改变了想法呢？是呀，是城里父亲的爱，城里儿子对生命的渴望，也使农民想到了自己的残疾儿子，他把瘪种子种到了地里。"饱满的种子"和"瘪种子"各有什么特殊含义呢？瘪种子要发芽，残缺的生命也要成长，农民给了它们希望。农民是个怎样的人呢？农民的责任感让他警醒。农民的儿子未来命运会怎样？谁是为他再塑生命的人？

深入探究文章主旨时设计了以"'弱种子也要发芽'为题有什么深刻用意"一题，这既能领会主旨又能指导如何答标题含义的题型。在对这道题解读之后，我找了一些残疾人成功工作的图片，加深学生对标题"弱种子也要发芽"的理解。

主题探究：弱种子喻指残缺的有缺陷的生命；他们也能发芽，开花，结果；我们不能剥夺他们平等生活的权利，不能歧视，要尊重他们，关爱他们。他们也会成功。"也"起到强调作用。（多媒体课件展示一组残疾人成功的图片，引申标题含义。）（此时教师板书）

拓展延伸中设计一题：我们怎样关心身边的弱势群体？

我想到了自己在学校如何帮助我身边患股骨头坏死的老师——王峰工作的事情。觉得讲述不是很生动，如果能拍成视频会更好。于是我借来了摄像机拍了一段DV短片，让大家看到我的帮助，还有那位王峰老师真实的工作场景。制成之后觉得DV短片再配上我的解说会更好，就写了稿子，加进我的教学设计里：

让学生看老师自制的DV短片：六十中学患股骨头坏死的王峰老师拄拐上课，同事悉心照顾的一组镜头，进行德育渗透。教师配乐解说：画面中的拄双拐的人就是我的同事王峰老师，他患股骨头坏死已六年多，一直拄拐上课，起初我为他写了一篇文章发到《于洪教育》上，后发到沈阳教育网上，后来我多次为他的事迹演讲，王峰老师已被评为"沈阳市感动校园的好教师"、沈阳市优秀共产党员、辽宁省优秀教师。

目的是激发同学们从实际出发去关心身边的弱势群体，引导学生关注身边的人，关注社会，关注国家的事，激发心灵中爱的情感。

板书设计第一次都是文字的，格式也不新颖，我在想：怎样才能创新？我就在本子上乱画，画了豆芽，上面写了两个字。这时我女儿过来了，看我画的画就笑我，说太难看了，她给我画豆芽，还在芽尖上画了一颗心，我突然感到太有创意了，就反复地画、写字，最终确定这样的板书：

一幅完美的画，让我激动万分，板书就这样诞生了，让我顿时有了莫大的信心。智慧的女儿，智慧的力量！

文本阅读中，我多次读，觉得学生读的时间会很紧，进入文本慢，怎样才能让学生很快走入文本呢？这时爱人说，我给你把课文做成动画片吧，你朗读。这一决定需要付出时间，爱人多次读文章，深入理解后，就开始制作 flash 动画，做了一个星期，完稿了，我的朗读要配上相应的画面，真的很费力气。我和爱人反复制作，做成的时候，我们都有一种成就感。爱人也是多媒体课件制作的爱好者，通过给我做动画，他的能力也迅速提高。我们一家人为了一节课是各尽所能，有一种团队合作的精神。

每次在家里播放的时候，我们三口人都很兴奋。

整个教学设计和课件都重新制作了，看看效果怎样吧。教研员提出用于九年级学生教学显得浅显，那我就借八年级学生上课。教学设计用了第二版，在我校借了一个八年级班级学生上课，上了课又发现，还是失败。八年级学生不爱发言，只是爱看动画片，对问题理解了之后，就把答题要求说一遍，不管这道题是否有这个作用，他都说一遍，碰上哪一个就算哪一个，没有自己的整体认识、认真筛选，也就是我们常说的俗语——似懂非懂、张冠李戴地答题。我分析一下原因，八年级学生对小说已经学了一些，小说涉及的几个题型他们都见过，但没有深入探究，还不能规范答题。这篇课文对八年级学生来说也不是很恰当，我决定还是选用七年级学生来上这节课。

我在隔了一天之后又选用了七年级学生来上，这次选用了七年四班学生，是我 DV 片中王峰老师的学生。我上课前把导语改了一下，更适合那个班级，这堂课上完，我又感动又觉得自己还有不足。感动的是王老师班的学生在看到我的 DV 短片时大部分同学都哭了，感念王老师的辛苦付出与病魔抗争的坚强精神，我很高兴，原来让学生懂得关心他人，关心弱势群体可以这样打动人心。惭愧的是，我给学生放一组关于残疾人成功事迹的图片时，用了一张霍金的图片，学生们不知道，我拿出这张图片时显得突兀，没有语言铺垫，过渡语没用好。我反思之后，又对自己的课进行深入检查、查找不足并及时调整。我又想到了课堂结束语，这几节课的磨炼，我看到了学生的纯真和潜力，感念学生是我课堂"再塑生命"的人，我自己写了几句诗抒发感慨，同时也作为结束语：

这节课我们共同欣赏了刘若升的美文《弱种子也要发芽》，如沐春风，如饮雨露，走近作者，如与哲人对话，聆听作者心声，其中所获人生启示，让我们受益终生。在未来的日子里，愿同学们徜徉在阅读的百花园中，不断地汲取滋养，陶冶自己的情操。

教师即兴作一首诗告别：

四十五分钟的课堂，
如同一张白纸，
我们在上面悉心着笔，
终于成了一幅美丽的画，
画中的你们智慧又谦逊，
如同一朵朵待放的花，
芬芳溢春夏。

四十五分钟的课堂，
成为我今生最美好的回忆，
热情奔放的你们，
是我教学生涯中再塑生命的人，
愿我们今天的相识，相知，
能在彼此心中，生根，发芽，
开出最灿烂的花。

至此，我的教学设计改后是第三版了。我对这几节的磨课进行反思，及时和张娜教研员沟通，她又给我几点建议。我按规定的日子在于洪区一七四中学执教了这节课，是赛前指导，这也是一次磨课锻炼，借外校学生上课又是另一种效果了，我把导语改成了适合情境的语言。这次收到了很好的效果。一七四中学领导和老师都去听了我的课，我很感谢他们给我锻炼的机会，同时也听听他们的建议，对我改进教学很有帮助。我发现他们班级男女生的反应比我预想的要复杂，课堂预设不够。

我在这节课中又发现了问题，我在学校设计的是 45 分钟的课，在一七四中学是40 分钟的课，内容一样，那时间上就要算好，把握课堂节奏也是能力的锻炼。刘主任说到市里比赛也是 40 分钟的课，我回来之后又调整了设计里的细节，将时间控制在规定范围之内。

一切准备就绪之后，开始了真正的比赛。2011 年 11 月 15 日，在和平区 一三四中学举行了沈阳市教学"双优"课评比活动。评委都是各区及市里的教研员，按比赛规则，我是第四个出场，有之前磨课的经历，我的课上得很成功。学生又是名校的学生，配合得很好，只是那天会场没有麦克，说话声音不是很大，会场太空旷了，我上完之后有些担心。但是结果很好，我是一等奖。

比赛回来之后，我在于洪区沈师二校做了公开观摩课，会上要求我有 5 分钟说课，我写了稿子，并附上我的一篇课堂随感《再塑生命》。

观摩课和说课都给与会者留下了深刻的印象。会后，刘绍森主任和张娜教研员说我很聪明，很用心，错了改得快，领悟得快。

这一次参加市优秀课的评比给了我很大的启发，擅长写作是一件最受益的事，阅读美文就是与品德高尚的人交谈，其中所得体会受益终生。

我的这节课还远远没有结束，机会又一次突然降临。2012 年 7 月 15 日，我被区里派往哈尔滨参加全国农村课改研讨会"耕耘者论坛"。去时，区里让我参加教学设计的评比，没说让我参加上课的评比。从家里出发时，我就把 U 盘放在包里，想万一会上有什么优秀选手的好课件，我就下载带回来，学习学习。到了比赛当天，辽宁省去的老师参加上课比赛的缺一人，就空出一个名额，刘主任得到消息后，回来就问我们去的八个人谁能上课，这个名额谁就有机会争取。当时其他人都没有准备，也没带 U 盘，只有我一人带 U 盘了。我勇敢地说："刘老师，我上。"说得容易，做时难，按大赛要求，其他选手都准备一个月了，而我只有四个小时。我需要改课件，改设计，改说课稿子，太难了。我于是就从会场上撤离，回到旅店，把自己关起来，一切都要改，电脑用得不太熟练，借了一台笔记本电脑，给爱人打长途电话，请教，爱人指挥，我改，心里急，头上都是汗。还要出去打印稿子，地形不熟，费了很多劲才把稿子打完。等都准备完了，已经是晚上了，离比赛还剩一小时了，我草草地吃了点饭后，就简单熟悉课的流程，及要说课的稿子。晚上八点钟，我是所有参赛选手最后一个上场的，评委热得头上都是汗，看我来了，他们也松了一口气，可算是最后一个了。我上场之后也忘记了照稿子念了，完全是脱稿，语言表达流畅，按自己想法说了，临场发挥，我的团队同伴都佩服我的胆量。说的时候，我看到评委面带笑容，于是鼓足了信心，结束时，我即兴写了一首《耕耘者》送给评委。

这节课下来之后，评委走到讲台上把我写的诗要走了，并向大赛董事长苏立康汇报了我的情况。大会做总结时，董事长苏立康特意说："很高兴能看到选手精彩的表现，还有的选手即兴作诗送给评委，我们的语文课堂就是要上出语文味来，就是要上出语文学科的灵动性来，还原语文本真，就是要写作。"无论比赛结果是第几名，我都是一个语文的成功爱好者。

回到学校里，我总结此行的收获，得益于自己苦心阅读、备课、磨课的经历。虽然是时间紧，但是我之前的备课、上课、磨课、写反思、常写作的经历是无比珍贵的财富，每一步成长路上，都有恩师的指导、同事的帮助、家人的辛苦付出并作为坚强的后盾，这都是我成功的因素，感谢曾经帮助我的人。哈尔滨之行，我还结交了挚友，赛场上一个评委与我现在还保持联系，常常指导我教学成长。我还写了一篇文章《冰城情缘》发表在刊物上。

《弱种子也要发芽》教学设计改到第四版了，真正地体会了读与写的结合才是还原语文本真。2013年、2014年我参加了于洪区"名教师""首席教师""市骨干教师"选拔活动，其中有语文试卷检测、论文写作、赛课评比，我的成绩都非常好，被选派给"沈阳市首席教师"——姚冬梅老师导课的选手，我用的也是这节《弱种子也要发芽》的课。要体现姚老师的指导水平，我必须上好课。姚老师看到我的教学设计时说，这的确是一节好课，但是能不能有所突破，更有创新呢？她还指出在"我们怎样关心弱势群体"一环节上，能不能有一个练笔，写一写怎样关心身边需要关心的人的文章片段练习？

我又在冥思苦想，我指导学生写作时，首先要自己写作，写自己真实的事情、真切的感受。我写了一篇《常过常新的母亲节》附在教学设计上：

常过常新的母亲节

中国北方的天气就是这样飘忽不定。冬季天气寒冷漫长，过了清明还不见树绿、草嫩。五一节过后，几场小雨落下，一夜之间，树吐出新绿，抽出新芽，转瞬间，树叶由小变大，由单瓣变成多瓣。走在林荫路上，每抬头一次都能感受到涌动心中的激情，像初春的潮水，一浪接着一浪，撞击心门。

蒲河景观路怡人的美景就在眼前，与家人同去观赏，总有兴奋之中的落寞。因为生命中最爱我的两位母亲不能来观赏，母亲节也就成了寄托我情感的节日。每一年母亲节我都有新的体会。而今，不惑之年的我有了些许的彻悟。

年幼时不知道有母亲节，长大后，母亲逐年衰老，我用各种方式想留住逝水流年，感叹光阴易逝，只有倍加珍惜。以前，我总是给母亲和婆婆买很多礼物匆匆送去，脚步变得急迫，想到老人吃到我买的食品，我即是尽孝了，没有细心的谈话，现在想来我是大错而特错。

今年婆婆久病不能下楼，牙又不好，吃不了什么硬的食物，我就买了些能喝的食品送给她，并与婆婆聊聊家常，老年人有很多事情常常回忆，兴奋时婆婆的脸上泛起少有的红润，心灵的慰藉远比那一剂良药来得有效。望着窗外花园中的丁香花，婆婆说今天那又多开了两朵，西侧的草坪的草又长高了一些，邻家的孩子今天下楼玩了……她寂寞的心敞开了拥抱我们不易察觉的温暖。我轻轻地下楼，去看母亲。女儿读高中了，身体不好，也想带她出去走走。母亲始于田间劳作，身体也不如从前。白发在黝黑的脸上飘起。母亲看到我们时，脸上洋溢着幸福，慈祥的眼神凝望着我的周围。几道小菜端上来，我与母亲唠起了家常，谈谈田间耕作，谈我小的时候，谈近来的情况。我们三代人在乡村的庭院中晒着太阳，看着满地的葱绿，幸福温情幽幽地从心底升起，宁静的守望成了母亲多年的习惯。砖铺的小路上长了些不知名的小草，我和女儿、母亲舍不得拔掉，看着它们红绿相间，点缀庭院，甚是增加许多生机。父亲在餐桌旁吃着小菜，笑着说："今天是你妈过节，没我什么事呀！"女儿赶忙接过话说："怎么没有，姥爷，妈妈专门给你买了最爱吃的鸡脖子，六月份过父亲节，妈妈还来看您。"父亲的笑声更大了，桌子都摇动了。我们一直坐到太阳偏西，母亲一直不停地与我说着这，说着那。我要回来时，母亲到处转，找东西的样子。我说："妈，您找什么？"母亲说："我想给你拿些东西回去，可我没什么能给你带回家的，只有几棵长叶的葱了。"我笑了，说："妈，这就是最好的，您知道我最爱这个了。"妈妈听我这么一说，高兴极了。爱无须任何礼物，一根葱就足矣。

回来的路上，车行得很慢，道路两旁白杨树笔直且挺拔，树枝直指天空，普通的树枝繁叶茂，而且叶子鲜绿发亮。我想下车照几张相，但终究没有下车，静静欣赏，品味幸福，任绿色从我的两侧向后慢慢倒去……绿荫路上慢慢行，开心快乐系真情，挚爱相守身康健，真心真意每一天……

回到家里，女儿默不作声地坐在电脑前，敲打着键盘，不让我看她写些什么，把房门关上了。女儿身体不好，我也没打扰她。过了一个小时，女儿轻轻地喊我："妈妈，过来看看我的日志。"我很好奇地走到电脑前看看，还没看完我就已泪流满面。原来是女儿送给我的母亲节礼物，一篇她写给我的文章：

只因您在身旁·母亲

菲菲

总觉得，最近校园生活对我已是一个很遥远的事情了……仰望苍穹，伸出双手，想要抓住什么，却如夏风一样拂过、逝去。

高中生活是一个新的开始，一心想要给新同学和老师留下好印象——不知从何时起，便一直身体羸弱，短短不到一学年，我的假期总是异常的多，也让大家对我印象尤深。

我总是喜欢逞强，不吃药，不要告诉家人我生病。健康之人是不会理解久病之人对药和医院的抵触心理，对于正常校园生活的渴望，对于操场和户外活动的向往，更多的是不想让家人担心的心情……

这两个月父亲忙于学校的工作，很少能见面，便由母亲照顾我。母亲为我操碎了心。我走路，上楼总是让她扶着，喝的药也是她亲自为我熬的，请医生，雇车接送，总是她在我身边……5月11日近黄昏，我们一家三人出外散步，母亲告诉父亲带着自行车，回来的时候可以载我，千万别累到我，身体不好。我最喜欢各种各样的花，听父亲说，那日他看见了薰衣草，我一直想要去看看，由于地方很远，父亲说他骑车载我去看，我说："那样妈妈就会被落在很远的地方，看不到影子的。"终是说服不过两个人，我坐在自行车上，回头，看着母亲的影子越变越小，越来越远，最后就消失了……走了好远，还是没有看到薰衣草，就回来了，终于又和母亲相遇了。回来的路上，其实我早已不胜体力，固执地说不累，不要父亲载我先回家："那样就看不到你的身影了!"我和母亲相偎依着走着。

夜里,远远飘来了丁香花的芳香,香气幽微,直至心底。

您总是用染发掩盖住事实,欺骗我的——是一个美丽又温情的童话……只因您在身边,我的身体再虚弱,也有您扶着我,母亲。

"等你身体好了,我们一家人假期就去旅游。"母亲对我说。

"嗯。"我和母亲幸福地笑着……

读罢余香绕梁。

桌上还有一瓶香水,是她拖着虚弱的身体到礼品店精心为我挑选的,没有过多的语言,却让我品味到了女儿心中浓浓的亲情,似海潮在翻滚。那一晚,我和女儿相拥在床上,彼此不说话,只是很近很近地躺着,心中的温情如小溪流水潺潺流淌,能听到叮咚叮咚的悦耳声……

第二天,我在全班同学面前讲述了母亲节这一天我的感受,勾起了学生很多回忆。索性,我们师生共同写一篇文章《常过常新的母亲节》,学生们积极性特别高,那些文章很快就从学生手中飞到了我的眼前。那一个个鲜活的生命讲述了一个个不同家庭的动人故事,呈现给我的是一千种一万种灵动的思想,向善的灵魂。作文成了我们沟通心灵的桥梁,共同品读,带来了美的享受。亲情之花在班级越开越艳,芬芳四溢。

母亲节是一个再普通不过的日子,让我们的人生有了不同寻常的经历。品味到了爱是最好的老师,徜徉在爱的氛围中,生活和工作也变成了一种享受。物质享受淡然了,心灵的宁静、忘我,是爱的最高境界。每天我们都做着同样的事,看着同样的人,而心中的体会、认识,却是日日常新,生活就是这样演绎着一个又一个美丽的童话。清清河水无边草,盛夏时景有常新,感恩母亲苦养育,世间真爱定轮回。愿天下所有心中有爱的人都能常过常新,让幸福爬满常春藤……

老师的习作给学生引路,安排练笔这一环节,效果很好。

至此,我的教学设计已经是第五版了。我带着设计到了苏家屯区一四六中学,借七年级学生上了一节课,效果很好。回来后在于洪区东湖学校做了观摩课,并且在于洪教育网上直播。后来这节课又上传到百度文库参加"全国第四届互联网微课活动",得到奖项。现在到百度文库就能看到这节课。

参加一次市优课的评比,是教学生命的再塑,教学设计改了五次,是写作的深度提升。学生由九年级到七年级都上到了,了解了不同年级的特点,使我对学情、男女生差异有了更好的解读。一节好课历经四年时间的磨炼,成功地成为现代文阅读的范式,着实令我欣慰。

在磨课的过程中,我收获很多,虽执教多年,但感觉自己还是一个刚刚学会上课的新老师,有很多地方需要学习改进。从选材、构思、备课、上课及课后反思中,我认识到:想真正上好一节课,真的很不容易,我的学识浅薄,能力平庸,需要好好地锻炼自己。作为语文老师首先要爱好语文，喜欢语文带给我们的博大精深，用心、用爱、用自己的真实情感去给学生传授语文知识；其次要研读新课程标准，了解课标中对每一个阶段目标的具体要求，然后有针对性地教学，设计自己的每一节课；最后要发挥语文学科工具性和人文性的统一，学以致用，使学生陶冶自己的情操，在阅读中练笔，在练笔中学习。认识到自己应该多读有关语文教学论坛的书籍，提高自己的业务能力，阅读美文，实践语文读与写的真谛，做一个合格的中国汉语言文学的传承者，为中国的教育事业贡献自己的微薄之力。

磨课是对自己业务能力的提升，也是课题实践中策略改革教者的自身研修。针对男女生差异，我设计不同的课型，做好课堂预设。新授阅读课三种现代文课型设计：综合探究课是实践与写作结合，口语交际课是说与写相结合，作文课四种命题训练是写作提升。

（三）课题总结研究报告

第一次提出均衡发展策略经过实践研究，我的教学及学生成绩都有了很大程度的提高。我总结了四点促进均衡发展的策略：

1. 激发兴趣，调动积极性；

2. 根据文体，因性别施教；

3. 营造环境，有利于阅读；

4. 家校结合，以弥补缺憾。

第三章 总结撰写第一次课题研究报告

《农村初中男女生语文文体阅读与写作差异分析及达到均衡发展策略的研究》研究报告

前两章中，我对《农村初中男女生语文文体阅读与写作差异分析及达到均衡发展策略的研究》做了细致分析，找到了差异原因，并对课题进行了实践，撰写研究报告时，重点对教学策略、研究的结果和结论、存在的问题进行总结。

一、课题实践措施及教学策略

第一，激发兴趣，调动积极性

初中阶段女生在性别和性格上的表现还是爱说，表现欲强些。男生则不爱说，不爱表演，爱动手操作。为了激发学生在课堂上发言的积极性，让他们觉得学习语文很快乐，我开展了诗词、美文朗诵会，诗词背诵考级比赛，组建了诗词表演社团。请从本地走出去、在社会上有一定影响的人士回到学校，现身说教，让学生受到思想的触动，从而爱好语文读写，表达情感，融进语文的意境之中。定期开展班会、德育教育，让学生在活动中弥补不足，缩小男女生差异。

例如：开展"越青春·越精彩"励志主题班会。班会构想："青春"是一个宽泛而抽象的概念，体现出阳光、进取、积极、乐观等特征。同时，这一阶段的学生正处于青春期，不可避免地会出现一些叛逆的言行，尤其是在与家长的交往、与同学的交往中，会遇到一些困惑与问题。基于以上几点，我想对这次班会从"展示""表彰""阅读""竞答""讨论"等角度设计几个板块，借这些板块，让孩子充分展示、充分竞争、充分讨论，树立典型，展示风采，厘清困惑，锻炼男女生口语表达、语文写作、小组互助、表演等的能力，激发他们学习的兴趣。班会活动人人参与，人人有任务，全程都让学生自己策划，实施完成。

序幕：青春炫舞

【主持人：于浩然（男）、杨鑫（男）、刘程程（女）、侯佳怡（女）】

青春感悟

辩论赛：辩论主题（正方：父母认为孩子不理解自己的良苦用心；反方：孩子认为父母不和他们处在同一频道）

主持人：话不说不明，理不辩不透。今天，我们进行一次关于代沟的小型辩论赛。掌声有请双方辩手上场。

（双方辩手做自我介绍，并表明各自观点）（每组都有男女生）

受时间限制，我们今天只进行"自由辩论环节"，时间6分钟，先正方，后反方。计时开始！

（双方辩手进行自由辩论）

主持人：时间到！感谢双方辩手精彩的唇枪舌剑。

代沟，其实是一个不容回避的问题，客观地说，父母与子女都有很多要反思的地方。

从孩子的角度来说，和父母沟通，最要紧的是尊重，尊重父母的意见，不要把自己的观点强加于他们。

从父母的角度来说，要了解自己的孩子，不要把自己的虚荣心强加给孩子，不要拿自己孩子的弱项与别人的强项做比较，注重与孩子的沟通与交流。

第二，根据文体，因性别施教。

教师在阅读教学中注重文体差异与男女生性别差异备课、上课。教学中明确体裁，不同文体有不同价值、教学方法、教学目标。在培养学生时，将文体差异与男女生差异相结合。

（1）记叙文教学

记叙文讲究记人、叙事、写景状物等。这种体裁女生在生理结构、性格特点、家庭教育方面适合学习，而且比较占优势，答题技巧上掌握得好。而男生由于生理结构、性格特点、家庭教育、个人爱好等，对这种文体掌握比较差，因此把握不准。我在讲课中注重对男生细节的培养，尤其是写景叙事，引导男生发挥理解记忆的优势，重视阅读积累，将抽象思维向形象思维过渡，引导学生在家庭中多与父母沟通，锻炼口语交际，将关于亲情的故事或生活中观察到的事讲给大家听，从而达到对男生的因性别施教的目的。

①训练男生口语表达：语法式，重复式。

男女生存在性别差异、心理差异和性格差异，所以男生上课答问题就是用单个字、单个词地回答，成句话说的语法有些混乱，老师指导语法，让学生反复说，学说句子，女生可以做示范，男生重复模仿。

②练笔字数要求分层次。学生分组训练，语文能力强弱不同。阅读之后的小练笔给他们的片段要求是男生70—300字，女生是200字以上。学生们都很高兴，都能完

成老师规定的内容。写得好的可以尽兴写。

③师生才艺大比拼。我研究了"读写结合的语文课堂"模式，很有成效。尤其是记叙文里，学会一个方法就可以进行小练笔，师生共同比拼。

如《周庄水韵》之读写结合——虚实结合。这一课学完之后，我们进行了练笔尝试，写得差点的学生也能写一句符合要求的话，如"河水清澈见底，久违的儿时记忆又出现在眼前，我与哥哥滑冰、抓鱼的惬意又浮上心头"。写得好的就是一首诗了："生活就是这样不断地让我学会感恩，忧郁时感念相遇，别离时感念甜蜜，无论相遇还是别离，静守都是一种幸福的期待，期待生活中色彩斑斓，期待岁月的河流多些激情的浪花。"

（2）议论文体教学

议论文是讲明事理、阐明观点。有短文、杂文、文艺评论、学术论文。重视实用，融进自然、社会思维领域，引发人们的思考。这种文体根据男女大脑不同结构及多种原因特点，更适合男生学习。男生在阅读实践中也真正是先入为主，领悟理解优于女生，他们有敏捷的思维，用逻辑思维来考虑问题、表达观点，写作中也善于运用这种文体。而女生则不然，她们没有这种全局意识。从试卷答题中看出，女生答"论证思路"这一问题时失分特别多，这就需要我在教授这一文体时，正确引导女生形象思维向抽象思维、逻辑思维发展，把握全局，有独立见解，从具体到概括发展，弥补其抽象思维的不足。

①论辩中练思维。

议论文之中常常有补写论据的题，男女生爱好不同，家庭教育不同，因此思维也不同。

议论文有一个题型是"给选文某一段补充论据，或者选哪一个材料能做这段的论据"。这道题需要学生明确本文的论点，补论据则涉及写作的语言表述，其实考查的难度是增大的。这样的题我发现男女生有不同，常常为一个论据而辩论得不可开交。如"论点是'挫折是人生成功的奠基石'，要求补写一个论据来证明论点"。男生爱写一些名人、科学家、军事类人物，如"林肯多次竞选州长失败，却一直坚持，最终成为总统；邓稼先在外国专家撤出情况下，自己经过多次计算使原子弹试爆成功"。女生爱写作家或者情感类名人，如"《甄嬛传》里甄嬛的一路坎坷，被人挤压，最后凭借心计登上了宝座"。这就是性别差异的原因。

②求同存异。我尊重学生的个性差异，但给他们提出的要求就是找对观点，论据适合就行，语言表述要精练，议论文不像记叙文那样有完整的情节，女生说得长篇大论，还要指导力求精练。

（3）说明文教学

说明文指解说事物性状、事理的文章，如说明书、解说词、科普说明文。

①利用课程资源开发。讲授指导阅读这种文体时，注意到这种文体适合男生阅读，因为男生在生理特点、性格特点及思维方式上都讲究实用。学校和家庭教育存在着差异，充分利用课程资源和校本教研，缩小男女生之间的差异。电脑已经普及家庭，我们的各科课程里也涉及一些课件制作、收集信息的能力。我充分信任学生，交给他们一些任务，他们都会利用电脑来出色地完成。

②实践与读写相结合。动手能力还是男生更强一些。男生制作完了，在电脑前面展示给大家看时，就会按鼠标，解释则不擅长，我就让男女生一组，把他们制作的过程写下来，讲给大家听，这样既锻炼了动手能力，也练习了说明表达方式的运用，缩小了男女生之间的差异。如：幻灯片制作《珍奇的稀有动物——针鼹》一课时，男生就找来了澳大利亚很多濒危物种的图片，加进幻灯片里，插入文本框，改字体，设置自定义动画，让女生一一写出说明，交给我。这样的锻炼天天都在进行，达到了均衡发展的目的。

（4）在对学生进行作文教学时，每次题目都是二选一，可以让学生写不同文体。根据自己的特长，男生喜欢写适合议论文的题目，他们觉得比记叙文好写，平时爱看些时事和科学的书，能够用到作文中去。女生爱写记叙文，觉得比议论文好写，喜欢亲情类、友情类、借物抒情类。由兴趣带入来指导男女生写不擅长的文体，以便达到均衡发展，提高写作能力。

①师生同写练习。作文指导中，我尊重学生性别差异、个人阅读素养及写作差异，不限制文体，但我在指导时，这两种文体兼顾，以便于男女生爱好者学习。我本人也与学生用同样的题目写作文，我常写一些叙事类的文章给学生看，并讲述我的想法、我的认识、我的经历，引导学生善于观察，善于感悟，培养写作能力。

②积累素材，厚积薄发。组织学生每天课前讲一个小故事，是发生在自己身上或身边的人身上，或者是当天的新闻、报纸、杂志上看到的能反映积极向上主题的小故事，目的是锻炼口语表达能力，也便于积累作文素材。上课指导时，给出一个作文题目，让大家把他讲过的故事运用进来，锻炼他们的改写和反思能力。经过研究努力，学生的作文水平有了明显的提高，从结构、立意到语言都有了进步。于浩然和杨鑫两位男生，在以前的写作中，作文得不到一类文的评价，现在他们的作文也有了细腻的情感表达。如于浩然的《陌上观花无爱殇》："一世风华，素衣白衫，闲云春夏。侧身擦肩，霓裳翩舞繁花洒、几多情愫。"杨鑫的《绿在我心中》："我曾无数次地向往高山的绿意葱茏，云雾缭绕，曾无数次地在山巅丛林漫步，俯视群山万壑美景，领略自然之奇之神韵美，那是一种心灵对生命的渴望。少年时喜欢那橄榄绿的军装，每每见

到军营都有股说不出的喜悦与激动，那是一种心灵对军人的崇敬。长大后，经历了挫折而向往宁静的花园，芬芳四溢，那是一种心灵对豁达的感悟。四季轮回，绿意复苏，夏荷飘香，秋裹麦浪，冬日枯寒，但心不曾远离绿草茵茵。"文采飞扬了。虽然他们写作的方法不同，体裁不同，但收到的效果却是相同的。写作能力提高之后，就要求他们去写自己不擅长的文体，以便达到均衡发展。

第三，营造环境，有利于阅读。

初中阶段教材编写中适合女生的内容较多，适合男生的较少。语文版教材每册必有两个单元都是文言文单元，涉及诗词十首，名家的散文、游记、托物抒情的文章居多，少有军事科学探秘的。现代文单元也是叙事类居多，说明文、议论文也是文体知识点突出些，内容上男生感兴趣的少，有些需要背诵的内容男生就更是头疼。所以在班级中推荐一些书目便于学生阅读，弥补教材编写的差异。如：《我爱科学》《科学探秘》，还有军事、体育、科幻类，《意林》《读者》等适合不同学生阅读的书刊。利用校园文化建设对学生进行读书教育。学校到处都是名人事迹介绍，用这些资源来开发学生的阅读潜力，利用图书馆、阅览室来给学生创设阅读学习的环境。班级里利用黑板报、走廊宣传板，设计各种文学作品、绘画、书法展，来陶冶学生情操。

第四，家校结合，以弥补缺憾。

教师做好与家长的联络，建立联系群，与家长时时沟通、互动、交流，为学生搭起家庭教育的桥梁。农村初中男女生语文学习差异大，原因很多是家庭教育的影响，因此班主任老师要经常召开家长会，做家长的思想工作尤为重要，营造家、校、社会教育三位一体。

例如：我们学校在郊区，学生父母多数是忙打工，没有时间照顾孩子，有时老师要把回不去家的学生带回自己家照看，等家长回来了，再来老师家接孩子。有时学生有学习、心理等特殊情况了，老师要到学生家里去家访，做好家与校的联系工作，为学生营造良好的育人环境。班主任每学期都必去每个学生家里家访一次，促进男女生均衡发展，不让一个学生掉队。

二、课题研究的结果和结论

研究结论：

通过研究，总结出农村初中男女生阅读与写作中存在差异的原因有六个，分别是：男女生性别差异、心理差异、性格差异、家庭教育差异、学校教育差异以及教材编写差异。

缩小农村初中男女生阅读与写作差异，促进均衡发展的策略是：激发兴趣，调动积极性；根据文体，因性别施教；营造环境，有利于阅读；家校结合，以弥补缺憾。

研究效果：

课题研究之前：

图一：

语文 6 次质量监测男女生平均分差异统计图

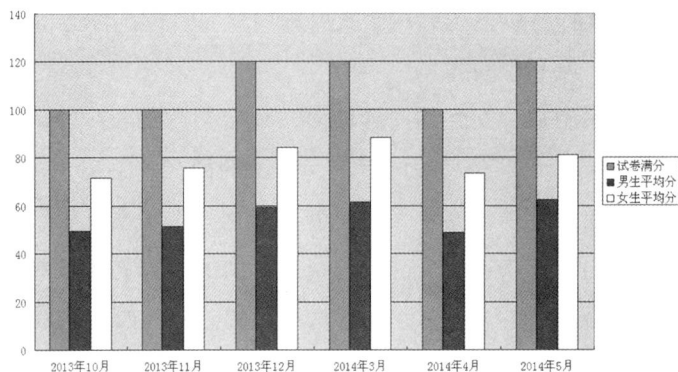

课题研究之后：

图二

近期5次测试男女生成绩比对

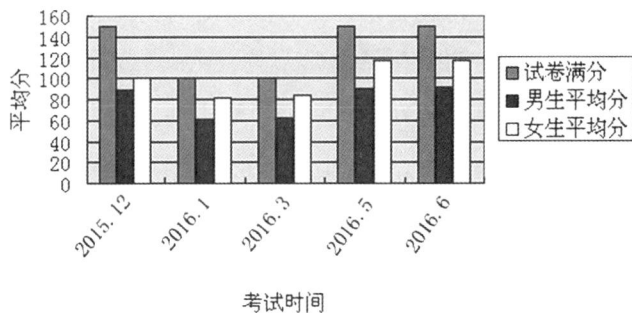

小结：通过（图一）和（图二）对比男女生平均分在普遍提高、差异缩小。

图三

男女生作文得分情况

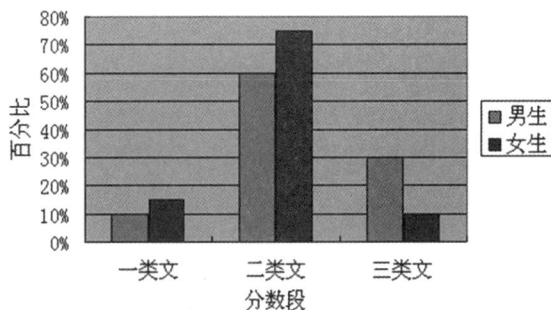

通过以上三个图进行比较分析，学生的阅读能力、写作能力都有了一定程度的提高，二类文的学生数大幅度增加，更可喜的是男女生在阅读和写作方面的差异明显缩小。经过自己观察、其他教师和家长反馈，学生的良好阅读习惯已经养成，比如遇到有名言警句、简短美文，学生反复读，甚至会背，有意识地积累资料；遇到有不了解的作者、不明白的字词义等能主动查阅资料，不敷衍了事等。在长期的语文教学中，学生的语文素养有了很大提升，同时自己的阅读与写作教学能力也有很大的提高。一枝独秀不是春，百花齐放春满园。我把自己的经验介绍给其他语文老师，带动其他老师共同进步，并由语文学科的均衡发展策略辐射到其他学科，缩小男女生能力差异，达到齐头并进、均衡发展的目的。

三、问题与讨论

本课题进一步研究需要关注：

我是女教师，在对待男女生的态度上要有改进，因为男生在家里都是几个老人看着一个孩子，男生的责任心和自理能力不强，我要给予其充分的信任和锻炼的机会。不能对淘气的男生有急躁情绪，让男孩子有男孩子的个性，鼓励他们大胆地做男孩子的事情。

多读理论教育的书籍。

我要形成作文教学的风格，《读写结合的语文课堂》课例研究计划每学期做三次，然后汇编材料，总结提高农村初中男女生语文文体阅读与写作能力提高的方法，在区域内推广。

第一次研究课题，我的经验还不足，在策略研究上也没有达到细致深入，在摸索总结出初步策略的基础上，我继续深入研究。我带的初中学生三年一轮回，我的研究很有价值，三年为一个周期，我不断地实践，进行改进。

[参考文献]

[1] 黄伟. 重视文体教学提高文体素养 [J]. 湖南教育：语文教师. 2006：51 - 53.

[2] 张琼. 基于学生性别差异的语文读写教学研究 [D]. 扬州：扬州大学硕博论文. 2009：10 - 22.

第三编

课题深入拓展研究

其他课题深入拓展

为了把农村初中男女生差异及达到均衡发展内容研究透彻，我又从教者本身提高业务、学生学情分析、课堂教学的角度分别研究，再次深入此课题，环环相扣。我做了如下课题研究：

《中学语文教学最优化实验与研究》是中国教育学会"十二五"规划重点课题，由"学校教育最优化实验与研究"总课题组指导，我担任主持人，这一科研项目已结题并获得证书。以下是结题申请和鉴定书：

中国教育学会"十二五"规划重点课题"学校教育最优化实验与研究"总课题组

课题项目名称	中学语文教学最优化实验与研究		预计完成时间		2014 年 4 月
申报人姓名	段艳侠	职称	中学一级教师	职务	语文教师
申报单位名称	沈阳市第六十中学			邮箱	duanyanxia@126.com
单位地址	沈阳市于洪区平罗镇			邮编	110141
联系电话	024－89280101	手机	13019340798	电邮	
以往课题申报及完成情况	课题名称		批准单位	负责人	完成情况
	报刊阅读与中学生写作能力培养整合模式研究		全国中语会	刘绍森	已结题
	农村中学语文教师综合素质提升的策略与研究		辽宁省基础教育教研培训中心	段艳侠	2014 年 10 月结题
与本课题相关的研究成果	学术论文：1.《初中农村教师的语文素养在学生中的导向作用》 2.《运用多媒体技术提高语文教学效率》 3.《扬起科技风帆漫游语文世界》 优秀课：1.《弱种子也要发芽》（沈阳市优秀课一等奖） 2.《弱种子也要发芽》（全国中语会优秀课二等奖） 教辅著作：《全国中考试题分类精选·语文卷》（副主编）				
课题组主要成员（姓名、职称及工作分工并注明：组长、副组长各一名）	姓名	职务/职称	研究工作分工		
	李雪冬	组长/中学高级教师	负责材料的收集与撰写开题报告		
	刘阳	副组长/中学高级教师	负责材料的收集、整理与撰写结题报告		
	喻莹	成员/中学一级教师	开展课题实验研究工作		
	金卓	成员/中学一级教师	开展课题实验研究工作		
	许丽	成员/中学高级教师	开展课题实验研究工作		
	刘江龙	成员/中学高级教师	开展课题实验研究工作		

预期成果形式	1. 教学论文	2. 优秀课或观摩课资料
	3. 教师基本功大赛成绩	4. 学生成绩跟踪对比档案

课题设计论证：

1. 研究目标：《中学语文教学最优化实验与研究》这一课题的开发与实验研究，为我们学校语文教师提供普遍适用可操作的教育教学方法论体系。必须承认，语文教学的终极目标是培养学生的自学能力，而这种能力的标志体现就是能说会写。我们这个课题的研究就是要力求做到切实改善学习有障碍群体的状况，降低30%以上的厌学率，提高50%中等学生的优秀率，促成20%优秀生的高成才率，最终达到全面成才——不同层次的人才。

2. 研究假设：《中学语文教学最优化实验与研究》这一课题是基于总课题组负责人白天佑教授提出的"低（起点）、慢（速度）、多（落点）、高（标准）"中国大成教育元素结构教学法，为学校课堂教育最优化实验与研究找到了非常有效的抓手。"低起点"考虑到学生的基础，"高标准"为学生确立的学习标准，这中间的差距表明学校教育和教育工作者具有广泛而巨大的可作为的空间。从"低起点"达到高标准就是教育最优化的最佳表现，足以说明学校教育的作用和教育工作者的功劳。"慢速度"反对快速度教学，主张教学要考虑学生的学习规律和接受程度，兼顾学生的生理、心理、知识、能力、意志、品德特征和差异，步步为营，梯次推进，使学生有效地掌握知识和培养能力。"多落点"符合现代教育强调学生个性差异，要求充分尊重和考虑学生的这些差异，实施学生的差异发展。整体上，"低、慢、多、高"元素结构教学法紧密结合目前中小学教育的实际状况，符合当前教育的实际需要，更适合我区基础教育的教学实际。

3. 研究内容：《中学语文教学最优化实验与研究》这一课题的结构一般都有"认知型"和"情境型"的类型体现，有时也呈现"认知—情境"交织状态并依不同学科功能呈现复杂状态。课堂教学最优化必须是"因材施教"与"因教赋形"的有机结合，要研究一节课中的基本要素，主要有"教学目标、教学内容、教学策略、教学关系、教学检测、教学反思"等环节，课堂教学最优化必然是这些要素合理地运行和教育功能的发挥。因此，探究课堂教学最优化必须对课堂教学进行整体研究和反思。我们于洪区在教研室的统一指导下，我们语文学科的教学模式——"设疑探究，跟踪评价"在课堂实践中得到验证，正在发挥其应用效益并得到教师和行政领导的认可和支持。"课堂教学最优化"的探索必然要运用这些已有成果，并且要突出教师的引领作用。教师的引领作用具体表现在：继续研究学科模式的理论基础和实施策略，通过典型课例分析的方式验证其实效；教师围绕模式开展教研活动，用生动的素材丰富模式的内涵。与此同时，我们还要学习诸如洋思"先学后教，当堂训练"、西峡"三疑三探，编题自练"、山西太谷县"导学案"等先进经验；反思我校在课改中存在的问题，科学加以消化和借鉴。倡导教师运用多种科研方法，积极开展"课堂教学最优化"的验证性研究；积极参与到当前我区开展的课堂教改实践活动之中。引导教师注重成果物化与践行推广，从具体实践中领会理论，提高自我反思的能力。这正是我们课题组要重点解决的问题。

4. 研究方法：除了传统的经验总结法、文献研究法、实验法之外，还将运用目标发现法，课堂观察与诊断，同课异构研究，典型课例研究以及教研博客、网络教研等方法。

5. 研究队伍：由区教研室刘少森主任统筹全区中学课题实验工作，组织课题实验学校主持人及骨干教师开展课题研究。以我们学校课题组作为骨干研究团队进行实验研究。

6. 课题管理与经费支持等保障条件：为有力指导全区课题研究工作，成立全区课题领导小组和各校课题实验小组。总组长由刘少森主任担任，段艳侠老师为我校实验课题负责人统一指导并开展实验研究。经费来源：鉴于我校财政状况较困难，所以，在完全自愿的情况下，经费基本由课题组成员自费承担。

中国教育学会"十二五"规划重点课题"学校教育最优化实验与研究"总课题组

实验校名称	沈阳市第六十中学		所属实验区	于洪区
子课题名称	中学语文教学最优化实验与研究		邮编	110141
负责人	段艳侠		专业技术职务	中学一级教师
参加研究 主要成员	课题组总负责人：段艳侠 课题组组长：李雪冬　　　　　课题组副组长：刘阳 课题组成员：喻莹、金卓、许丽、刘江龙			
结题鉴定成果	题目	中学语文教学最优化实验与研究		
	形式	专著专集报告 1 份、论文 2 篇		
	附件	课题开题、结题报告		
实验 研究 基本 情况	实验老师总数 __7__ 人，实验班级总数 __12 个__ 班，实验学生总数 __400__ 人， 实验班级分布 __全校 12 个班级__			
	培训次数	总课题组 __2 次__　实验区 __2 次__　实验校 __3 次__		
	实验研究 主要档案	子课题申报审批书 __1 份__，结题证书 __1 份__，科研成果证书 __1 份__，立项书 __1 份__，子课题结题鉴定验收评审表 __3 份__，结题报告 __3 份__，实验聘书 __1 份__。		
获奖情况	2012 年	一等奖 1 篇、二等奖 1 篇、三等奖 1 篇		
	2013 年	一等奖 1 篇、二等奖 2 篇、三等奖 1 篇		

对子课题研究的自我评价：

　　《中学语文教学最优化实验与研究》是我们学校中学教研组语文课题实验小组组织全校 7 名语文教师、12 个班级、近 400 名学生参与的一项全校性课题实验研究。

　　在此之前，结合我校实际情况，我们还先后开展了学习洋思中学"先学后教，当堂训练"、西峡中学"三疑三探，编题自练"为蓝本的《"双入式朗读—设疑探究—跟踪评价"三位一体》这样一种接地气的科研实验，效果较好；随后，我们还参与申报并进行了全国中语会、语文报社创立的《当代"三读"理论与实践研究课题》子课题《报刊阅读与中学生写作能力培养整合模式研究》和辽宁省《农村中学语文教师综合素质提升的策略研究》的课题实验研究，均取得了较好的成果，为我们开展这项课题的实验研究奠定了坚实的基础。而《中学语文教学最优化实验与研究》是我们在上述一系列科研实验的基础上所进行的一项全新的教科研实验活动。应该说，此项实验研究对助推我区教育教学改革、转变教师观念、更新教学思路、创新教学方法具有不可或缺的作用。通过这一课题的实验研究，进一步提高了参与实验老师的教改积极性，促进了教学质量的不断提升，所取得的成果是比较显著的。

实验校子课题负责人：段艳侠
2014 年 3 月 16 日

　　这项课题是我从课堂教学提升为出发点，研究如何优化课堂，使男女生在课堂上能够受到差异重视，均衡发展。研究结论证明我从课堂入手是对的，要建立读写结合的语文课堂，才能缩小差异。接着我又做了《教师如何提高学生语文能力的研究》课题。

　　《教师如何提高学生语文能力的研究》是辽宁省基础教育教研培训中心（辽宁省教育科学"十二五"规划立项课题），我担任主持人，撰写了论文，已获结题证书。下面是课题申请协议。

项目名称：教师如何提高学生语文能力的研究				
课题来源：辽宁省教育科学规划办				
甲方（课题组）：辽宁省基础教育教研培训中心				
乙方（实验校）沈阳市于洪区五十七中学				
乙方研究人员及分工				
姓名	职务	职称	现从事的专业	分工
潘虹	教研员	中学一级	教研教学	主持研究并提供各类保障
段艳侠	教师	中学一级	语文教学	主持研究确定课题研究方向，负责课题的组织实施
秦维君	教务主任	中学高级	教学管理	理论研究和资料收集
李雪冬	教师	中学一级	语文教学	参与课题研究，负责如何提升教师专业素养的措施研究报告的撰写
喻莹	教师	中学一级	语文教学	研究提升教师业务素质，师徒结对子计划，调查报告及心得
许丽	教师	中学高级	语文教学	农村初中语文课堂教学读书策略的探讨
金卓	教师	中学一级	语文教学	参与课题研究，负责中小学教师专业理论课堂基本功提升的学习研究
刘阳	教师	中学一级	语文教学	实践课及心得
刘江龙	团委书记	中学高级	语文教学	参与课题研究，负责提升农村教师专业素质的对策的研究报告
戴鑫	教师	小学高级	信息技术	负责实施多媒体、网络技术等手段在提高教师素质策略中的应用研究

乙方承担的研究任务：

　　建立健全课题制度，制订课题的具体实施方案，并及时将实施方案和开题情况上报课题组。建立课题档案，及时总结实验中获得的经验，按计划及时向甲方提交阶段进展情况报告；协调校内各方面力量，为课题的研究提供保障。利用网络资源开展课题方面的理论学习，与兄弟学校交流做法，营造良好的研究氛围。

续表

乙方研究主要阶段：

　　本课题研究拟从 2012 年 7 月开始实施，至 2014 年 10 月完成，周期为近 2 年。分为三个研究阶段：

　　1. 准备阶段（2012.7—2012.12）。确定研究课题，建立健全课题制度，成立本校课题组织机构，制订课题实施方案，填写课题研究任务书，撰写开题报告。进行学生研前调查问卷，完成研前调查报告。学习理论，培训教师。搜集有关自主学习资料，利用网络资源、图书馆、现代化传媒等方面对我校课题组教师进行相关理论、技能培训，并写好笔记。组织课题实验教师听课、评课并做好记录。建立课题档案，各项材料及时归档。通过对实验教师的理论培训和听课学习掌握课题的理论知识。

　　2. 探索与实践阶段（2013.1—2013.12）。在先期探索准备研究的基础上，以新课程理念、教育理论和专业理论的培训为突破，邀请区内外专家、知名教研人员到我校开展讲学；请名师、优秀教师做示范引领；进一步强化教改与"课程改革"，进一步更新观念，理清思路，创新方法，优化课堂，提升课堂效率；以听课指导、评课研讨为抓手，抓好常规化学习和培训，分析存在的问题，及时调整研究策略，深入开展课题研究活动，展示实验教师的实验成果，形成教学与研究的常态模式，撰写中期研究报告。

　　3. 实验成果形成总结阶段（2014.1—2014.10）。在中期研究的基础上，调整研究策略，开展深入研究。全面总结实验成果，汇编结集，完成实验结题报告，开展实验成果公开课展示活动，切实使我校课题组成员的思想观念、业务素质得到提高。以良好的科研实绩、师生双受益的成果，迎接省课题组专家来我校验收和进行结题鉴定。

甲方主要责任：

　　1. 负责制订总体研究计划及实验方案；

　　2. 组织、指导子课题及实验点校制定各自的研究计划、实验方案及具体措施；

　　3. 负责各子课题及实验点校的科研培训及业务培训；

　　4. 监督、检查项目研究的进展情况。

　　甲方负责人（签字）　　　　　　　　　甲方所在部门（盖章）

　　　　　　　　　　　　　　　　　　　　　　　　　　　　年　　月

乙方主要责任：

　　1. 制订相应的研究计划、实验方案，并具体实施；

　　2. 按计划及时向甲方提交阶段进展情况报告；

　　3. 按计划完成研究任务，并保证质量；

　　4. 自筹研究经费。

　　乙方负责人（签字）段艳侠　　　　　　乙方所在部门（盖章）

　　　　　　　　　　　　　　　　　　　　　　　　　　　　年　　月

市教科所意见： 盖章 年　　月　　日	总课题组意见：（科研管理部门意见） 盖章 年　　月　　日

　　这项课题是从教者本人和学生学情出发，研究提升语文能力的策略，这一研究给我很多收获，要想缩小男女生差异就要了解自己和学生，有针对性地实施策略，提高

教师业务水平，改变学生学习方法，使其懂得感恩。

我向沈阳市教育科学规划领导小组（沈阳市"十三五"规划立项课题）申报了课题《农村初中男女生语文文体阅读与写作差异的研究》，市里通过开题报告、中期研究，我担任主持人，撰写论文，最终获得结题证书。

我又参与了《当代"三读"理论与实践研究》课题，由中国教育学会中学语文教学专业委员会审定，获参与人结题证书。

我同时也参与课题《基于区域联盟的教学资源共建共享模式的研究》，由辽宁省基础教育教研培训中心审定，是辽宁省教育科学"十三五"规划 2017 年度课题，获参与人结题证书。从教师运用资源上提高业务能力。

《基于区域联盟的教学资源共建共享模式的研究》结题报告

一、课题概述

（一）研究背景

我国近几年教育信息化投入很大，2006 年中国教育 IT 投资总规模为 304.8 亿元，硬件投资占 68%，中国教育和科研计算机网覆盖全国 31 个省、直辖市、自治区的 200多座城市，联网的大学、教学机构和科研单位超过 1800 个，用户超过 2000 万人，各校进行课程互选、学分互认、资源共享。到 2020 年，基本建成覆盖城乡各级各类学校的数字化教育服务体系，促进教育内容、教学手段和方法现代化。但是农村教师还是停留在没有信息化的思想状态中，不会运用有效的教学资源去教学，单打独斗，靠一人力量，还是一支粉笔、一本书授课，信息化进程在农村发展很慢。对信息技术的应用，想带领老师整合现有教学资源，加快信息技术普及及应用，在区域内进行教学资源共建共享，对此种共建共享模式有待研究，创建新网络教学模式，提高课堂效率。

（二）调查分析

农村初中学校开设的科目主要有语文、数学、英语、物理、化学、道德与法治、历史、生物、地理、音乐、美术等。调查：任课教师是否知道教学资源都有什么？回答：不太清楚。调查：都会用电教手段共享资源吗？回答：不太会用。

教学资源概念界定：

教学资源是为教学的有效开展提供的素材等各种可被利用的条件，通常包括教材、案例、影视、图片、课件等，也包括教师资源、教具、基础设施等，广义层面也应该涉及教育政策等内容。从广义上来讲，教学资源可以指在教学过程中被教学者利用的一切要素，包括支撑教学的、为教学服务的人、财、物、信息等。从狭义上来讲，教学资源（学习资源）主要包括教学材料、教学环境及教学后援系统。

老师都在用教学资源，但是对教学资源概念模糊，不会共建共享，造成了资源浪费，个人教学有局限性，费时费力，课堂效率不高。

（三）国内外研究现状

国内研究现状：目前，我国教育信息化的发展还处于粗放型阶段，硬件环境建设投入大，但是应用效果低，是当代教育信息化发展进程中的主要矛盾。未来，我国教育信息化将朝着教学信息资源整合、教育信息化管理标准统一、社会学习者的信息技术素养和教育信息化投资效率提高、教育信息化评估体系不断完善的趋势发展。在《国家中长期教育改革和发展规划纲要》中，国家把教育信息化纳入国家信息化发展整体战略，超前部署教育信息网络。我国高校已经实行了教育资源共建共享机制。2016年国家规划中已经实行了"三通"——校校通、班班通、人人通，建设了教育资源服务平台，但是农村地区从幼儿园到高中，信息技术应用仅仅是作为一种演示工具存在，教师、学生还不会有效利用资源，进行共享，这使得其对教育的影响远未达到预期的目标。

国外研究现状：

国外网络教育资源共建共享，尤其是美国、加拿大、英国、澳大利亚等国已经发展到相当大的规模了。美国起步早，发展快，早在1993年就已经使互联网成为信息社会发展的基本框架了。英联邦国家多，内容广泛，历史悠久。法国服务新，提出四项数字化服务，面向全社会，普惠学生及家长。共建共享模式国内型分为全国共建共享和地方共建共享，国际型为国家之间优质资源共建共享。

国内外研究现状显示，我国农村地区资源共建共享还很薄弱，鉴于此，我提出了课题《基于区域联盟的教学资源共建共享模式的研究》。

（四）研究的现实意义

区域联盟教学资源共建共享可以最大限度地实现教育资源的公平合理使用，能最大限度地为教师的教学和科研活动服务，大大提高了学校的教学质量、科研水平以及人才培养的规格。

区域联盟教学资源共建共享的最终目的是保障区域全体成员能够无障碍地使用信息资源，能够平等、自由地享用信息资源。但是由于我国存在不同地区间经济、文化发展的不平衡状况，使得发达地区的信息资源富集，而不发达地区的信息资源匮乏，这种教学资源分布的不均衡状况又加大了经济、文化发展的差距，从而影响了教育的和谐、稳定、持续性发展。教学资源共建共享，就是对信息资源在全社会进行合理配置，这样有利于消除区域间的信息鸿沟和隔阂，保障每个公民的基本文化权利，达到在信息资源面前人人平等、人人充分共享，进而促进社会的全面进步和谐、快速发展。

二、研究目标和研究内容

（一）研究目标

1. 理论目标：总结出区域联盟的教学资源共建共享的意义。

2. 实践目标：通过课题研究开发交互式教学模式的各学科优质教学同步资源。

3. 工作目标：总结出应用信息技术来提高学科有效的技术、方法和手段。

（二）研究内容

1. 探究结合学科特点，如何运用信息技术促进教师的教学活动，更好地运用优质教学资源的共建共享的方法。

2. 研究区域教学资源共建共享方案。

3. 研究如何利用沈阳教育资源平台进行资源共建共享，充分发挥资源上传、下载、展示、交流和评价功能。

4. 完成资料积累，撰写论文、研究报告，完成课件制作。

三、课题研究方法、过程、具体实施

（一）研究的方法

1. 调查研究法：通过数据比对分析国内城市和乡村学校之间在使用教学资源上的差别，国内外教学资源共建共享的现状，找出课题研究的背景。

2. 观察法：观察各科教师在备课、上课、制作课件、上传资源方面的局限性，针对教师的不足之处探究共建共享的模式。

3. 经验总结法：通过课题实践总结出区域联盟教学资源的共建共享模式，上传资源，形成研究报告。

4. 案例研究法：通过教师和学生在课堂上的教与学的实况以及学生课下学习的情况，教师反省自己，调整自己的教学策略，总结自己使用资源成功和失败的地方，完善自己的教学资源利用方法，形成个人课例总结。

（二）研究过程、具体实施

调查分析农村初中学校任课教师了解教学资源和使用电教手段共享资源的情况。教学资源概念界定，研究国内外教学资源共建共享模式的概况及现状。基于此，我提出了此课题《基于区域联盟的教学资源共建共享模式的研究》，并充分利用沈阳教育资源公共平台。沈阳教育资源公共服务平台，是一个功能强大的平台，为我们提供了盼望已久的实现学校、教师、学生和家长实时沟通的功能。为了更好地应用这一功能，我校非常重视利用此资源开展建设工作。

（三）课题实践措施及教学策略

第一，探索实践初获成果

1. 学校空间

（1）结合学校实际情况，学校空间设立了多样的栏目，如学校概况、校园资讯、本校资源、教学教研、教师园地、学生天地、养成教育、家长学校、党建工作等，涵盖学校工作的各个方面。

（2）不断丰富学校资讯。结合学校日常工作，随时将学校发生的重大事件发布到相应的栏目中，已发布学校资讯 1000 多篇，展示了我校教育、教学中开展的各项活动，也展示了教师和学生的风采，使学校空间成为宣传学校和展示学校风采的重要阵地。

（3）为了让教师和学生能够利用丰富的教育教学资源，管理员负责上传学校资源，学校鼓励教师上传个人资源并将其分享到学校资源，信息技术教师负责指导学生

在学生的个人空间和班级空间上传资源。学校和教师上传了大量的资源，目前学校资源已有 12000 多个，教师个人空间上传资源总计已有 100 多万次，本校教师下载资源 6 万多次。集学校与全体教师的力量，不断丰富资源，实现资源的共建共享，为教师的教育教学提供了很多方便。学校共享资源中的大量图片、音频等素材为教师制作课件提供了很大的帮助，有关教学内容的视频、动画、音频、图片等也被教师们应用在课堂教学中，更好地激发了学生的学习兴趣；课件资源的共享更是能够让教师们避免重复性地开发制作课件，减少了教师的工作量，也起到了互相学习促进的作用。一些适合学生的资源，也会引起学生的兴趣，学生们在浏览下载观看后，能发挥一定的知识学习或思想教育功能。

（4）在学校空间首页建立了班级空间模块，点击相应班级，即可直接进入所在班级的空间，浏览这个班级空间的文章、资源等。方便教师和学生进入自己的班级空间和浏览其他班级空间，也促进了班与班之间的互相学习，比学赶帮。

（5）在学校空间首页建立了"教师空间入口"模块，进入即可查找到所有领导和教师，点击相应的领导或教师姓名，即可进入领导或教师的个人空间，方便教师之间的互访和学生及家长访问教师空间。

（6）在学校空间首页建立了"站长信箱"模块和"校长信箱"模块，可以实现发送邮件功能，方便了家校、师生之间的联系，也可以让学生或家长对学校工作提出意见或建议，有助于学校更好地改进工作。

（7）为了让师生在校期间可随时访问平台空间，我校各班教室的电子班牌和教学楼大厅的公用计算机也都建立了直达学校空间的链接，点击即可进入学校空间，浏览学校空间内容，访问班级空间和教师空间。每到课间，总会有学生在电子班牌前浏览电子班牌内容或进入学校空间、班级空间、教师空间或同学空间，浏览学校、同学或教师发布的文章、资源等。

（8）为了使教师更方便地参与网络教研和名师社区的活动，将学校、教师、名师开通的教研社区和名师社区链接添加到学校空间首页，点击即可进入相应的社区，参与社区开展的活动。

学校空间在 2017 年和 2018 年两次空间应用大赛中分别获得三等和一等学校空间奖。

2. 教师空间

全体教师全部在沈阳教育资源公共服务平台开通了个人空间，共有教师空间 51 个。教师在个人空间发布教育文章、教学设计、课件、资源素材、学生在校生活学习的照片等，实现教师展示自我、分享教育成果、教师间的资源互通有无、师生间的交流互动、家长学习家庭教育知识和了解学生在校生活情况等功能。

3. 班级空间

全校各班开通了班级空间 14 个。各班班级空间都设置了具有班级特色的空间内容，全体领导和教师都加入了任教年级的班级空间，上传分享资源和文章。

4．学生空间

全体学生开通了学生空间。学生在老师的指导下，登录个人空间，发布文章、上传图片或资源、访问老师或同学空间、留言或进行空间交流、装扮空间等。学生在空间应用的过程中，不但信息技术能力得到了培养，也获得了更多的知识，提高了学习能力。

5．家长空间

为全部家长开通家长空间。家长可以登录家长空间，发布文章、图片等，访问孩子的空间或访问学校和老师的空间，浏览学校资讯、查看老师的教育文章、关注孩子的学习与心理表现，家长间进行相互交流等。

6．名师社区

各级名师、骨干教师建立了名师工作室。在名师工作室中上传优秀的教学设计、课件、课堂录像、教育教学方法等，为在教育教学中存在困惑或疑问的老师提供帮助，开展网络教研活动等，发挥名师的引领作用，带动更多的教师提高教育教学能力。名师社区还上传了教师的录像课或微课，实现网上听评课或学生的观课学习。戴鑫的名师社区在平台举行的两次评比中都被评为优秀社区。

7．课程社区

建立了课程社区、网络教研社区或协作组，全体教师都加入了相应的教研社区，开展网络教研活动，探索信息技术与学科整合、教育教学方法、班级管理等的理论与实践，发挥网络教研优势，促进共同成长。

第二，培训激励推进应用进程

1．应用培训

学校空间、班级空间和教师空间及学生空间是紧密联系的，师生的空间应用能力培训必不可少。学校安排利用业务培训时间，由管理员多次对全体教师进行个人空间应用培训，使教师们能够熟练进行个人空间的操作；信息技术教师对全体学生进行个人空间的使用指导，使学生们也熟悉个人空间的使用。

2．激励机制

为调动师生参与空间建设的积极性，除了宣传空间应用的意义外，采用有效的激励方法，是非常重要的。我校特别重视激励师生做好个人空间建设工作，个人空间评比活动也收到了很好的效果。每学期举行一次教师空间和学生空间评比活动，学期初制定相应的评比条件，向全体教师和学生公布。学期末，根据教师和学生的空间应用情况评选出优秀空间，对被评为优秀空间的教师和学生进行奖励。评比活动，激励了教师和学生应用空间的积极性，许多教师每天登录空间，发布文章、访问其他教师空间、互相交流空间应用心得等。每天中午，微机室开放，许多学生吃完饭就来到微机室进行个人空间的操作，互相交流学习应用方法，仅一个学期，有一名四年级的学生发布文章就达到800多篇。教师和学生也会经常登录班级空间，在班级空间分享教育资源和文章等。在两个学期的评比活动中，已有 20 多名教师和 80 多名学生获得了学校奖励。

3. 示范引领

校长率先垂范，带头做好自己的空间应用工作，经常浏览教师的空间，参与学校或教师开通的教研空间或名师社区活动中；校长还是学校空间的"用户统计、资源统计、个人空间数据统计"管理员，能查询各位教师的空间使用情况，校长每月将教师的应用情况在学校的 QQ 群里公布。学校其他领导也积极做好个人空间应用工作。领导的示范和督导，较好地带动了全体教师的空间应用工作。

管理员的示范作用也很重要。作为管理员，做好学校空间建设和个人空间应用，才能发挥示范引领作用，带动教师和学生们进行空间应用操作。所以，管理员尽力做好学校空间的管理工作，认真做好个人空间，在个人空间装扮、文章发布、资源上传等方面均走在前面，以此带动教师和学生。

四、课题研究的结果和结论

（一）研究结论

通过研究，区域联盟教学资源共建共享的模式是：

（1）探索实践实现三沟通，初获应用成果，开设了学校空间，设立了丰富的栏目

不断充实学校资讯。让教师和学生能够利用丰富的教育教学资源，管理员负责上传学校资源，学校鼓励教师上传个人资源，信息技术教师负责指导学生在学生的个人空间和班级空间上传资源。在学校空间首页建立了班级空间模块和"教师空间入口"模块，建立了"站长信箱"模块和"校长信箱"模块，发送邮件。设立电子班牌，教学楼大厅的公用计算机也都建立了直达学校空间的链接，共享资源。

开设教师空间、班级空间、学生空间、家长空间、名师社区、教研社区等，发挥网络教研优势，促进共同成长。

（2）培训激励，推进应用进程

学校安排利用业务培训时间，由管理员多次对全体教师进行个人空间应用培训，使老师也熟悉个人空间的使用。

建立激励机制，重视激励师生做好个人空间建设工作，激励了教师和学生使用空间的积极性，互相交流空间应用心得，加强示范引领作用。

校长率先垂范，带头做好自己的空间应用工作，经常浏览教师的空间，参与学校或教师开通的教研空间或名师社区活动中，发挥管理员的示范作用。

（3）锐意进取，展望应用前景

在沈阳教育资源公共服务平台首届空间评比大赛中，学校空间获得了一等奖，8 名教师的个人空间分别获得了一等奖和三等奖。

在今后的空间应用工作中，我们将继续探索空间应用与教育教学更好结合的方法。建立教师的微课空间，实现学生学习的随时化和远程化；利用"教学助手"和"家校

帮"，实现交互良好的教学资源互动模式；创新空间模块建设，实现"三通"发挥出更多的互联互通作用。

希望与各校互通有无，互相学习，互相促进，借助沈阳教育资源公共服务平台这个多功能的平台，真正实现平台服务于教育、服务于教师、服务于学生、服务于家长的功能。

五、问题与讨论

本课题进一步研究需要关注：

我要多关注信息技术的方便快捷，多钻研信息技术在课堂教学中的应用，进一步研究区域联盟新型教学资源共建共享模式，更好地开发新资源，服务于师生。

多读理论教育的书籍。

我要形成区域联盟共建共享的学习风格，建立《信息技术走进课堂》的课例研究。计划每学期做一次，然后汇编材料，总结经验，在区域内推广。

参考文献：

【1】胡小勇，付道明，林晗，黄文诗. 国内外基础教育信息资源建设与应用现状述评［J］. 教育信息技术，2009（3）：52－55.

【2】曹卫真. 中美中小学网络教育资源整合的比较［J］. 电化教育研究，2007（4）：28－32.

【3】顾小清. 教育信息化建设项目评估［J］. 国际研究现状调查，2006（8）：40－44.

【4】容梅，胡小勇，张伟春. 数字时代区域学科资源建设新模式［J］. 中国电化教育，2007（4）：53－56.

【5】陈婕. 国外高校教育资源共建共享经验及对我院的启示［J］. 亚太教育杂志，2016（31）.

参与这项课题大大提高了我在课堂上使用多媒体和开发教学资源的能力，也为我的课题研究发展奠定了基础。

我在研究课题期间又发表了一些论文，为我的读写结合的教学模式提供了丰富的资料。

论文《运用多媒体技术提高语文教学效率》发表在《沈阳教育》上；论文《扬起科技风帆漫游语文世界》发表在国家级期刊《现代阅读》上；论文《初中农村教师的语文素养在学生中的导向作用》发表在国家级核心期刊《中国科教创新导刊》上；论文《初中男女生阅读与写作的差异研究》发表在省级核心期刊《辽宁教育》上；教学随笔《最近的距离是心与心的交融》发表在《辽宁教育工作报》上；考察报告《农村初中男女生阅读与写作的差异分析及达到均衡发展策略的研究》发表在国家级期刊《新教育时代》上；课题成果《让文体阅读和写作插上翅膀》发表在《研究型教师优秀成果文集》里。

附文：

论文：扬起科技风帆　漫游语文世界

科技奥运彰显中华国力，上海世博尽展神州智慧。扬起科技风帆，传承母语文化。语文，是天生浪漫的文化载体。睿智的思想、高尚的情感、灵动的才智，无不栖于根深叶茂的语文之树，生生不息地传承着人类文明。它涤荡污浊，提精炼粹，陶冶身心。它汇聚了浪漫又传递着浪漫，从浪漫的心灵出发，走向深广，走向博大。语文是语言的文化，是人类联络情感的重要方式。生活中处处有语文。作为语文教师有责任带领学生漫游语文世界。在语文教学改革中，多媒体教学以其他教学手段无可比拟的优势，已经走进课堂，对于激发学生兴趣、提高语文课堂教学效率、提高语文素养、培养学生语文能力，起到了积极的促进作用，显示出多媒体教学在语文教学改革中的美好前景，特别是对于今天语文教学中知识的整合和教育手段的整合兼容具有非常突出的作用。

多媒体走入我的语文课堂是在 2002 年，新课改开始之后，区教研室第一次到我校调研时，我准备了一节综合探究课。当时学校条件简陋，设施不完备，我就把家里的电脑搬到学校，播放了《黄河绝恋》。影片之中，黄河惊涛骇浪、万丈狂澜的景象，对学生触动很大，将抽象的教学内容变成了直观影像，产生了意想不到的效果，受到教研室领导的好评。从那以后，我就让多媒体走进了我的语文课堂。教研室刘主任多次指导我进行课改，对语文教科书中从七年级至九年级的所有课文，我能制作课件的就都制作，让学生开阔视野，领略中国母语文化的魅力，带领他们漫游语文世界。

一、新世纪现代教育技术发展的趋势是整合技术和网络技术的结合，在网络环境下，由计算机控制的多媒体实践，已成为新世纪教学模式的基本特点。语文教学中，多媒体是辅助手段，将教材内容与学生思维、设计方案、师生合作，进行多层面整合，让学生置身于仿真的世界和背景中，自主学习，持续发展，不断创新。只要正确选择，合理利用它，就会达到事半功倍的效果。

1. 利用多媒体创设教学情境，激发学生学习兴趣

传统语文教学属于语文知识层面教学，教师采用唇耕舌耘、粉笔加黑板的单一教学手段。由于语文本身包罗万象的特性和学生认知心理尚未成熟，课堂上经常出现教师在讲台上讲得口干舌燥、讲台下学生却听得兴味索然的现象。

多媒体方式进入语文课堂，能把声音、图像、文字、视频等有机地结合起来，化静为动，变枯燥为生动，变抽象为形象，打破课堂教学的时空限制，创设一个更为生动活泼的教学情境。这样，直观形象与联想、想象相结合，就能更好地激发学生的学习兴趣，使他们积极主动地去体味作品中所创造的意境，迅速而正确地把握文章的内涵。例如在教学《陌上桑》时，我按照课文内容制作了 FLASH 动画，并配上我的朗读，将罗敷的美丽正义与使君的丑陋无耻加以鲜明对比，让学生一下子体会到本文的主题，以对比写法抨击荒淫无耻的统治者。如在教授范仲淹的《渔家傲》一词，赏析

名句"千嶂里，长烟落日孤城闭"，播放边塞、大漠的黄昏、苍凉、壮阔之景时，学生通过直观感受体会到边地将士破敌立功的决心与思念家乡的矛盾心理，苍凉激越，感受真切。在家长开放日那天，家长听我讲了《青海湖》一课，将青海湖美丽的自然环境、动物和谐共生与现在被破坏的环境用视频对比播放，一下子让学生和家长体会到保护环境人人有责的重要性。伟大的文学家、唐宋八大家之一的柳宗元所写的著名的《小石潭记》让学生倾慕不已，那种被贬谪的心境如何去体现，只有通过表现小石潭清幽之美，同时环境过于冷清、美景无人知晓来表达作者的心境，通过多媒体课件，展示画面，配合古典音乐，把学生带入了柳宗元被贬后孤寂处境的悲凉凄苦和愤懑的心境之中。

2. 利用多媒体提高课堂效率，提高学生语文素养

多媒体技术利用计算机的交互科学性、反馈性等特点，融图、文、声、像于一体，是具有智能化的双向教学活动过程。多媒体技术的应用，可以大大简化教师烦琐的空洞讲解，同时操作也节省时间，提高课堂效率，提高学生语文素养。传统的语文课，一篇至少要用两三节课才能完成，长一些深一些的课甚至要讲一个星期，而老师仍觉得没有讲透，学生们仍难以理解。运用多媒体上语文课则不同，它打破了课堂45分钟的时空限制，横跨古今中外，节省大量时间，而且借助直观的形象，有些内容无须长篇大论，学生已了然于胸。如在教授《给巴特勒的信》一课时，大作家雨果站在人类的立场上，盛赞圆明园的文化艺术价值，怒斥侵略者的罪恶行径。我用课件展示那段英法联军火烧圆明园的历史影片，让学生了解那段屈辱的历史，不能忘记耻辱，牢记历史，展望未来。如本学期，我在讲《地毯下的尘土》这篇课文时，就利用多媒体辅助教学。这篇课文较长，具有深刻的现实意义，针对目前中学生独生子女多、自理能力差、容易存在道德缺憾、生活状况前景不乐观等问题进行教育，是非常好的题材。我利用一星期的业余时间，将这篇童话制作成动画片，节省读课文时间，文中漂亮的主人公米妮的形象、掌管金子的十二个小矮人及其奇特的服装，深深吸引了学生的目光。课前又拍摄了我班独生子女在校如何学习、爱护校园，在家如何孝敬父母、做家务的生活DV短片，在课堂上进行播放，一下子让同学领悟到这篇文章的主题是要有勤劳诚实的品质及要懂得责任自律的现实教育意义。课堂气氛异常活跃，情绪高涨，将人文内涵演绎得恰到好处。

3. 利用多媒体拓展思维视野，培养动手动脑能力

多媒体课件是优秀的专家系统，它以心理学、教育学理论为依据，力求符合学生的心理特点和教材的特点，是教师的经验和现代化教育思想、教育手段的有机结合。在我多年的语文教学经验中，多媒体的辅助让我成为了学生心目中最活泼、最现代的老师，同时也激发了学生求知的欲望，触动了学生自己尝试用电脑制作课件的思想。如我在讲《珍奇的稀有动物——针鼹》一课时，就很好地体现了现代新科技给人们带来的巨大影响，学生们受益匪浅。我课前给学生布置了任务，要求学生自己上网查阅

资料。针鼹是怎样珍奇稀有的动物？澳洲还有哪些稀有的动物？我国或世界的稀有动物有哪些？历届奥运会吉祥物都有哪些？这些任务一布置，很多有条件的同学开始积极去查，并且也模仿我的风格制作课件。在讲授这节课时，我大部分都是采用学生制作的课件和收集到的资料来完成教学任务的，同学们开阔了眼界，自己的能力也得到了培养，对今后学习起到了积极的促进作用。

如果说语文课堂教学是一朵绽放的花蕾，那么多媒体教学就是一片锦上添花的绿叶，二者相得益彰，互为一体。我在几年的教学实践中又感受到如果多媒体辅助手段运用不当，会产生许多副作用，影响教学效果。

二、多媒体辅助语文教学应注意的问题

1. 使用多媒体注意传统手段，不可少

多媒体教学手段的直观性、趣味性可以提高教学质量和效果，有进步性与优越性，我曾错误地认为它能完全取代传统的教学手段与方法。我把很多内容都制作在课件内，去追求表面的奢华与大容量，追求新颖和现代化，结果分散了学生的注意力，使学生在课堂上顾此失彼，反而降低了课堂效率。失败的教训让我懂得要客观地考虑传统方面的因素，如传统的教师板书、演示、讲解，指导、引导学生讨论、理解消化的过程和环节等，还是要保留的，不能完全用多媒体替代，我要努力提高自己的基本功、业务能力。

2. 使用多媒体注意重点难点，突出好

我刚开始制作课件时不考虑那么多，我觉得好看就做，可是一节课下来却收不到预期效果，后来我懂得课件要从教学性要求、技术性要求和文档三个方面进行设计，其中教学性要求占主导地位，它包括教学目标、教学内容和教学过程。利用多媒体辅助教学过程中，一定要紧扣教学目标和教学内容，突出重点和难点，避免只注重花哨的表现形式、大容量、课件中的画面性，不能为了制作课件而制作课件，课件应简单易懂为妙。修饰、图标、声音、显示窗口太多，最终导致课件内容杂乱，而主次不分，淡化了重点难点，分散了学生的注意力。我认为应遵循中学生的心理特点，感知规律和记忆规律，化解难点，消除疑点，用特殊方式来激发学生的视觉、听觉感受，加强听课效果。

3. 使用多媒体注意四者关系，处理巧

正确灵活处理好教师、学生、教材、媒体的关系。于洪教育局非常注重提高教师的业务能力，要求深入学习课标，我也是在这个时候懂得教师是教学过程的组织者、指导者，学生是主体，教材提供的知识是学生学习的文本，媒体是用来创设学习情境，使学生主动学习、协作、探索，完成知识认知的工具。多媒体能否发挥高效作用，取决于教师在教学中对具体教学环节的调节与控制。我的学生是多种多样的，当一些学生遇到某个教学难点或疑点时，我只用多媒体机械地重复，不能因人而异，不能深入浅出，教学效果往往大打折扣。这时我就穿插讲解，随点随讲，随讲随映，学生会因我的语速语气的不同，而有新的收获。因此在使用多媒体辅助教学之前，我觉得教师应做必要的讲解和启发，使学生知道看什么、怎么看，听什么、怎么听，在教师的精心指导下，引导学生思考，吸引学生的注意力，使他们主动地、积极地从中获取知识，掌握教材内涵。几年来应用多媒体辅助教学，使我体会到：要充分体现教师的主导作用和学生的主体作用，突出多媒体的辅助功能，决不能让多媒体简单地替代教师的授课。

4. 使用多媒体注意态度、方法，反馈妙

我刚借助多媒体上课时就让学生看，没让记笔记，结果学生下课忘了讲的重点，后来我就让学生端正学习态度，记笔记。记笔记不仅可以控制学生的注意力，还可以促进学生对知识的理解，而且有助于新旧知识的联系。因此，我在运用多媒体辅助教学时，注意屏显的速度和时机，适时提醒学生主动记录摘要，培养他们思考和讨论问题的习惯。屏显不能过快，因为学生没有思考讨论和记录的时间；屏显也不能过早，当学生还没有来得及思考和讨论时，答案和分析已经显示出来，这样学生已没有思考和讨论的兴趣。我在课堂上还及时反馈，学生取得成绩立即给予肯定表扬。我班有个口吃的学生，无论是平时上课还是大型公开课，只要他发言，我就和全班同学给他鼓掌，当然存在问题也要及时纠正。

5. 使用多媒体注意课件开发，四性佳

多媒体课件的开发，要具有科学性、技术性、教育性和必要性。多媒体教学课件制作时要有科学依据，不能出现科学性错误，技术性不要求太高，能为教学服务就可以，要有教育性，不能起反面作用。课堂需要制作课件时再做，不需要时不能画蛇添足，分散学生的注意力，降低教学效果，那样多媒体的优点就会变成缺点。几年里我也走了不少弯路，也梦想潜心去研究探索多媒体教学的光明之路。

万顷碧波托驳船，剪裁白云飞银羽，一湖金辉泛涟漪，划拨彩缎送夕阳。新科技让上海世博会引领了世界潮流，七年的准备尽显绿色人文理念。百年圆梦，多媒体也圆了我的梦。从2002年至今，我因为利用多媒体而引领了语文教学模式发展，带动了我校课堂教学发展，在中教科、教研室的指导下也推动了我区语文教学的发展。17年的时间里，我校每学期开展公开课活动，我都会利用多媒体辅助教学，受到好评；每次区里来调研，我都代表学校迎检，获得称赞。由刚开始的设施简单、由一人制作课件，到现在带动全校教师广泛制作课件，我本人也在多媒体的辅助下取得了一定成绩。天道酬勤，曾多次获得区级、市级、省级、国家级优秀课荣誉。本学期，区里到我校调研，对学校进行量化考核，要求充分利用多媒体、"三疑三探"教学模式，我代表学校迎检。张娜教研员第一次认识了我，给予了我高度评价，对学校的教学工作给予了肯定。我也因此写了一篇教学设计，在参加区骨干教师考核时作为作业上交，得到了很高的评价。骨干教师培训考核，让老师现场撰写教学论文，我也就多媒体在教学辅助中的作用撰写了论文，得到了高度评价。参加全国教育信息技术培训，我在考核中取得了良好的成绩。在参加区教委主办的语文基本功大赛中，我将多媒体的整合成果一一展示，获得了一等奖，后又在参加多媒体教学大赛时获得好评。17年时间中，我尝试利用多媒体辅助教学，既开了先例，又探寻出一条光明之路，同时也总结出自己的一套理论，它让我增长了才干，让我走向了成功。

十几年的多媒体教学让我漫游在语文世界，现代新科技让我如同手捧珍宝，璀璨夺目。作为综合型教师，我自豪，没有哪一科教师能像我们语文教师一样利用多媒体去传承浪漫。在文学的百花园内感受语文的魅力，《诗经》《楚辞》、唐诗、宋词、散文、小说……百花园里的一朵朵奇葩引领我走在豪放雄浑与婉约缠绵之间，穿梭于历史文化和火热的现实生活之中。

在于洪区教育多媒体教学改革的大潮中，我愿与时代一起奏响节拍，去引领新式教学之路，立足岗位，传承祖国文化，为我的学校六十中学添光增彩，在新科技的辅助下独树一帜，开创多媒体教学的辉煌天地，去回报所有帮助我、关爱我、指引我成长的人，为沈阳的教育事业贡献一份力量！

论文：初中农村教师的语文素养对学生的导向作用

初中农村教师的语文素养对学生的导向作用，影响其一生。新课标指出，语文课程是由教材、教师与学生、教学情境构成的一个系统。要求语文教师要关注学生的全面发展，以能力和个性为核心发展其素养。新课程改革的实施，使语文课堂增添了不少活力，但仍然有部分语文老师从课文到课文，只重视知识的灌输，忽略了学生与教师、文本、生活、社会等资源的互动。重讲授，却剥夺了学生的探索与创新精神；重高分，却忽略了提高学生综合能力。因此，语文教师不得不对自己的课堂教学进行反思，提高自身语文素养，关注学生全面、和谐发展。

人因居住环境、所受教育的不同，而呈现出个体差异。那么一位语文教师也因所处教学环境不同、地区情况不同，而呈现出不同的工作状态。尤其是在农村中学，语文教师的语文素养就影响着一批人，甚至影响学生几十年之后的发展，带动着这一地区的教育发展。初中三年是学生人生观、价值观初步形成的阶段，教师的一句话可以改变学生的一生。

亲其师，信其道。学识渊博、厚积薄发，是语文教师吸引学生的首要条件；具有宽广的胸怀、海纳百川的品格，能培养出大气的人才；高远的眼界、深邃的思想，能激起学生求知的欲望；远大的智慧、开放的意识，才能为学生打开成功之门；灵活运用多媒体，处理信息，与时代同行。

生长在农村偏僻的环境里，学生能接触到的有文化的人就是在校的教师，教师要在学生心里点燃一盏灯，让他们始终朝着光明之处前进。

1. 教师深厚的文化积累，是吸引学生的首要条件

语文学科是工具性和人文性相统一的工具学科。在农村中学里，语文教师不同于

其他学科教师，他在学生心中是高大的、伟岸的。这是由教师的语文素养决定的。初中三年，我是在农村长大的，我的语文老师是我的班主任，他不仅知识渊博，而且通晓相关学科，谈古论今，名篇佳句不离口，他是我们崇拜的偶像。学生都喜欢背诵古诗词，模仿他朗读的声音，他改变了我的一生。如今我也是一位初中语文教师，而且就扎根在农村，我注重提高自己的语文素养，注重朗读的基本功，喜欢收集整理好词好句，并配上插图，有感悟时还会写点随笔、杂感、诗歌、散文，尤其爱与学生写同题作文，能够发表的都给学生看。这爱好大大地激发了学生强烈的写作意识，班级形成了写作热潮，成立了文学社，把写作当成乐趣。在偏狭的农村生活中，也有快乐可言。我注重设计不同的课型，把握课标，创新设计不同体裁的课型，上课风格根据体裁而定，加入边缘学科的知识，拓宽知识面，给学生提供开阔视野的机会。

2. 教师宽广的胸怀，深邃的思想，能培养大气的人才

任何一个有魅力的教师，都是应该充满爱心、尊重学生、热爱学生的。农村中学学生来自不同的家庭，经济状况参差不齐，留守儿童、单亲孩子特别多，对学习也不太感兴趣。此时教师有海纳百川的胸怀尤为重要。学生各有所长，各有所短，教师不能只用成绩这把尺子来衡量学生。应该是多渠道的，宽严有度，恩威并重，尽力帮助学生改掉缺点和错误，采取信任和宽容的态度。允许学生学不会，允许学生不爱学，关注他们今天学会了什么，关注他们今天懂得了什么，用真情打动学生，做学生的引路人，引导他们具有高尚的道德情操、广博的胸怀，成为他们未来发展的设计师。

农村中学更需要语文教师有奉献的精神，处处体现语文素养。地区虽然偏僻，但也可以造就大气的人才。

3. 教师高远的眼界，能给学生打开另一扇成功之门

在农村中学中，有很多学生升学无望，迈不进大学的校门，不能成为老师、家长眼中的好学生，随时有辍学的可能。作为语文教师，具有长远的眼光，激起学生求知的欲望十分关键。对于那些成绩很差、纪律很差、行为能力很差的学生，更需要语文教师用独到的目光去看待他们。不能计较他今天写了多少作业，学了多少个字，而是看他明天能为自己、为社会做些什么。语文教师的教育是为影响他四十岁之后准备的，引导他们形成积极的人生态度和价值观，培养技能，提高文化审美情趣、处事能力。班级中学生情况千差万别，老师用自己的亲身经历现身说法，向学生展示我们将来能成为什么样的人。

我教过的学生已有近千人，一些当时在学校里成绩总是最差的学生，现在在企业中却是技术过硬，年薪超过十万、二十万的人才，这些人已成为现在学生在现实中的楷模。语文教师要做到以人为本，胸中有书，目中有人。语文素养重视人的修养、精神的发展，语文素养的最高境界就是"会当凌绝顶，一览众山小"。

4. 教师具有大智慧，可以改变学生一生

农村中学地处偏僻，设施简陋，跟不上大都市的步伐，但我们可以去创造。一个

好的语文教师，必然是一个有思想、有激情，用研究的眼光上好每一节课的教师。研究教材、研究本地区学生的心理、研究本地区的教学环境，创新使用教材，培养创新的学生，用智慧启迪智慧，用心灵启迪心灵，用人格启迪人格，可以改变学生的一生。我注重提高自己的语文素养，我会把生活中一点一滴的智慧，加入到我的课堂中，一个懂生活的教师，必然懂得语文课的内涵，我不把不健康的思想、心情带进课堂，我会把对家人的爱、对长辈的孝顺、对弱势群体的帮助带进课堂，投入我的情感，投入我的智慧，投入我的人格，开放合作。在与学生激情交流的过程中，自己的心灵也得到净化。学生爱班级，细心地去做每一件事情。养花、缝补、手工制作，都会在班级中呈现，班级是学生快乐生活的精神家园。生长在农村，却不因此而自卑，尊重书，喜欢读书的氛围。走出农村，他们会很快融入城市的快节奏生活中，因为一位语文老师的素养，影响了他们的一生，那是学生永远也取之不尽、用之不竭的财富。

5. 教师灵活运用多媒体搜集处理信息，与时代同行

语文教师应掌握现代信息技术，运用多媒体辅助语文教学，精心创设学习环境，学会课件制作，能与时代接轨，使教育教学不断走上新台阶，拓宽学生视野，跟上时代的脚步，培养学生运用多媒体的能力。

一个扎根在农村中学的语文教师，具备的语文素养决定着这一地区教育发展成果。星星之火，可以燎原，孩子走入社会就是满天繁星照亮夜空的时刻。努力提高自己的语文素养，让它在学生心中生根、发芽、开花、结果，为实现教育的终极目标而长备不懈。

第四编

建立读写结合语文课堂，主题式课例研修

我找到了农村初中男女生学习语文文体及写作的差异原因，为了实现男女生均衡发展，我又进行了课题深入研究，提高自己的能力。在不同课题的探究中，我总结出了有利于课堂教学提高的方法，反复实践，我摸索出了自己的课堂特色：学习课例研修，建立读写结合的语文课堂。设计多种课型，缩小男女生差距，读写相携，初语归真，使学生终身受用。

第一章　课型设计

一、课例研修记叙文

（一）明确记叙文阅读知识

1. 文章体裁。答：此文是一篇……

备选答案有：诗歌、小说（长篇小说、中篇小说、短篇小说、小小说）、散文（抒情散文、叙事散文、议论性散文即哲理散文）、剧本、说明文、议论文。

2. 记叙文六要素。答：时间、地点、人物、事件起因、经过、结果。

3. 文章内容。答题方法：看题目、人物（事物）、事件，进行综合、概括。强调三个部分：内容是什么，文章怎么样，作者怎么样。

答：A. 此文记叙了（描写了、说明了）……的故事（事迹、经过、事件、景物）。即谁做了什么——这可以作为一句话概括文章内容答案。

B. 表现了（赞美了、揭示了、讽刺了、反映了、歌颂了、揭露了、批判了）……

C. 抒发了作者的……的感情。

4. 材料组织特点。紧紧围绕中心选取典型事件，剪裁得体，详略得当。

5. 划分层次。

（1）按时间划分（找表示时间的短语）。

（2）按地点划分（找表示地点的短语）。

（3）按事情发展过程（找各个事件）。

（4）总分总（掐头去尾）。

6. 记叙线索及作用。

线索（明线和暗线）——核心人物、核心事物、核心事件、时间、地点、作者的情感

作用：是贯穿全文的脉络，把文中的人物和事件有机地连在一起，使文章条理清楚、层次清晰。

7. 为文章拟标题。方法是找文章的线索或中心。

依据有：（1）核心人物；（2）核心事物；（3）核心事件；（4）作者情感。

8. 品味题目可以从内容、主题、线索、设置悬念等方面进行品味。

示例：题目作用是什么？答题要求：主题上结合主旨必答，如象征性的散文题目，也可以这样回答：拟题巧妙，一语双关，本指……实指……，突出主题，耐人寻味。

说明文题目作用。用了什么修辞手法，生动形象说明了……点了本文说明的主要内容，点明了本文的说明对象。

9. 了解人称的作用。

第一人称：亲切、自然、真实，适合采用心理描写，便于刻画人物形象及性格特征。

第二人称：便于情感交流。

第三人称：显得客观，不受时空限制，便于叙事和议论。

10. 记叙顺序及作用。

（1）顺叙（按事情发展先后顺序）。作用：叙事有头有尾，条理清晰，读起来脉络清楚、印象深刻。

（2）倒叙（先写结果，再交代前面发生的事）。作用：造成悬念、吸引读者，避免叙述的平板单调，增强文章的生动性。

（3）插叙（叙事时中断线索，插入相关的另一件事）。作用：对情节起补充、衬托作用，丰富人物形象，突出中心。

11. 语言特色。结合语境和修辞方法从下列语句中选择：

形象生动、清新优美、简洁凝练、准确严密、精辟深刻、通俗易懂、音韵和谐、节奏感强、诙谐幽默。必须结合具体语句加以分析。一般指口语的通俗易懂，书面语的严谨典雅，文学语言的鲜明、生动、富于形象性和充满感情色彩。

12. 写作手法及作用。

狭义的写作手法即"表达方式"，广义的写作手法是指写文章的一切手法，诸如表达方式、修辞手法、先抑后扬、想象、联想、象征、开门见山、托物言志、设置悬念、象征、借景抒情、抑扬结合、正反对比、侧面烘托、虚实结合、以小见大、运用第二人称抒情、卒章显志、巧设悬念、首尾呼应、铺垫映衬、一线串珠、明线暗线等。常用具体如下：

（1）拟人手法赋予事物以人的性格、思想、感情和动作，使物人格化，从而达到形象生动的效果。

（2）比喻手法形象生动，简洁凝练地描写事物、讲解道理。

（3）夸张手法突出人或事物的特征，揭示本质，给读者以鲜明而强烈的印象。

（4）象征手法把特定的意义寄托在所描写的事物上，表达了……的情感，增强了文章的表现力。

（5）对比手法通过比较，突出事物或描写对象的特点，更好地表现文章的主题。

（6）衬托（侧面烘托）手法和正面描写。以次要人或事物衬托主要的人或事物，突出主要的人或事物的特点、性格、思想、感情等。

（7）讽刺手法。运用比喻、夸张等手段和方法对人或事物进行揭露、批判和嘲笑，加强深刻性和批判性，使语言辛辣幽默。

（8）欲扬先抑和先扬后抑。先贬抑再大力颂扬所描写的对象，或先赞扬后贬抑，上下文形成对比，突出所写的对象，收到出人意料的感人效果。

（9）前后照应（首尾呼应），使情节完整、结构严谨、中心突出。

（10）设置悬念能引起读者注意，引出文章的说明内容等。

（11）文章开篇的写作手法有：

A. 可以用诗经里的赋比兴手法。比如，兴是先言他物的。

B. 也可以用引用的手法。如名句、箴言之类的。

C. 也可以先声夺人，用一系列的排比句，气势强烈。

D. 或是采用题记的方法，显得隽永深刻又有文采。

E. 开头用景物描写也不错，渲染你所需要的气氛和基调。

F. 开门见山。

G. 倒叙。

13. 修辞方法及作用

（1）比喻：生动形象地写出某些事物的某些特点。

（2）拟人：赋予事物以人的性格、思想、感情和动作，使物人格化，生动形象地写出某些事物的某些特点。

（3）夸张：突出特征，揭示本质，给读者以鲜明而强烈的印象。

（4）排比：条理清晰，节奏鲜明，增强语气，长于抒情，增强文章气势，增加感染力、说服力。

（5）对偶：形式整齐，音韵和谐，语句整齐、意韵铿锵，互相映衬，互为补充。

（6）反复：强调某种意思，强烈抒情，富有感染力，有强调语气、强化内容的作用。

（7）设问：自问自答，引人注意，启发思考。

（8）反问：态度鲜明，加强语气，强烈抒情。注：必须结合相关语句分析。

14. 具体词语的含义与作用。

方法：联系词语本义，解释在文中的含义，找出其指代的具体内容。答："××一词原指……，这里指……，起到了……的作用。"

15. 句子或语段的作用。有些情况要结合第三点和第四点来回答。

在内容上：首段和尾段：字面义和象征义。点明主旨、升华主题、画龙点睛，表达了作者的思想感情等作用。（语言表面的象征义、喻指义，表现的人物思想性格，点明全文思想意义）有时要结合文章的具体内容补充说明。

在结构上：

在文章开头：总提、总领全文，开启下文（引出下文）等作用。

在文章中间：（1）承接上文；（2）开启下文（引出下文）；（3）承上启下（过渡）；（4）为后文作铺垫；标志思路、为下文做铺垫、埋下伏笔等作用。

在文章结尾：总结上文、全文、照应开头、独立成段，使文章戛然而止，意味绵长，发人深思、卒章点题等作用。

（三）表达效果上：升华中心、渲染气氛、烘托心情等作用。

（四）从写作手法上：常有开篇点题、为后文设伏笔、作铺垫，深化中心、点明主旨，有衬托、渲染、呼应、照应、对比、象征、先抑后扬、预示性作用。

16. 表达方式。记叙（叙述）、议论、抒情、描写、说明。

17. 分析写景状物记叙文景物描写的方法：①时间推移法；②空间变换法；③稳步换景法；④分门别类法。

18. 领会写景的作用和写物的目的。

借助自然景物的描写抒发作者的主观感情。以"状物"为主记叙文，往往使用"托物言志"的写法。

19. 描写的种类及作用。

了解描写的几种形式：（1）从不同的感觉来描写（视觉、听觉、味觉、嗅觉、触觉）；（2）以动衬静，动静结合；（3）正面与侧面、直接与间接；（4）人物描写的多种方法。

种类：一是人物描写：正面描写；（1）肖像描写；（2）外貌描写；（3）神态描写；（4）动作描写；（5）语言（对话）描写；（6）心理描写。作用：突出人物的性格特征和作品主题。侧面描写的作用是：衬托了人物某种思想感情或某种性格特征。

二是环境描写：分社会环境描写、自然环境描写。

重点了解几种描写的作用及答题格式：

①肖像（外貌）描写（包括神态描写）：描写人物容貌、衣着、神情、姿态等。交代了人物的身份、地位、处境、经历以及心理状态、思想性格等情况。

②语言（对话）描写和行动（动作）描写：形象生动地表现出人物的心理（心情），并反映了人物的性格特征或精神品质，有时还推动了情节的发展。

③心理描写：形象生动地反映出人物的思想，揭示了人物的性格或者品质。

④环境描写：分为自然环境描写和社会环境描写。

自然环境（描写自然景观，如人物活动的时间、地点、天气、季节，描写景物场景，如山川、湖海等自然景物）：交代故事发生的时间、地点及人物活动的空间，渲染环境气氛，烘托人物的情感，预示人物的命运，表现人物某种性格，推动故事情节的发展及揭示文章主题。

社会环境：描写社会状况或者人物活动的场景和周围（室内）的布局、陈设；交代故事发生的时代背景、时代特征、社会习俗、思想观念和人与人之间的关系，渲染环境气氛；衬托人物心情，推动情节发展，深化主题。

20．分析人物形象：从两个方面入手：一是通过分析典型事例来理解人物形象；二是通过对人物描写（外貌描写、动作描写、心理描写、语言描写、肖像描写等）来分析把握人物的思想、性格。具体要分析直接描写、侧面描写、细节描写。

21．小说三要素是什么？人物（主要要素）、环境、情节。其中情节包括（序幕）开端、发展、高潮、结局（尾声）。

22．运用正副标题相结合的方式的作用：增强表达效果。

23．续写小说结尾。按照小说故事情节发展的规律续写，要简洁含蓄，富有哲理，引人深思。

24．问指示代词"这、那"所指内容。多从代词前面的文字中找答案。

25．问某词能否去掉或者调换另一词的题型解题模式。

答：A．回答可以还是不可以（一般情况不可以，特别是书上的原文时）。

B．解释词义，比较两个词含义上的差别，并结合句子分析为何要用该词（强调突出了或限制说明了或修饰限制了句子具体表达效果，哪个表达效果更好，更能形象或恰如其分地表现某物某特点）。

C．不用或调换后，语境有何变化（不用，不能体现语言的准确、严密、生动、形象或与事实不符或太绝对；用上，体现语言的准确、生动、形象或严密等）。

26．语言赏析或广告。

类型1：分析某个加点词语的表达效果。

对策：（1）了解用词之美——动词、形容词精辟准确，把事物说得形象具体；使用成语，为文章增色；关键词能为中心服务。

（2）掌握答题技巧：把握词语的比喻义、引申义、双关义。

如阿来的《词典的故事》中"营业员脸上显出了更多的怜悯，这位阿姨甚至因此变得漂亮起来"。"漂亮"一词就要从它的引申义去答题，它不是指阿姨一下子好看起来，而是反映出阿姨的怜悯使我对阿姨产生好感的内心活动。

类型2：找出文中你最喜欢的句子，并说说理由。

对策：（1）了解语言美的几种形式及作用。

①修辞之美——见第13个知识点，结合第28答题点回答。

②句式之美——如骈句、长短句、对偶句、排比句，还有运用一组关联词的句子等。（作用：句式不同，表达的效果就不同。疑问句造成悬念，感叹句便于抒情；反问句加强语气语调引人深思；排比句、叠句气势磅礴、层层深入；对偶句铿锵凝练，重复余韵悠然，也可以从灵活多变、富有表现力等方面去品味其妙处。）

③哲理之美——形象而含蓄，具有言外之意，富有哲理的句子。这些句子一般在文章的开头或结尾。（作用：可以给人以启迪教育作用。）

④内容之美——内容丰富，题材新颖又与中心连接紧密的句子。（作用：全面新颖，能很好地为中心服务。）

（2）注意答题格式：我喜欢某句，因为它……

27. 文章用典的赏析：一是丰富文章主题，二是增添文章情趣，使文章有文采。

28. 品味句子和关键词。最好找词语点评或整体点评，即怎样写、写得怎样和写出什么，给读者怎样的感受或表达了作者怎样的情感。

答：A. 分析用了什么修辞手法，如比喻、拟人等。若没有，则应选择有表现力的词语进行分析。

B. 表面意义（表面上的意思）和表达效果（生动形象地写出了……特点），或从正面和侧面加以点评。

C. 深层含义（联系上下文、主题、作者意图，蕴含了什么道理、思想、感情等）肯定了／褒扬了／赞美了／歌颂了或批判了／讽刺了／否定了／反驳了，或者给了我们……的印象、启示、道理等。

29. 问文中的关键词语、句子的位置能否调换。

答：A. 能或否。B. 词语：分别解释两个词。句子：简单概括这两段或两部分的内容。

C. 词语：为何这样安排先后顺序（强调其中一个或与前文顺序一致或符合搭配习惯、内在的顺序）。句子：指出这两句有什么关系，所以不能调换（若是说明文则看是时间顺序或空间顺序或逻辑顺序；若是其他文体则看是并列式或层进式或总分式）。

30. 问记叙文的表达方式和作用。

答：记叙文的表达方式以记叙为主，兼用描写、议论、说明、抒情。

①记叙文中的抒情有直接抒情，有间接抒情。直接抒情是在记叙的基础上直接抒发自己对事物的思想感情。间接抒情包括借景抒情，寄情于人、事、物，在叙述描写的字里行间自然渗透作者真挚深沉的感情，引发读者的情感共鸣，使文章具有强大的感染力。

②记叙文中恰当地穿插议论往往使文章锦上添花，画龙点睛地揭示人物和事件的意义，以深化主题，尤其是文章末尾的议论。就是段与段之间用上一两句议论，也能起到承上启下的妙用。

③说明是为了简要地解说事物，阐明事理，使所叙之人、事、物更清楚。其中抒情和议论有时是融为一体的，无法截然分开。

31. 问文章写作特色：可从文章选材、结构布局、语言、立意等角度考虑，要结合该文写作的手法。

①选材：材料典型、真实、详略得当，表现、突出了中心思想。

②结构布局：布局合理、巧妙，结构严谨。

③语言：朴实或生动、形象、准确；或豪放或婉约；或清新或凝重；或直白或含蓄或流畅，修辞的运用等。

④立意：思想深刻、新颖，以小见大、富有哲理等。

⑤表现技巧：一是修辞手法：共八种。二是表达方式：有五种。其中描写可细分为动静结合、虚实结合、正侧结合、乐景写哀等。抒情包括直接抒情、间接抒情（借景抒情、托物言志）。三是表现手法：衬托、对比、联想、想象等。四是结构手法：开门见山、卒章显志、以小见大、先抑后扬等。

32. 评价、鉴赏人物、文章主旨（谈谈自己对人物、主题的认识）。

通观全文，筛选重要信息，从人物的言行中分析其中蕴含的精神或品质。答案可以这样组成：由文中（言或行）表现该人物的精神（品质、性格、思想、个性）。一般来说，答案由三部分组成：

A. 前半部分简要概括文章内容，可以这样表述：①文章通过……的叙述；②本文由……（某件事）写起，运用了……

B. 第二部分概括文章内容中蕴含着的思想意义，可以这样表述：表现了/揭示了/批判了/赞美了/劝诫……（某种思想、道理）。有时题目就可成为答案的一部分，而且是必需的内容。

C. 陈述同意哪种观点，并阐明理由。在整体感知文本基础上，找出文中能表现作者情感的句子和文章主题的句子，联系具体材料展开回答。

33. 阅读后的体会、体验、启示、见解。要注意观点正确、健康，言之有理，一定要用典型事例证明，即提出、分析、解决问题。

按总分总的顺序答题：

A. 指出本文蕴含着的思想意义以及你从文中得到的收获、体会，明白的道理，可找出文中能表现作者情感的句子和文章主题的句子来回答。

B. 结合文中和生活中具体的事例、材料加以举例说明，阐明理由。

C. 所以我们应该……

附：记叙文课例研修范例：

课题：《弟弟的树》

执教者：沈阳市第六十中学 段艳侠

标准课型：散文阅读

教学目标：

1. 读懂文章整体，感知课文内容。

2. 掌握阅读技巧，品味句子含义，感悟作品内涵。

3. 体会作者思想感情，懂得人会遇到不幸，而生命的长河永动不息的人生哲理。

教学重点：了解文章的主要内容，体会人物思想感情，理解作品主题。

教学难点：理清文章线索，懂得人会遇到不幸，而生命的长河永动不息的人生哲理。

教学准备：多媒体课件、阅读材料。

教学方法：启发谈话法、讨论法。

教学过程：

一、组织教学

二、导入新课

与学生拉近距离式的导入：有一种相遇叫缘分，有一种爱叫怀念，春的遐思不曾远离，夏的脚步已飘然而至，有幸能结识四十三中学七年某班的全体同学，看到你们友善的眼神，一股温情涌上心头，相信这节课，同学们一定会敞开心扉与我进行心灵对话的。

三、新授过程

（一）课前自读检查：给加点的字注音并理解词语含义

1．期期艾艾（ài）：形容说话不流利。

2．隔阂（hé）：彼此情意不同，思想有距离。

（二）整体感知、简洁概括

听读课文，指导学生有感情地朗读课文。

请你用简洁的语言概括选文的主要内容。

写弟弟去世后，"我"住进弟弟的屋子，照料他的树，观察树的生长，与母亲聊树，表达了"我"和母亲对弟弟的深切怀念。

（对应教学目标1）

策略：总结概括的方法"人＋事＋果（多媒体课件）"。

（三）研读课文、理清脉络

1．文中讲了哪些事是发生在弟弟屋子里的，表明弟弟再也回不来了？

（多媒体课件）（学生独立完成，小组合作，生生互动）

（1）黄昏时，弟弟的同事收工，弟弟再也不在其中；

（2）厨房里煤气灶上的提醒；

（3）两棵树无人管理。

（对应教学目标2）

2．作者对弟弟留下的树有哪些描绘和感悟？表达了作者什么思想感情？

（多媒体课件）

对树的外形进行描绘，对树的生长情况进行感悟，表达对弟弟的怀念及对生命的思考，生命是永不止息的。

（对应教学目标2）

3．作者与母亲为什么要一直谈论弟弟留下的树？文章以什么为线索组织材料的？

"我"和母亲对弟弟的深切怀念。文章有两条线索：明线（弟弟的树），暗线（"我"对弟弟的怀念，对生命的感悟）。

（对应教学目标2）（突破教学难点）

（多媒体课件）

（情感教育，亲情体会）（多媒体课件）

四、深入探究、拓展延伸

1. 文章表达了什么样的主题？有什么写作特色？

主题：文章通过对弟弟留下的树的生长过程的刻画，串联起了对人物的回忆，表达了"我"和母亲对弟弟的深切怀念，阐发了人会遇到不幸，生命的长河永动不息的人生哲理。

写作特色：对比，结构严谨，借物抒情，明暗线索并行。

（对应教学目标3）（突破教学难点）

2. 你有过失去最喜欢的东西或者失去挚爱的感受吗？请结合教师的习作附文谈谈对课文主题的理解。

（拓展延伸教学目标3）（德育教育渗透）（提高学习语文的能力）

让学生自己先说，然后教师谈自己的经历，指导写作引路。

让学生看老师自制的短片：

同学们，人人都可能遭遇不幸，伟大的朱德司令，他也失去了母亲，他把对母亲的爱转变为爱中国共产党和我们的人民。老师和你的父母年纪相仿，也经历了亲人离世的痛苦与哀伤，父亲为了不耽误我的工作，生命弥留之际没有给我打电话，我也没能见他最后一面，让我遗憾终生。我是母亲的唯一精神支柱，我不敢哭泣，可是我夜夜梦见父亲，常常是哭醒、喊醒，后来我写了一篇《浓情思亲，倍感深恩》的怀念父亲的文章，心里的痛才得以缓解。两年里，我把对父亲的爱加倍给了母亲，因此才有今年《端午思亲》一文的感受，同时也把爱给了我的工作，因为父亲是用生命在守护我的事业。我唯有尽忠于亲人、投身于教育，才能不辜负父爱。大家此时看到的是我与家人相依和我努力工作的足迹。希望我的乐观带给你启示。

（引导学生关注身边人，学会珍惜，学会跨越不幸，激发心灵中爱的情感。）

五、课堂总结

同学们，我们今天一起学习了王晓莉的《弟弟的树》，懂得了人都会遭遇不幸，然而生命的长河是永无止息的，我们要勇敢地跨越不幸，在生命的路途中创造辉煌。感谢大家与我的心灵对话，愿你们徜徉在语文的天地之中，感受汉语言的魅力。

六、课外延伸

课外阅读美文练笔。

七、板书设计

听、评课拟定观察点：

一、课例主题：散文阅读《弟弟的树》。

二、研讨范式：研讨贯通式课例研修范式，即研讨贯通"解读＋上课与观课＋写作"全过程。

三、课例研修观察点：

分组	观察点	观察点解读
第一小组	1. 教学目标的科学化	备课环节，看教师解读文本的功夫，立足于提升学生的阅读素养。准确、明确、贴切地设计文本目标，课堂才能教得好，学之有得。
	2. 教师语言的术语化	上课环节，看教师学科教学的素养，教学语言严谨、教学术语规范、语言组织精当。教师的教学语言为目标服务，教师提问指向明确，解答方式科学。
	3. 课堂环节的对应性	上课环节，看教师设计操作的智慧，教学环节层层对应目标、达成目标，才是有效的设计；教学方法服务于目标，才是有效的操作。
第二小组	4. 师生互动的有效性	在学习中既要关注学生主体意识，更要提升教师主导作用，师生应该有全面的互动，师生应通过相互合作等不同的表现形式在课堂完成教学目标，这个互动模式同时也应该包括生生互动。
	5. 同伴互助的启发性	观察学生整体的参与性、课堂的投入度、表达的精彩性、内容的深刻性、作品的生成性，看教师激励的及时、评价的术语、对话的民主、肯定的准确，看学生与教师能否及时梳理学法，激励学习兴趣等情况。

学生导学案

阅读理解：

弟弟的树

王晓莉

弟弟去世的那年五月，遵照父母亲的意思，我搬进了他的房子。

可是起初住在里面的时候，我一直都没有这是自己家的那种"自在"感。

我时时都感到，这是弟弟的家。我是在代他守护这房子，仿佛他还会回来似的。

而在这屋子里发生的事，都在提醒我，弟弟不会回来了。

黄昏的时候，我站到阳台上，便总能看见弟弟的同事三三两两收工回家，他们身着清一色藏青制服，说说笑笑地进院子。那时我心里总是针刺了一样：弟弟本来也是应该在这一群人里走着笑着的。可是不知什么原因，就掉了队，掉到了找不到的地方。

厨房里的煤气灶上方，贴着弟弟在世时写的一张字条——"注意关煤气"，后面还有大大的三个惊叹号。我每次拧煤气开关，一抬头，看见他特有的细长的笔迹，就想着这肯定是某一次弟弟做完饭又想起忘记关煤气时匆匆写下的吧。可是他自己也一定想不到：当初这样对他自己的提醒，不到几年，却变成了他对自己姐姐的悲伤提示。我竟也舍不得撕去，留了好久。

那一年九月的一天，母亲突然打电话来，东拉西扯了很久。虽然距离弟弟去世已半年，一切却都像是发生在头一天。我们什么也没有忘却。悲伤在每个活着的家庭成员心中漫布。为了不互相影响，也不互相感染，家人之间除了必要的信息转告外，几乎已不闲聊了。

因此，母亲在电话里那样跟我拉扯家常，显得很不寻常。而且我对母亲太了解，听着她一直期期艾艾、吞吐不定的语气，我就知道她根本没有说出她想要表达的重点。

果然母亲话锋一转，突然问我，家里……那棵金橘树现在长得还好吧？

恰好我早上看见金橘已开了花，我便随口回答她说，挺好的呀，开了花了。

母亲仿佛不相信地说：真的么？真的么？

我说：真的呀，我早上还闻了橘花的香啊，好闻得很。

真的么？母亲又这样问。我觉得她真啰啰唆唆。我答道：嗯。

哎呀，真好啊。金橘都开花了。母亲又这样说着，就匆匆忙忙结束了我们的通话。

我愣在那里：询问金橘树的状况，难道这是母亲给我打电话的重点么？

我跑到阳台上去看跟母亲提到的金橘树。

立即，我就醒悟过来，这金橘，是弟弟留下的。弟弟去世头两年，住进这房子。为了家中有生气，他特意跑到花市去，花了半下午时间挑了两盆植物来：一盆是散尾葵。散尾葵整体丰满，每一枝叶纤细婆娑，风来的时候沙沙的像在唱歌；而金橘树，据母亲说，买来时是春节前夕，上面正挂满了累累金黄的橘果，十分有吉祥气象。

我对这两株植物开始十分关怀，而且愈发上心。

每当这两棵树有什么生长的变化——开花了，结果了，长高五厘米了，这些我都

第一时间打电话告诉母亲——我知道她想要听什么。

长虫子要喷药，要记得拉开阳台窗帘叫树们见光，出差要托付邻居来家里浇水——而母亲也总是这样叮嘱我。

像两个园丁在交流花情。可是只有我们两个人知道，通过树，我们在说一些别的话——一些悲伤的话。

可是悲伤里也含着莫名的希望。

我观察着这些植物，结论如下：树们没有特别的悲伤，没有特别的欢乐。剪掉旧叶，它并不沉湎于丧失的伤感，不一阵它就将长出比旧叶更好的新叶来弥补。

给它换盆之后，无论是换到上好的陶瓷盆，还是叫它屈居于一个楼道处捡来的破土盆，它都视之如家——它的内在必定要经历极大的忍耐与磨合。

在花开又花谢的过程里，像树们一样，我们也逐渐地克服着失去亲人带来的忧郁、烦躁与伤感，渐渐把心底如许的褶皱，一点点熨到平整，重归平静，渐渐把弟弟的离世看作是每个家庭都必定要经历的悲伤。

我也渐渐把这当作自己的舒适的家。外出散步、晒太阳，与弟弟的同事邻居相处，养弟弟留下的花。

做这一切，都不再有隔阂。也像树一样，我教导自己在生命的大波折里寻找真实的平静。

（选自王晓莉散文集《笨拙的土豆》）

王晓莉，女，江西南昌人，毕业于武汉大学中文系。中国作家协会会员。20世纪90年代开始散文创作，出版有个人散文集《双鱼》《红尘笔记》，合集《怀揣植物的人》《当代先锋散文十家》。作品入选《21世纪散文典藏2000—2010》《21世纪2005年度散文选》《2006中国散文年选》《新世纪散文选》等多种选本。两次获江西省谷雨文学奖。现供职于江西省文联。《笨拙的土豆》既写时代里卑微地活着的人，又善于从动物、植物、静物等不同对象中，寻找内在于斯的变化和精神联系，并由此进入"物"的真趣，发掘出奥妙的宇宙，也因此看到"人"自己的存在。

一、自读检查：给加点的字注音并理解词语含义

1. 期期艾艾（　　　）含义＿＿＿＿＿＿＿＿＿＿＿＿＿＿＿＿＿＿＿＿

2. 隔阂（　　　）含义＿＿＿＿＿＿＿＿＿＿＿＿＿＿＿＿＿＿＿＿＿＿＿

二、整体感知、简洁概括

请你用简洁的语言概括选文的主要内容。

三、研读课文、理清脉络

1. 文中讲了哪些事是发生在弟弟屋子里的，表明弟弟再也回不来了？

2. 作者对弟弟留下的树有哪些描绘和感悟？表达了作者的什么思想感情？

3. 作者与母亲为什么要一直谈论弟弟留下的树？文章是以什么为线索组织材料的？

四、深入探究、拓展延伸

1. 文章表达了什么样的主题？有什么写作特色？

2. 你有过失去最喜欢的东西或者失去挚爱的感受吗？请结合教师的习作附文谈谈对课文主题的理解。

教师习作附文：

端午思亲

段艳侠

年年岁岁花相似，岁岁年年人不同。今年的端午多了别离的相思。父亲在 2014 年突然病逝后，母亲一个人一直住在老家的老房子里，不肯来我家与我同住。原因是她觉得自己还能干动农活，不想给女儿添麻烦。我拗不过她，就依了她。我每天都打电话给母亲，也常去看望，亲属们也隔三岔五地打电话、看望，有时给母亲送点东西。

母亲一个人很要强。有几亩田地，她一直不肯承包给别人，从春种到秋收，她都是自己张罗着完成。老房子前后有一点空地，母亲都有计划地种了很多不同农时的野菜。她在不同的地方挪了很多根子，小心呵护着，是为了我能在不同时间吃到野菜。我每次去都能摘到新鲜的野菜。每次去看母亲，我都和她一起下地干活。母亲不离我左右，说着这，说着那，有时一件事情说了好几遍，我就像听第一遍时仔细听着，配合着她，她高兴极了。

今年的端午前一天晚上，我因一个同学的父亲去世了，要去帮忙，顺路去看望母亲，给她送点我出差时从扬州带回来的礼物，并且说，端午节我不再来了，有事要办。母亲赶忙说："你要是忙就别来了，我这挺好的，不用惦记，冰箱里的羊肉等你再来时吃。"我急匆匆出来，边走边说："妈，您别给我留着了，自己做了吃了吧，我什么也不缺。"说这话时，我也没来得及看母亲的表情，等我走到大门口，上车时，一回头，看见母亲向我挥手，风吹动她的白发，眼神里流露着不舍与失落，我的心一沉，继而一阵疼痛升起……

我吊唁回来后，很是怅惘，同学的父亲离世了，还剩下一位瘫痪的母亲与她相依为命。我总以为母亲很健康，晚一会儿看她来得及，也许哪一天这种想法会成为我终生的遗憾。我辗转反侧，无法入睡。第二天，我和爱人分头行动，爱人去火车站接女儿回来，女儿读大一，这是她离家之后的第一个端午节，想家了。婆婆爱我们，在家给女儿做爱吃的饭食。我买上食品去看母亲，打电话告诉母亲，我一会儿回老家去看她，我听到了电话里母亲兴奋的语调，听到了手里的东西发出了声音。我心里热热的，眼里有东西在打转儿。我庆幸自己及时补过……

女儿上个月离开家，回学校时，我去车站送她，她踏上站台的一刹那，我看到她的背影，泪流了下来，不忍别离。孩子成长是与父母渐行渐远的一段旅程，注定要有别离。我正在经历着，而母亲已经经历了无数次的生离死别，心在一次次不舍与伤痛中轮回。民间有言"不养儿不知父母恩"，我此时深切体味了为人子女、为人父母的责任，爱就是学会取舍，爱就是学会慰藉，爱就是学会感恩。

到了老家，母亲早已等候在路口，看到我高兴极了。桌上摆了我爱吃的饭菜，说早上去市场买菜时骄傲地告诉邻居："女儿过节回来看我了。"那股兴奋劲就像我们在物质贫乏的年代过年一样的幸福，而我惭愧至极。母亲拉着我到菜园子里转转，指着那一株株野菜，说着它们的名字，如数家珍。一个人的生活，劳动寄托了她全部的时间，心里装的满满的都是爱……

早年间，外祖父家里是下乡插队的，日子贫穷，母亲没读几天书，为了一家人活命就不得不从事劳动，贴补家用，一辈子都在为家人付出。勤劳、吃苦早已形成了习惯，心里想的永远都是亲人的幸福。看着母亲摘的一样一样的野菜，我的心里幸福着也疼痛着。

天将晚，母亲催促我快回家，孩子回来了，让我照顾好孩子，临行前给我装了大包小包的野菜，说："我没有更好的东西给你，只能给你种些野菜了。"我说："妈，这就是您给我的最好的礼物。"送我上车时，母亲不停地向车窗挥手……一个人的日子充满了思念，一个人的日子充满了疼爱，一个人的日子满满的都是期待……

我在为她人营造爱的氛围时，也被爱的氛围所包围。端午思亲，感恩、回报引路人……

2016 年 6 月 9 日　端午

教学反思：《弟弟的树》这篇文章是记叙文设计的典型课例，主要是针对记叙文阅读理解方法和答题策略设计的课型，也是我对课题探究建立的一种常规课型。我设计这节课的时候正赶上参加沈阳市名师选拔赛。当时是导师安排不同出课内容，选手现场抽签，给一天的准备时间进行设计，然后现场赛课。我抽到的是这篇文章，文章没有现成的习题，完全靠执教者自己阅读理解，根据语文课程标准、文体知识的重点，自己设计教学目标、教学重点、教学难点、教学方法、学生的导学案、问题、设计课堂教学结构。然后到陌生的学校借学生上课，评委导师给选手打分。我根据自己对课标的理解，以及男女生差异及达到均衡发展课题的需要设计这节课。首先按照文本解读三层次法来解读这篇文章，确定教学目标及教学重难点。记叙文注重朗读理解，引起情感共鸣，建立说和写、读和写的课堂互动模式，让语文阅读回归本真，获得美的享受，引起情感共鸣，热爱生活，热爱生命。

设计习题的时候遵照记叙文阅读要求设计了问题：

1. 整体感知；2. 研读课文、理清脉络；3. 深入探究、拓展延伸。

读与写结合部分用教师自己的习作做引导，因为亲身经历过失去亲人的痛苦，自己用写作、照顾母亲、好好工作来化解心中的痛苦，这一体会都会给学生带来触动，写作才会有真情实感。这种课型设计也形成了常规课型。

二、课例研修议论文

教学目标：

1. 复习议论文的文体知识。

2. 掌握议论文三要素及阅读方法。

3. 提高议论文阅读能力，培养答题技巧。

教学重点：掌握议论文中考常见的考点题型。

教学难点：运用议论文的知识来解决考试中相关的问题，提高议论文的阅读能力。

教学方法：启发引导法、整理归纳法。

学法指导：自主—合作—归纳—应用。

教具准备：多媒体课件。

课时：一课时。

教学过程：

（一）复习导入

本学期已经学习了议论文，这种文体在中考中占很大的比重，我们要注意掌握这种文体的答题技巧。这节课我就借助几篇例文来提高答题技巧，大家有什么问题，我们一起研究解决。

（二）要点考察，归纳整理（课件展出）

1. 议论文的三要素。

2. 议论文的中心论点和分论点。

3. 论点出现的五种基本形式。

4. 论据的两种基本形式。

5. 常见的论证方法。

6. 议论文最基本的结构（三部分）。

7. 议论文的"横"式结构和"纵"式结构的具体表现形式。

8. 议论文的内在逻辑关系。

9. 议论文的语言特点和感情色彩。

10. 议论文的论证方式。

（三）文段复习，归纳考点

1. 下发课堂知识测试（文体知识）。

2. 常见题型归类。

3. 例文练习，培养能力。

下发阅读材料，学生先单独阅读和思考，根据考查问题，思考考查要点，理清答题思路，寻找答题方向，然后让学生分小组交流，互相讨论，解决部分学生在阅读中的疑难和不足之处，最后请学生来解答语段相关问题。教师对学生普遍存在的问题进行答疑和指点。（学生阅读和讨论的过程中，教师巡视，进行个别化的指点和答疑。）

（四）知识迁移，能力检测

当场完成相关的语段阅读，运用书面阅读答题和口头快速答题相结合的形式，完成相应的语段阅读，根据学生完成的情况，适当扩大阅读的知识面和阅读的难度。材料多一些为好。

（五）教师引导，学生总结

让学生来归纳议论文阅读要注意的有关事项。

（六）作业布置

完成课堂上下发的其他几篇议论文练习。

板书设计：

议论文三要素

论点：中心论点、分论点。

论据：事实、道理。

论证：举例、道理、对比、比喻。

结构：引论—本论—结论。

例文训练

谈谦虚

朱光潜

①谦虚并非故意自贬身价，做客套应酬，像虚伪者所常表现的假面孔；它是起于自知之明，知道自己所已知的比起世间所可知的非常渺小，未知世界随着已知世界扩大，愈往前走发现天边愈远。发现宇宙的无边无底，对之不能不起崇高雄伟之感，反观自己渺小，就不能不起谦虚之感。谦虚必起于自我渺小的意识，谦虚者的心目中必有一种为自己所不知不能的高不可攀的东西，老是要抬着头去望它。这东西可以是全体宇宙，可以是圣贤豪杰，也可以是一个崇高的理想。一个人必须见地高远，知道天高地厚才能真正地谦虚，不知道天高地厚的人就老是觉得自己伟大。海若未曾望洋，就以为"天下之美尽在己"。谦虚有它消极的方面，就是自我渺小的意识，也有它积极的方面，就是高远的瞻瞩与恢阔的胸襟。

②看浅一点，谦虚是一种处世哲学。"人道恶盈而喜谦"，人本来没有可盈的时候，自以为盈，就无法再有所容纳，有所进益。谦虚是知不足，"知不足然后能自强"。一切自然节奏都是一起一伏。引弓欲张先弛，升高欲跳先蹲，谦虚是进取向上的准备。老子譬道，常用谷和水。"谷神不死""旷兮其若谷""上善若水""天下莫柔弱于水，而攻坚强者莫之能胜"。谷虚所以有容，水柔所以不毁。人的谦虚可以说是取法于谷和水，它的外表虽是空旷柔弱，而它的内在力量却极刚健。这道理好比打太极拳，极力求绵软柔缓，可是"四两拨千斤"，极强悍的力士在这轻推慢挽之间可以望风披靡。

③看深一点，谦虚是一种宗教情绪。宗教都有一个被崇拜的崇高的对象，我们向外所呈献给被崇拜的对象的是虔敬，向内所对待自己的是谦虚。虔敬和谦虚是宗教情绪的两方面，内外相应相成。这种情绪和美感经验中的"崇高意识"以及一般人的英雄崇拜心理是相同的。我们突然间发现对象无限伟大，无形中自觉此身渺小，于是肃然生畏，肃然起敬，但是惊心动魄之余，就继以心领神会，物我交融，不知不觉中把自己也提升到那同样伟大的境界。对自然界的壮观如此，对伟大的英雄如此，对理想中所悬的全知全能的神或尽善尽美的境界也是如此。在这种心境中，我们同时感到自我的渺小和人性的尊严，自卑和自尊打成一片。

（选自《给青年的十二封信》，有删改）

1. 请简述第①段的论证思路。（3分）
2. 第②段画线句子运用了什么论证方法？论证了什么观点？（3分）
3. 依据文本内容简要概括谦虚的作用。（3分）
4. 结合选文和下面的材料，说说你对"谦虚"的看法。（4分）

【链接材料】在一次科研实验的关键环节中，导师要求一位同学独立去完成，可是这位同学却说自己不会做。在导师的坚持下，他无法推托，结果实验完成得很成功。导师就问："你为什么说不会做呢？"他说："谦虚是我们中华民族的传统美德。"导师听了哈哈大笑："会就会，不会就不会，为什么要如此谦虚呢？"

【答案】

1. 先分析谦虚的内涵，再分析谦虚的内因，然后和不知天高地厚者对比，点出谦虚消极和积极的意义，为下文的进一步论述作铺垫。

2. 运用了比喻论证。通过通俗的比喻论证了"人的谦虚，它的外表虽是空旷柔弱，而它的内在力量却极刚健"的观点。

3. 谦虚必见地高远，知道天高地厚；谦虚"知不足然后能自强"；谦虚是对崇高意识的虔诚和向往。

4. 谦虚是一种优良品质，它让你面对成就不张扬，面对不足而自强。生活、工作中，我们应该葆有这种精神品质。但我们也要恰当地发扬它，过分的谦虚就会让我们丧失自信和斗志，实事求是地面对自己的工作、学习才是正确的选择。

教学反思

八年级上学期，学生刚刚学习过议论文单元，对议论文体裁和答题技巧的掌握还不是很好，需要加大力度练习。我结合初中男女生学习议论文的情况做了有针对性的教学设计。根据课程标准对议论文的阅读要求：阅读议论文，能借助议论文的文体知识，把握文章的论点，明确文章的论据，理解论证方法及其作用，体会语言的严密性。为此，我本节课复习教学的基本思路是：全面复习，突出重点；落实知识，培养能力；单项训练，整体综合。选取了2010年和2013年沈阳市语文中考试题的议论文阅读篇章来做例文训练。目的是了解议论文考点，了解沈阳市中考的题型方向。又选取了 2013 年各市的议论文考试篇目，来整体把握议论文的考点，达到这节课的预期目标。在论辩中锻炼学生的思维，尤其是男生的语言表达能力。

复习导入由课标要求入手，介绍中考对议论文的要求。掌握这种文体的答题技巧，归纳整理议论文知识，目的是明确知识点，落实教学目标。下发阅读材料，学生先单独阅读和思考，根据考查问题，思考考查要点，理清答题思路，寻找答题方向，然后让学生小组交流，互相讨论，解决部分学生在阅读中的疑难和不足之处，最后请学生来主持解决文段中相关问题。

当场完成相关的语段阅读，运用书面阅读答题和口头快速答题相结合的形式，完成相应的语段阅读，根据学生完成的情况，适当扩大阅读的知识面和阅读的难度，材料多一些为好。

三、课例研修说明文

教学目标

1. 了解说明文的分类及说明方法。

2. 掌握说明文的顺序及语言特点。

教学重点：掌握说明文的基础文体知识，了解中考对说明文阅读的要求及命题方向。

教学难点：掌握说明文的答题技巧和规范。

教学方法：以例点拨、自主练习。

教具准备：多媒体课件。

课时安排：1 课时。

教学过程

（一）说明文的分类

1. 按说明对象的不同来分

事物说明文：旨在介绍某一事物的形体特征，如《中国石拱桥》。

事理说明文：旨在解释事物本身的道理或内部规律等，如《花儿为什么这样红》。

2. 按语言的特色来分，可分为平实的说明文与生动的说明文。

（二）说明对象及其特征

1. 说明对象：被说明的事物或被解说的事理就是说明对象。

2. 说明对象的特征：指事物相互区别的标志，是某一事物所具有而别的事物不具有的特点。

（三）说明的方式

平实说明：用通俗、准确的语言客观说明事物。生动说明：用生动形象的语言说明事物。

（四）说明文的顺序

1. 时间顺序：以时间的推移说明事物的变化过程。即以时间的先后安排说明的内容，介绍事物的发生、发展、演变的一种说明顺序，主要特征是用一些表示时间顺序的词语。

2. 空间顺序：按被说明对象的空间存在形式，或自上而下，或由前而后，或从外到内，或由一中心点向四面扩散进行说明的一种顺序。

3. 逻辑顺序：按照事物内部的联系或人们认识事物的过程、规律进行说明的一种顺序。常见的逻辑顺序有：由现象到本质、由特点到用途、由原因到结果、由整体到部分、由主要到次要、由概括到具体、由具体到抽象、由简单到复杂、由特殊到一般、由分析到综合。

（五）说明文语言的特征

1. 特征：准确性是说明文语言的主要特征，表示时间、空间、数量、范围、程度、特征、性质、程序等准确无误。

2. 体会说明文语言的准确性：

（1）通过确切的数字如：最近十年来，每年死海水面下降四十到五十厘米。（《死海不死》）

（2）通过表示揣测、估计的词语体会说明文语言的准确性。如：旅人桥大约建成于公元282年，可能是有记载的最早的石拱桥了，我国的石拱桥几乎到处都有。（《中国石拱桥》）

（3）通过抓修饰限制性词语体会说明文语言的准确性。如：征服沙漠的最主要的武器是水。（《向沙漠进军》）

（六）说明的方法以及作用

1. 分类别：说明事物的特征，往往需要根据其性质、功用等不同的标准、角度把事物分成若干类别，分别加以说明。作用：条理清晰地说明……（说明对象）的……特征，对事物的特征、事理分门别类加以说明，使说明更有条理。

2. 举例子：运用有代表性的例子说明事物或事理的方法。使用这种方法可以收到对事物认识具体、印象深刻的效果。作用：具体形象地说明……（说明对象）的……特征。

3. 打比方：运用比喻的方法对事物和事理进行形象化的说明，可以增强说明对象的形象性、生动性。作用：生动形象地说明……（说明对象）的……特征，增强文章的趣味性。

4. 列数字：运用数字来说明事物的方法。作用：科学准确地说明……（说明对象）的……特征，使说明更有说服力。

5. 作比较：用相关联的相同或相反的事物进行对比的一种说明方法。分为横向比较和纵向比较两种。作用：清楚明白地说明……（说明对象）的……特征（地位、影响等）。

6．下定义：用判断句对事物的本质特征做简明、概括的说明，就是给事物下一个准确定义来说明事物的本质属性。作用：用简明科学的语言说明对象（科学事理）加以揭示，从而更科学、更本质、更概括地揭示事物的事理、特征。

7．作诠释：对所说明的对象的属性进行解释、说明，使人获得明确、清晰的认识。作用：对事物的特征、事理加以具体的解释说明，使说明更通俗易懂。

8．摹状貌：用描写的方法摹写事物情状的方法。作用：对事物的特征、事理加以形象化的描摹，使说明更具体、形象、生动。

9．列图表：通过画图、照片或列表的形式对事物进行说明。作用：直观形象地说明……（说明对象）的……特征。

10．引用：引用经典、文献、名言、诗词、歌谣、传说等进行说明。作用：能使说明的内容更具体、更充实，增添文章的趣味性和艺术感染力。用引用的方法说明事物的特征，增强说服力，增加文章的趣味性，引起读者的兴趣，引用说明在文章开头，还起到了引出说明对象的作用。

（七）说明文的结构

1．总分式：

总—分—总，如《看云识天气》；

总—分，如《苏州园林》；

分—总，如《日本平家蟹》。

2．递进式：各层之间的关系由浅入深、由表及里、由现象到本质，如《向沙漠进军》。

3．并列式：各层之间的关系是平等并列的，如《电子计算机的多种功能》。

4．连贯式：按照事物发展过程安排层次，各层次之间前后互相承接。如《从甲骨文到略微图书》以时间顺序为线索，介绍了书籍演变的历史，依次分别反映了书籍发展的几个阶段，各层之间是连贯的。

（八）说明语段的作用

1．结构、内容作用：①引出下文。②承上启下。③总结全文/前文。④有时在文章开头，还起着引出说明对象/说明事理的作用。

2．结合说明方法谈：通过……的说明方法，说明了……（事物特征或事理），使说明……（作用）。

例文训练

神奇的瓦片

①瓦，作为中国传统的建筑材料，最早使用于西周早期，迄今已有 3000 多年历史。随着朝代更迭，瓦被广泛使用，时至今日，我们可以看到故宫奢华的琉璃瓦，也可以看到徽州质朴的粉墙黛瓦。千百年来，瓦的功能除了透风、挡雨、装饰，没有过

改变。

②但，如今，瓦的功能性被扩大化了，这一改变源自薄膜太阳能企业汉能公司推出的新一代产品"汉瓦"。"汉瓦"的神奇之处在于，这种瓦片不仅具有屋顶建材的基本功能，还具有发电的功能，是更符合现代建筑审美需求的新一代屋面瓦，也是现有市场里太阳能产品和传统屋面瓦结合的升级产品。

③"汉瓦"之所以能发电，核心技术是它将柔性薄膜太阳能芯片与屋面瓦融为一体，换言之，就是将轻薄、高效、柔性的铜镓硒（CIGS）薄膜太阳能芯片通过内外双层的夹胶封装工艺，精密封装在透光度超过91.5%的玻璃内层中，这种太阳能芯片能让瓦片像绿色植物一样直接利用阳光，进行薄膜发电。

④除了具有发电功能之外，相比传统屋面瓦，"汉瓦"还具有隔热、保温、防火、防渗水、抗冰雹等特性。"汉瓦"具有玻璃材料、U形挡水条、F形卡槽三重防水保护。其中，玻璃材质永久不透水，U形挡水条保证瓦片安装后上下方向不渗水，F形卡槽双扣结构保证瓦片安装后左右方向不渗水。

⑤为了适应不同使用环境，目前上市销售的"汉瓦"包括三个系列，分别是曲面、平板、倒C形三款。

⑥不过这款神奇的瓦片售价也不菲，每平方米在千元以上。

（选自《东南快报》）

1. 选文中这种神奇的瓦片有哪些功能？
2. 选文第⑤段中画线的句子运用了什么说明方法？有什么作用？
3. 选文第①段画线句子中加点的"多"字能否删除？为什么？

【答案】

1. 除了基本功能外，还具有发电的功能，还具有隔热、保温、防火、防渗水、抗冰雹等特性。

2. 分类别。非常清晰明白地说明了"汉瓦"及其种类，使读者一目了然，快速把握说明对象的特点。

3. 不能删。"多"是概数，准确反映了瓦的历史悠久，但又没有确定、精准的年代数字。这样更能体现说明文语言的准确性，更符合事物的真实情况。

教学反思：

我设计说明文阅读的教学是针对近三年的中考试卷进行分析后，发现每年的阅读题都会在说明文阅读和议论文阅读中选择其中一种来考，分值在13分，难度比记叙文要低得多，但奇怪的是，学生似乎更怕做说明文阅读。

授课时我先介绍说明文的文体知识，让学生自己根据平时的答题经验总结了一些答题技巧，然后我再进行一些补充，告诉他们一些答题方法、答题术语等。教学设计都是由知识到技能，由浅入深，最后再选择一些说明文阅读题来让学生做。教学设计及训练程序，看似不存在什么问题，可是学生难以领会，原因在哪儿呢？我总结了一下，得出了以下结论：

首先是学生说明文的阅读量不大，还不能准确地把握说明文的特点，对说明对象的特点不能精确地把握。

其次是学生对说明文没有阅读兴趣，因为它不像记叙文那样有动人的故事情节，这样一来，学生连仔细看一遍文章的兴趣都没有，又怎么能答好题呢？

另外，我在评讲过程中，不能抓住关键环节，如某种考点的提示语，甚至题后的分数的暗示作用，加上学生在答题技巧上积累不多，写出的答案自然不够精确了。

还有就是说明文的练习量不够，以为简单就可以少训练，在学生记忆中没有形成"定式"，常常会与"议论文"相混淆。

基于以上情况，以后说明文阅读训练可做如下调整：

（一）多读一些典型的说明文，加强学生对说明文的感性认识。

（二）让学生积累一些答题技巧。这些技巧知识可在训练前听写，以加深印象。

（三）训练形式要多样化，以增加趣味性。

四、作文指导课例研修

初中男女生在写作文上差异比较大，怎样缩小他们之间的差距，提高写作能力值得探究。我首先进行了归纳概括能力的训练，指导学生进行小说的缩写训练，这一做法很有效，下面是指导缩写的案例。

（一）七年级缩写小说作文指导

教学目的：

1. 通过缩写小说训练，培养学生的归纳概括能力。

2. 把握"缩写"的方法、原则。

3. 学会运用精练简洁的语言。

教学重点：

1. 通过缩写小说训练，培养学生的归纳概括能力。

2. 把握"缩写"的方法、原则。

教学难点：把握"缩写"的方法、原则。

教学过程：

一、导入

我们在写文章时需要扩写细节部分，需要续写结尾，有时我们也需要对文章进行缩写，将千字文章缩写到200字，将10万字的小说缩写到千字以内，这都需要训练，也是写作的能力之一。今天我们就来学习缩写小说。

二、写作准备

主要针对"缩写"与"小说"的特点分别来进行。

（一）小说：三要素及情节发展的结构

（二）缩写方法指导

什么是缩写及缩写的三种方法？

1．缩写时要按原文顺序缩。

2．缩写时要有详有略，重点的部分要详写，次要的部分要略写。

3．缩写要保持文章的完整性。

那究竟什么是缩写呢？所谓缩写，就是在中心思想和主要内容不变的情况下，按照一定要求，把篇幅较长的文章压缩提炼成较短文章的一种写作训练。

缩写不同于修改文章，去掉多余的部分，也不同于摘录，而是要根据不同的目的和要求，缩成所需要的文章。

具体说来，要忠实于原文的中心意思，不可偏离题旨；要忠实于原文的体裁、结构，保持原文的基本风貌；要抓住重点，去粗取精；要语言精练，文气贯通。

总之，缩写后的文章要做到结构完整，中心明确，语言流畅。

那么该如何去缩写呢？具体的缩写方法有这样以下三种：

（1）摘录法

抓住原文的中心和要点，以摘录原文重要语句为主，适当增加衔接语言，连缀成文。

缩写记叙文可摘录有关时间、地点、人物，事情的起因、经过、结果等重要语句。

缩写议论文可摘录原文的中心论点和分论点，保留主要论据。次要的事例、引文等，有的可以略去，有的可以从中做些摘录。

缩写说明文，可把最能说明事物主要特征的部分较多地摘录下来，而文中的枝节问题、与事物本质特征关系不大的部分，可少量摘录或不录。

（2）删除法

删除次要部分，保留主要部分。

可缩写句子，单句删除添加成分，保留主要成分。复句删除从属的分句，保留强调的分句。

段落缩写可以抓住段中主句，其余的字句适当保留。

记叙文，可删除次要人物、次要情节、非关键性的细节，以及一些描写和渲染性的语言等。

说明文可删除部分重复的例证、描写、议论性的文字，删除那些不直接影响说明对象的修饰性语言、叙述和次要细节，保留事物特征和本质的部分。

议论文可删除重复的分析、次要的例子以及非论证的部分。

（3）概括法

用简练的语言去概括原文的意思。

记叙文，细致描写的部分可压缩成粗略的描写，详尽叙述的部分可压缩为概括叙述，详细的对话可改为简略的对话等。

说明文，可概括那些对特征、本质解释的文字。

议论文，可将理论论据由具体引用压缩成概括引用，事实论据可由具体详细叙述变成概括略述，有的论据还可以一语带过。也可以把几段文字压缩成一段文字，把段缩成句、长句缩成短句，以及把抒情性的句子，缩成一般的陈述句。

以上三种方法可以结合使用，务必使缩写后的文章尽量保留原文中精彩的句子、反映观点的句子或中心句，做到结构完整，中心明确，语言流畅，特别要使保留的部分和变更的部分衔接自然吻合。不能改变原文的体裁，打乱原文的顺序，另起炉灶，重新组织材料，更不能随意发挥、添枝加叶。

三、写作训练

例文：《红色玻璃球》

（一）回到原文分小组活动，以一篇课文为例

1. 分别概括三要素，"情节、结构、主题"。

2. 复述本篇课文。

3. 肯定学生复述的基础上，提出缩写的主要原则及方法。

（二）分项练习

1. 人物：围绕人物，让学生从原文中概括出相关的内容，例如人物特点、事件等。

2. 情节发展：小组内分工，分别缩写情节发展的各个阶段，老师到小组内进行指导，念学生的范文，互相交流。

四、谈体会

学生通过一节课的训练，谈谈自己的体会或收获。

五、作业

连段成篇，让学生动笔进行小说缩写。

附：例文

红色玻璃球

[美国] 威廉·贝纳德

在美国爱达荷州东南部的一个小镇上，有个名叫米勒斯的菜商。在经济大萧条时期，米勒斯先生在路边摆了个小菜摊，人们下班的时候路过这里，顺便采购一些新鲜的蔬菜，那个时候，钱和食品非常匮乏，所以，以物易物的交易方式十分流行。

镇上有几个穷人家的孩子，他们经常到米勒斯先生的菜摊跟前晃悠。当然，他们不想买菜，只是来欣赏一下那些当时非常珍贵的物品。尽管如此，米勒斯先生也总是热情地招待他们，就像招待每个到这里买菜的大人一样。

"你好，巴里！今天过得怎么样？"

"你好，米勒斯先生，我过得不错，谢谢。这些豌豆看起来真新鲜。"

"是的，巴里，你妈妈身体好点没？"

"是的，正在好转。"

"那就好，你想要点什么？"

"不，先生，我就是看看，这些豌豆真的很不错！"

"你想带点回去吗？"

"不，先生，我没有钱。"

"可以用东西交换啊！你有什么东西跟我换吗？"

"哦……我只有几个刚赢来的玻璃球。"

"是吗？给我看看。"

"给，你看，这个多漂亮。"

"嗯，是这样的。不过这是蓝色的，我想要个红色的。你家里有红色的吗？"

"好像有。"

"这样，你把这袋豌豆带回去，下次把那个红色的玻璃球带来。"

"一定，谢谢你，米勒斯先生。"

每当米勒斯先生和这些小顾客"讨价还价"时，米勒斯太太都静静地站在一旁看着，面带微笑。她很熟悉这些"交易"，也很理解丈夫的行为。除了巴里，镇上还有两个穷孩子，他们的家里拿不出钱来买菜，也没有值钱的东西来交换。为了帮助他们，又显得自然，米勒斯就这样假装和他们为了一个玻璃球进行谈判。就像这次巴里有个蓝色的玻璃球，可米勒斯先生却想要红色的，下次他带红色玻璃球来的时候，米勒斯先生又想要绿色或橘红色的了。当然了，每次打发这个男孩回家的时候，总会让他带上一袋新鲜的蔬菜。

许多年以后，米勒斯先生去世了。镇上的人全都来向他的遗体告别，并且向米勒斯太太表示慰问。在长长的告别队伍的最前面，站着三个引人注目的年轻男子，一位身着军装，另两位身着黑色西装、白色衬衫，头戴礼帽，十分体面庄重。米勒斯太太站在丈夫的灵柩前，年轻人一个一个走上去拥抱她，低声安慰几句。然后，米勒斯太太满含热泪，注视着他们把自己的手放到米勒斯先生冰冷苍白的手上。这三个年轻人就是当年和米勒斯先生用玻璃球交换蔬菜的穷孩子。他们告诉米勒斯太太，当年他们是多么感激米勒斯先生，感谢他当年换给他们的蔬菜。

现在，米勒斯先生不用再和他们为了玻璃球的颜色和大小讨价还价了，这三个孩子也不用再靠他的救济度日，可他们一生都会记住他。虽然，米勒斯先生一生都没发过大财，可在镇上人们的眼里，他是爱达荷州最富有的人。在他已经失去生命力的右手里，正握着三颗亮晶晶的红色玻璃球。

（二）作文指导扩写案例

作文能力提高首先指导学生学会缩写，是培养概括能力；其次是指导扩写，培养学生发散思维、想象能力，抓住事件主干，进行扩写，学会用细节描写丰富作文内容。

下面是指导扩写的案例:

教学要求:

1. 读懂例文《又考单词了》(扩写),领会扩写文章的意义、要求、方法、步骤。

2. 读懂提供的扩写材料《广播操比赛》,领会它所要表达的中心内容,明确应当着力扩写的部分。

3. 通过训练,让学生领悟把文章写具体的方法,按作业要求把《广播操比赛》扩写成一篇记叙文。

教学过程:

1. 谈话导入,激发学习愿望,明确同学们觉得写作文难在哪里(写不长,达不到老师规定的字数等)。

2. 这堂课我们先来共同探讨如何把文章写具体。先听教师读一段文字:

小明十分调皮。有一天中午自习的时候,教师布置大家看《新人文读本》,并安排了班级干部值日。可是,教师前脚刚走,小明就在同座的男同学头上扎了一根小辫子。前天上课的时候,他居然和同学打赌吃巧克力豆。老师转身在黑板上写字,他就乘机往嘴里丢一颗,结果一节课吃了十颗巧克力豆。昨天课间休息的时候,他把吹满气的气球悄悄地放在同桌的凳子上。同桌一屁股坐下来,只听"啪"的一声响,吓得跳起来,他却拍着手笑。

这段文字为什么这样生动呢?是因为用事实说话。(板书:用事实说话)

3. 教师进一步引导:前几年有一首流行歌曲叫《小芳》,是这样唱的:"村里有个姑娘叫小芳,长得好看又善良。"到底好看在哪里呢?这就要有具体的形象。所以歌中唱道:"一双美丽的大眼睛,辫子粗又长。"通过"大眼睛"和"粗长的辫子"给人留下了深刻的印象。

再让学生比较:

A. 冯巩对观众很热情。

B. 冯巩对观众很热情,他一走上舞台,就快步走向观众,一边挥手一边笑容满面地在大声喊着:"朋友们,我想死你们了!"

比较后小结:前一句很空洞,后一句通过他的语言、动作、表情等描绘出他的形象,就能留给我们深刻的印象。

因此,要把文章写具体,还要用形象表达。(板书:用形象表达)

4. 指导学生练习用事实说话,用形象表达。

选题①:把"饮水机很脏"这句话写具体。教师指着饮水机,边让学生看,边指导学生用事实说话。

选题②:周龙、李嘉兴、芦英浩清理饮水机。(引导学生想象这几个学生都做了些什么。)

扩写例文：

饮水机换新貌

周 龙

我校新购进了一批饮水机，每个班级分一台，我们可高兴了，大家每天可以喝到热水，还可以用杯子冲些奶粉喝。可是没过多久，我们就发现饮水机的过滤部分特别脏。周五最后一节大扫除时，我和李嘉兴、芦英浩就担当起了饮水机清理员的工作。首先把饮水机上下桶身部分分开，把过滤器拧下来，将小矿球倒出来，就可以分解清洗了。李嘉兴、芦英浩用水龙头冲洗上下桶，并用纸巾擦干净。小矿球就不好弄了，一个一个倒出来，在水盆里一个一个洗，换了好几次水，水还是浑浊的。李嘉兴、芦英浩就把小球一个一个地从水里捞出来，翻来覆去几次才可以。我用洗涤剂刷上下桶的过滤网和过滤器，水要换很多次。最后我们三个人将各自洗的部件安装起来，一个崭新的换了笑脸的饮水机就回到我的班级了。同学们又能喝到纯净水了。我们三个管理员看到大家开心的样子，衣服弄湿了也不觉得冷。我笑得最开心了，眼睛眯成了一条缝。

选题③：周龙、崔庸修理拖布。要求学生填句子：周龙（拿着拖布头，向魏主任借了铁钳子和钉子，弯腰，蹲在地上），崔庸（拿着拖布把，向拖布头上的眼里插，使劲按着，周龙用钳子对准钉子钉进去），一把完好的拖布就（蹦蹦跳跳地立在那里了）。

选题④：废品管理员技巧真多。

学生扩写例文：

废品管理员

胡秋月

班级同学每天喝完水后，都有很多废瓶子，老师告诉同学攒起来卖钱做班费。同学们都将瓶子放在回收袋子里，有时还放些废纸，卖废品时就不好弄了。纸和瓶子混装，收废品的老爷爷不愿意要。周龙和朱俊博就主动担任班级废品管理员。周龙特别热心和细心，每次来收废品前，他都会和朱俊博提前把瓶子和废纸分好类，分装，整理好后就像完成了一件重大的工程一样，笑得特别灿烂。两个矿泉水瓶七分钱，雪碧和可乐的瓶子一个七分钱，书本论堆卖。卖之前，他都数好数，自己先算算价钱。每次老爷爷都用手一拎，就知道书的分量。有时冬天了，天气很冷，周龙和朱俊博也不怕，就在那和老爷爷耐心地数数。每次卖废品的钱，他都及时交给班级班费管理员穆子铜同学。周龙和朱俊博这样做久了，会节俭了，每次在室外看到废瓶子、废纸、废铁都往回捡，攒着。他们带动了全班同学也这样做。老师说："周龙除了字写得像蜘蛛外，浑身上下都是优点。"周龙不好意思地笑了，我们也笑了。

选题⑤：又考单词了，今天我得看着那些作弊的人。

学生扩写案例：

又考单词了

于浩然

早上班级中的同学们正在听写单词，我作为一个单词监督员，在同学听写单词时要阻止同学们抄袭。有些同学作弊还真有方法：有的拿之前写好的顶替；有的趁我不注意翻书；有的翻以前写过的单词本抄；有的就拿笔做样子，写几个字母；有的干脆连笔都不动，考单词时他该干什么就干什么，根本不把考单词当回事，视我为空气。老师在时还好一些，我和老师反映情况后，老师做了调整，对那些不爱写的、作弊的学生采取了新方法，现在早自习再听写单词有了很大的改变。作弊的人越来越少，不写的固定两个人，现在都能或多或少地写写，放学时都能把不会的单词练会。在考试时都能有所进步，我这个监督员也算感到有些安慰了。

5. 出示本课学习任务：扩写。（板书：扩写）

（1）读例文，比较例文把扩写材料中的哪些句子写具体了，哪些句子没有扩写。提出问题：为什么没把"广播操比赛"写具体呢？

讨论后板书：扩重点。

（2）讨论：如何找重点？分析例文的材料主要是为了赞颂谁，再根据中心找重点。（板书：找重点）

6. 找《广播操比赛》一文的重点：

习作材料：广播操比赛

国庆节回来后，天气渐渐转凉，学校要举行广播操比赛。

每班全员参加，缺一人次扣一分，老师上场做操加十分。

体委整队带入场地，退场动作整齐满分10分。我班广播操比赛时出了一些状况，班长唐美娇临时代替体委，后来获得了三等奖。同学们都很高兴。

读后讨论：这篇材料主要是为了赞扬谁？表达什么主题？扩写重点是什么？（出了什么状况。）

7. 学生完成扩写《广播操比赛》的练习。

附板书：

用事实说话。

找重点——扩重点。

用形象表达。

扩写后的例文：

习作1：广播操比赛

唐美娇

国庆节回来后，天气渐渐转凉了，学校为了增强我们的体质，就决定举办一次广播操比赛。比赛规则是每个班都需要一位体委来带队整队。我班最开始是由王义楠来带队整理排面，可是他总是笑，喊排时就不自觉地笑，也许他有乐事吧。老师想有所突破，就换了一位女体委——穆子铜。穆子铜也很卖力气，因为喊了几天，就把嗓子喊哑了。没办法，最后要比赛了，老师就把体委重担交给了我。我心想："这下我可怎么办呢？"在体育课上，老师训练我演示了两遍，我就学着喊了两遍，老师说很好。比赛那天，我们班上午正好有一节体育课，但是我们的班主任段老师因公事外出了，体育课没和我们一起上。到了下午，比赛马上就开始了，而我们还没看到老师的身影，每个同学脸上的神情都很焦虑，当老师出现在我们的视线之内时，我们高兴地欢呼一片。老师来了，我们班就可以加十分了。比赛上场前，我非常紧张，方慧也时不时地回头，她领操更紧张。在后面准备入场时，我们的对手八年三班的体委是个男生，他喊的声音特别大，我想："我一定得超过你。"所以我就放开嗓子喊，连三班学生也震惊了。

最后，我们通过集体努力，终于获得了三等奖。

习作2：广播操比赛
孙雅喃

国庆节过后，我们要进行广播操比赛，大家在体育课上努力地练习体操和队列，到了比赛当天，大家都非常地紧张。

广播操的比赛规则：每班全员参加，缺一人次扣一分，老师上场做操加十分，体委整队喊口令带入场地，退场动作整齐满分十分。

在体育课上，大家认真练习，就连老师也在努力练习，认真学做操。由唐美娇带领队列入场，在大家几天的辛苦努力下，大家终于练习熟练了，也用紧张又期待的心情来学习，老师在课上努力授课，课下让领操员认真地教自己广播操，争取为班级增加珍贵的十分。

终于到了比赛那天，唐美娇出色的表现让老师赞不绝口，另外，我们多天来的努力也没有白费，获得了三等奖，虽然是第三名，但大家都付出了自己的努力。

比赛结束后，大家那颗紧张的心，终于变轻松了，这让我明白，任何事情不努力是不会成功的。

习作3：广播操比赛
穆子铜

国庆节回来后，我们就要举行广播操比赛了。我们的心情都非常紧张，学校对广播操的规定：每班全员参加，缺一人次扣一分，老师上场做操加十分。体委整队喊口号带入场地，退场动作整齐满分十分。

在上体育课时，我们非常认真地练习着，包括老师也在练习，老师为了让我们把她的十分加上，也在努力地学习做操。我们班没有体育委员，老师竟然选中了我。我在努力地喊着，生怕喊不好，可是在广播操的前几天，我因为嗓子疼的原因就没再当体委，老师就让唐美娇来当临时体委。唐美娇喊得非常好，声音很洪亮。广播体操比赛即将来临，我们的心情非常紧张。到了我们上场的时候，我们每个人都很认真，在这个时刻我们都把广播体操比赛放在第一位。上场了，我们口号喊得非常响亮。呼！广播体操比赛结束了，后来我们取得了第三名，我们都非常高兴。

广播体操结束后，让我明白一个道理：只要不断地去努力，就一定会成功的。

习作4：广播操比赛

方慧

漫长的七天假期结束，把我重新拉回了每天的学习生活。天气外加一丝凉意，我又像往常一样来到学校，不知道又会有怎样的一天。

班主任老师开过会后，告诉我们说："学校为了锻炼学生，增强大家体质，准备开展一次广播操比赛。要求每班全员参加，缺席一人扣一分，一共有三个奖项。老师上场加十分。"老师为我们讲了评比的规则，并且还告诉我们一共有十二个班争夺三个奖项。老师鼓励我们说："你们要是拿了奖，我就请你们吃好吃的。"我们十分高兴，每节体育课，老师都出席做操。体委也付出了辛劳，喊排整队，因为体委喊排领队占十分。经过九天的付出，我们总算像模像样了，但是在最后的几天，体委穆子铜的嗓子喊哑了，这可怎么办？于是老师就让我们的班长唐美娇试试。到了正式比赛那天，我们的老师因公事外出半天，但是她告诉我们比赛的时候一定能回来。但快到正式比赛的时候老师还没回来。我们全体同学都希望老师快点回来，这样我们班就能多加十分。快到我们上场了，老师果然回来了。身为领操员，我十分紧张，怕万一做错那该多丢人啊！但是我不能退缩。为了班级的荣誉拼了，到了颁奖的时候，我们一班的学生都把心悬起来了，果真这九天的辛苦没有白费，领导最后喊出了我们八年一班的名字。我们获得了三等奖，尽管不是一等奖，但我们同样骄傲，同样自豪，因为我们成功了，只要付出，一定会有回报。

这四篇文章扩写都很成功，学生能抓住重点，用事实说话，用形象的语言表达，这个选题训练，使学生找到了扩写的一些方法。

8. 巩固练习

扩写寄语丹心

为了完成于洪区创教育强区的任务，学校又布置了一些任务给各班级。要求两天之内办好走廊的墙报和班主任寄语，还要交两件小发明、小制作及书法、绘画等作品。老师特别着急，鼓励大家去完成。周一来了，我们的班主任寄语那一栏和学生作品展特别新颖，受到学校好评。大家回想着自己的付出，都感慨万千。

根据材料，扩写一篇作文，题目自拟。

附：扩写例文

习作1：寄语丹心

八年一班　刘程程

当夏的热与冬的凉互相碰撞、瑟瑟的秋风与飘然落下的枯叶相伴而舞，一颗炙热的红心驱走了寒冷与孤独，我们的心在它的包围下不再孤单，不再恐惧。

星期四时，校领导突然给我们的老师分派了一个任务：写好班报、寄语，上交画作、书法、发明及手工制作等。任务的时间十分紧，星期一就要完成。

接到任务后，我们就开始分配工作。同学们给了很多的意见。老师突发奇想，有了一个十分有新意、有意义的主意：老师希望能用一个大大的红心，里面有着贴满我们照片的小心。计划制订后，我陪同老师买了材料。老师花了许多的钱，这我是清楚的。后面的照片冲印也是老师付的钱，但老师并没有从我们的班费里扣除相应费用。

周日，我们有人带着材料，有人带着成品到了老师家。我们一起合作分工。吕俊娇、胡秋月同学在挑豆子。陈红、丛旭泽、左嘉兴同学跪在地上粘豆子。胶水一干，豆子就有很多掉了下来，我们必须一次次地去粘。为此，老师新买的豆子被我们就这么浪费了。之后，老师把豆子用水泡了吃了。对此我们很抱歉。杨鑫、袁玉明、李振宇同学与老师一起画着剪着，完成粘有我们照片的小心。那一边，胡云皓同学在画着画，黄静雯同学在写书法。真要用什么词形容的话，热闹非凡，很温馨、快乐。后来杨鑫、李振宇同学与老师开始向王义楠同学剪的红心上粘小心。黄静雯同学去描我们的口号，袁玉明同学在小心空白的地方写名言警句。豆子也快弄完了。丛旭泽和杨鑫同学去照相馆拿照片。其他完成的同学也都去帮忙了。

转眼一下午过去了，同学们陆续回去了。我也回去了，依旧是寒冷的秋夜，心却被注入了一股温暖力量。

我们班的寄语、班报、作品都受到了好评。我们都很开心。

大大的红心，小小的心，我们的样貌、姓名、誓言都被铭刻在上面。红心上"团结一心，共创佳绩"是我们的口号、誓言，是我们在中学三年生活的证明。那不仅仅只是一次评比，也是我们八一班爱的凝聚。

秋夜依旧如往，心却被温暖着……

习作2：寄语丹心

八年一班　黄静雯

原本素淡平凡的寄语栏里，有了一颗饱含深意的丹心，它凝聚着我们的汗水，寄托着我们的希望，象征着我们的班级……

满怀诗意情感的老师，别出心裁地将寄语栏巧妙地设计了一番，使寄语栏变得情感与色彩都很丰富……这颗丹心由王义楠同学裁制而成，用多张 A4 纸剪贴成一个爱心，将大红纸平铺其上。这颗丹心上的内容更是丰富多彩，上面附有记录同学们成长的一张张爱心照片，记录着同学们一个个清秀的签名，周围由一圈小爱心围成，上面刻写着一句句关于教育的名言警句。中心是老师在清华大学参观时拍的一张照片，上面有"荷塘月色"，照片周围是我们班级的口号"团结一心，共创佳绩"。这是我写的剪纸字，照片上方有王继承同学的娟秀字迹，写着"八年一班"四个字。这颗丹心圆满地呈现在寄语栏里。

虽说只是一次小小的创作，却体现了师生别具匠心的创意，承载着师生共同奋进的梦想，凝聚着辛勤的汗水。它的出现使我们班脱颖而出。

丹心上铿锵有力的口号"团结一心，共创佳绩"是我们和谐向上、积极奋进、众志成城的动力，它会陪伴着我们师生一同前进……

9. 课后作业：

根据材料扩写《最近的距离是心与心的交融》，300 字以上。

升入八年级，我们都有了很大的变化，各方面都有了进步，老师和学生的心拉近了，学生之间的感情也更加深厚了。45 名同学有 45 个感人的故事，每一段成长都是进步的阶梯。

附：扩写后的例文

习作1：心与心的交融

八年一班　邓硕

绿色植物都渐渐地泛黄，夏日被秋风追逐着带着微笑从我身边走过，一年就这样过去了，我们从七年级升入八年级，学习任务也加重了。

在班级大家庭中又多了两名成员，本以为会更加枯燥繁重的学习生活却因为班集体更加团结、向上、努力而变得有趣，这让我体会到最近的距离莫过于彼此就站在对方的眼前，心与心能够交融——心灵的距离并不能为刻意的行为和语言所缩短，只有发自内心的真实情感，才能将心灵的距离变得更近而不受地点的远近、地位的高下、身份的贵贱等外在因素的影响，哪怕只是一个细节、一丝微笑，一份情思……

刚刚开学不久，学校就举行广播操比赛的活动。我班的女体委、领操员都格外卖力，再加上同学们的团结，最后为班级赢得第三名的成绩。还没等我们从喜悦中走出来，"创强"检查又来了，这次任务更加重大。老师与同学们同心协力，出钱出力，好多同学都发挥自己的聪明才智创造出了自己的小发明，还有手巧的女同学做了许多精细的小制作，还有画画的、写书法的……除此之外我们还要布置班级外的墙报，我们大家有新的想法都告诉老师，最后老师与几名同学想出了一个最别致的办法——用一张大红纸剪成心形，然后每个同学带一张照片也剪成心形，中间是一张老师的照片，然后写上班主任寄语，我一直记得写在最中央的口号"团结一心，共创佳绩"，这是我们升入八年级后共同的誓言。升入八年级后，我们经历了许许多多事，可就是这些小事成为了一个班集体爱的见证。只要心与心交融，班级就会更加团结，心心相印所迸发出来的火花是何等的璀璨夺目……

46 颗红心紧相连，

星星点点真情见。

地动山摇时境迁，

师生情谊永不变。

习作2：最近的距离是心与心的交融
八年一班　侯佳怡

曾经，也许人在身边，却觉得遥不可及，人在天边，却觉得驻在心间；曾经，也许你在远方，我百般期待，你在眼前，我十分依恋；曾经，我们也许抬头不见低头见，但手与手无缘相牵，也许我们从来没有见过面，但今天心与心永恒相连。如今我们相聚在一起，组成我们45人的团队，谱写着45个感人的故事，在这仅有的三年时间里，携手共进……

升入八年级后，我们都有了很大的变化，各方面都有了进步，老师和学生的心拉近了，学生之间的感情也更加深厚了，演奏出我们八年一班的和谐乐章。

从阳光分班到今天，我们已经度过一年多的时间了，这期间自然有苦也有乐。我们班主任段老师经常会外出参加活动，这时我们班虽然没了"顶梁柱"，但是我们还有负责的两位班长，在老师外出期间，两位班长不辞辛劳，使班级仍然能正常运转下去，同学们也积极配合。在值日的时候，生活委员指挥得当，同学们用心干活，不会有一丝懈怠。每当老师回到班级的时候，我们总会以特殊的方式来迎接老师——欢呼！每到这个时候，我总会仔细观察老师的神情，我可以依稀看出老师眼含的泪花，那一刻我的内心很享受，我觉得我们班就犹如一座爱的天堂，我相信老师和同学们也会有这个感觉，因为我们大家都爱这个班级，爱这个家。

如今已经临近冬季了，天气渐渐转凉，就避免不了有身体娇弱的同学会生病。当崔红楠、孙雅楠等同学生病的时候，老师对同学们进行了无微不至的关心与照顾，虽然我们不是当事人，但我们心里也暖烘烘的。

每个班里必定会有几个"捧场王"，而我们班的捧场王当然就是周龙喽！每到我们班要卖废品的时间，他总会站出来，不怕浪费自己的时间，只想要为班级争一分利益。当下课铃声一响，我们班自然是最热闹的，大家互相学习，探索知识的奥妙，共进知识的海洋，我们心中的目标就是"共进退"。有时我真会觉得自己好幸运，能和这么友善的同学分到一班，共同走过初中的三年之旅。

爱是一种神奇的力量，它能架起人们内心的桥梁，拉近彼此的距离；爱是一种神奇的力量，它能拉近人们心灵的距离，消除人们的误会和隔阂，从此我们将会从此心到彼心，不倦来往，在交流中品尝苦恼，品味人生。

世上最近的距离是心灵的距离，世上最远的距离也是心灵的距离，而衡量着我们距离的尺度就是心灵，就是因为它，使我们的渴望缩短，那就是心与心的距离，心与心的交融啊！

扩写作文指导很成功，学生学会了扩写方法，抓住重点，能将叙事与抒情相结合，使文章富有文采，通过师生共同创作，扩写作文有了很大进步。

（三）话题作文的拟题技巧指导

缩小男女生写作差异，在话题作文指导、训练上，我也做了调整，研究话题作文指导方法很有效。下面是指导话题作文的案例：

一、题目是文章的"眼睛"

题目是文章的"眼睛"，是指文章内容和读者情感心理之间的第一个接触点，是让人一见钟情的因子，也提供给读者窥视文章内容的独特视角。

命题者总是提供材料，提出某个话题让学生根据材料自拟题目作文，既考查同学们选择角度确立中心的能力，又考查同学们的概括表达能力。

二、作文拟题的要求

1．标题范围尽量要小。

2．标题不能过长。

3．标题要含蓄。

4．拟一个好题目，把题目演绎成一个生动的故事。

5．拟题时要善于联想。

三、拟题方法指导

1．要扣题，不要摘题。

话题作文中，一般有话题提示、要求，三者是一个完整的统一体，话题不等于文题。

2．要新颖，不要平淡。例如以"善良"为话题。

3．要大题小做，不要小题大做。例如《善良》——范围太广，无从下手。

如拟成《善良的底色》《善良的魅力》《有一种爱叫善良》，这样把"善良"的话题变成了半命题，范围缩小，有中心词，写起来就容易多了。

4．要切合文意文体，不要游离话题。

（1）话题作文的题目与作文内容是统一的。

例如以"幸福"为话题进行写作，有的同学记得"玩游戏时是幸福的"这句话，就以《玩游戏》《我的游戏》为题目，让人啼笑皆非，拟题要看内容，体现出中心，宣扬正能量。

（2）话题作文的题目与体裁（文体）是统一的。

例如用"论""说""……之我见""……给我的启示"之类的题目，那么文体就一定要写成议论文。如果以《成长中的快乐》为题，你却写成议论文，这会使人觉得不伦不类。所以作文一定要使题目和体裁相对应。

四、怎样才能拟好作文的题目，让读者从你的题目中看出你的文学素养

1. 我们可以引用诗句、格言、警句、符号。

2. 我们也可以运用一些修辞手法。

3. 我们还可以出奇制胜，别出心裁，以反胜常。

4. 当然，我们更可以直接表达自己的情感。

五、拟题目可以采用表现手法，增加文采

例如：（1）直露法。直截了当地表达作者的思想感情或态度观点，这是常见的拟题方法。例如《爸爸，为您加油》《朋友您好》《救救单亲孩子吧》《一件难忘的事》等。

（2）比喻法。用美妙的比喻，唤起丰富的想象，引起情感的共鸣。例如《"小草"的故事》《雪莲》《生命的海》等。

（3）拟人法。把原本写人的词语用于描写事物。例如《迟到的告白》《鼻子挑食》《甜甜的手板》等。

（4）引用法。引人名、地名、诗名入题。例如《别了，鲁滨孙》《四季雨》《落红不是无情物》等。

（5）象征法。指借有具体形象的事物，表现某种精神品质或事理的手法。例如《日落辉煌》《绿在我心中》《雨中红荷》等。

（6）悬念法。又称"卖关子"，或突出尖锐的矛盾，或表明异常的结局，引起读者"为什么""怎么样"式的好奇。例如《9月10日送贺年片》《不该发生的笑容》《那天，我没来》等。

（7）反常法。看似不合常规，不合逻辑，但别出心裁，出奇制胜，别有新意。例如《一个真实的欺骗》《药，甜甜的》《为了记忆的忘却》《还是疯一些好》等。

六、拟好作文题目歌诀。

文好题一半，拟题须思量。

要使作文好，佳题不可少。

直接最方便，引用更奇妙。

比喻和拟人，新颖又独到。

方法用得好，读书少不了。

话题作文指导案例

一、八年级话题作文指导

作家史铁生曾写道："生病的经验是一步步懂得满足。发烧了，才知道不发烧的日子多么清爽；咳嗽了，才体会不咳嗽的嗓子多么安详。刚坐上轮椅时，我老想，不能直立行走岂不把人的特点搞丢了？便觉天昏地暗。等又生出褥疮，一连数日只能歪七扭八地躺着，才看见端坐的日子其实多么晴朗。后来又患尿毒症，经常昏昏然不能思想，就更加怀恋起往日时光。终于醒悟：其实每时每刻我们都是幸运的，任何灾难前

面都可能再加上一个'更'字。"

从心底说出这话的人，一定吃尽了"疾病"或"便宜"的苦头，所以才把自己的"幸福底线"定得如此之低。但当他们意识到什么是真正幸福的时候，生命留给他们享受幸福的时间已经少得不能再少。许多人一生在茫茫红尘中奔走，陷在名与利的泥潭里不能自拔，蓦然回首，才发现真正的幸福恰恰就在出发的原点，而当初他们却坚信它在更远的地方。

所以，从今天起，我们应该给自己的幸福画一条最浅的底线，去学会从最平常的日子、最琐碎的事情里品尝幸福的滋味。

根据以上材料请你以"幸福"为话题，写一篇记叙文，800字左右。

要求：

1. 选取生活中的事情，尤其是贴近生活的凡人小事，写出自己对幸福的感悟。

2. 做到首尾照应，照应标题，开头、结尾可以用名言，也可以是好句子，有两种以上修辞方法，要用上15个关于幸福或者人物品质的好词语。

3. 给分标准，满分50分（内容40分，字数5分，卷面字迹5分）。

幸福的词语：

美满　和谐　和睦　和美　甜蜜　温馨　愉悦　喜出望外　溢于言表　喜形于色
眉开眼笑　心花怒放　欣喜若狂　喜笑颜开　笑逐颜开　怡然自得　怡然自乐
安居乐业　合家欢乐　丰衣足食　前程似锦　阳光大道　幸福安康　幸福美满
福寿安康　太平盛世　繁荣昌盛　欢聚一堂　金玉满堂　合家欢乐　合家团圆
年年有余　事业有成　相敬如宾　互敬互爱　其乐融融

幸福的名言：

1. 每一个人可能的最大幸福是在全体人所实现的最大幸福之中。

——左拉

2. 真正的幸福只有当你真实地认识到人生的价值时，才能体会到。

——穆尼尔·纳素夫

3. 有研究的兴味的人是幸福的！能够通过研究使自己的精神摆脱妄念并使自己摆脱虚荣心的人更加幸福。

——拉美特利

4. 把别人的幸福当作自己的幸福，把鲜花奉献给他人，把棘刺留给自己！

——巴尔德斯

5. 只要你有一件合理的事去做，你的生活就会显得特别美好。

——爱因斯坦

6. 科学决不是一种自私自利的享乐。有幸能够致力于科学研究的人，首先应该拿自己的学识为人类服务。

——马克思

7. 即使自己变成了一撮泥土，只要它是铺在通往真理的大道上，让自己的伙伴们大踏步地冲过去，也是最大的幸福。

——吴运铎

8. 人类的一切努力的目的在于获得幸福。

——欧文

9. 唯独革命家，无论他生或死，都能给大家以幸福。

——鲁迅

10. 牛吃草，马吃料，牛的享受最少，出力最大，所以还是当一头黄牛最好。我甘愿为党、为人民当一辈子老黄牛。

——王进喜

11. 人在履行职责中得到幸福。就像一个人驮着东西，可心头很舒畅。人要是没有它，不尽什么职责，就等于驾驶空车一样，也就是说，白白浪费。

——罗佐夫

师生共同完成话题作文

教师习作例文

幸福是给予

——记于洪区实验幼儿园 苏海燕

幸福是公仆铭胸谨育人，善诱循循葆童心，给予孩子欣赏；幸福是晨昏定省亲尝药，承欢膝下送终老，给予父母孝心；幸福是疾病缠身志犹在，百折不挠始成功，给予生命拼搏。

（一）永葆童心始到今

敬业专业造就一番事业，诚心真心奉献一片爱心。

苏海燕，是于洪区实验幼儿园的一名普通教师，1974年出生，1994年参加工作，24年一直扎根幼儿教育事业，潜心钻研幼教教学，敬业精神感动当地百姓，很多家长都因为她在这里任教，而不辞辛苦把孩子送到实验幼儿园来上学。她选择做一名幼儿教师，并非要成就功名，而是喜欢流连在这片纯净的天空下，和孩子们一起年轻，一起快乐。她以心育人，以情动人，用炙热的爱心和博大的胸怀，关爱和欣赏每一个孩子，让孩子们在爱中成长。

苏老师所带过的班级，孩子个个活泼、开朗、自信，经常可以看见她像个孩子似的和她的小宝贝们疯玩在一起，就是一些性格较内向的孩子也会融入她们快乐的环境中来。有个小朋友刚来园里时，每天哭闹，胆小、内向，连看人的目光都是躲躲闪闪的。苏老师通过家访了解到孩子除了家人很少和外界接触，集体游戏从不表现自己，但苏老师从孩子看其他小朋友游戏的眼神中读出了渴望。苏老师默默耐心地守护他、关心他。他比班内其他孩子年龄稍小，自理能力差，苏老师手把手地教会孩子简单的生活技能，让孩子感受到老师像妈妈一样贴心、爱他。引导其他孩子和他一起玩、做朋友，用各种各样丰富多彩的活动开阔视野，让孩子通过活动学会交往。苏老师发现他的建构能力特别强，用积木搭宫殿，一会儿就建完，还很会设计，说老师是他的公主，其他房间都有一定的人物安排。老师在他宫殿搭好后，获得点滴进步时都及时表扬他。再如他学会简单叠毛巾、帮同伴取放物品等都会及时表扬。孩子获得充满爱的情绪体验，自理能力、社会交往能力等逐步在增强，他越来越喜欢来幼儿园了。

再比如有特别好动的孩子，一年下来也都变得活泼不失稳重、开朗不失幽默了。小天刚来幼儿园时特别顽皮，但是不敢接触老师，老师摸一下头，就像摸到了刺猬，用手直推老师。苏老师用课余时间仔细观察，抓住孩子的优点，一开始用手势交流，后来就带着他背诵句子、诗歌，走路时拉着他的手，做得好了，就摸摸他的头、拍拍肩膀。时间久了，孩子和老师的交流特别有默契，老师的一个眼神、一个动作，他都领会到。午睡的时候，老师只要一拍床铺，他就跑过来爬进老师怀里，像个小婴儿一样，喊声"老师妈妈"，然后亲亲老师的胳膊，或者亲亲老师的手，睡着了。这个孩子知道老师喜欢他，他本来可以不来幼儿园上学了，可他还是让家长跑好远的路送他来这所幼儿园，因为他喜欢苏老师，喜欢这所幼儿园。

苏老师对每个孩子都细心呵护，无微不至。小班孩子如果有大小便便在身上了，苏老师从不生气，及时给换裤子、洗裤子，提醒孩子们及时大小便；睡觉时，给孩子们盖好被子，正正枕头，夏天还会给每个孩子扑上痱子粉……孩子们在爱的摇篮里快乐地成长。

海不择细流，故能成其大；山不拒细壤，方能就其高；师不弃小事，终能树其德。苏老师就是这样因材施教，因势利导，因此才能桃李芬芳。

（二）慈乌反哺孝至亲

罗素有言"作为一个人，对父母要尊敬，对子女要慈爱，对穷亲戚要慷慨，对一切人要有礼貌"。苏海燕老师用给予芬芳诠释了它。

苏老师的继父在1999年患了半身不遂，同年又患了脑血栓和脑出血，病情十分严重，一只胳膊没有知觉，口齿不清，行动困难。母亲也年迈，她从那时起就每天照料继父的生活，希望减轻母亲的负担。每天早晨6点多到幼儿园上班，下午5点半下班，一天幼儿园里的工作已经非常辛苦了，下班后还要坐6站地的公交车，去继父那里。给父亲做饭、喂饭、喂药、擦身体、洗脚、翻身、按摩胳膊腿、洗衣服、擦地、收拾卫生，再陪父亲聊聊天。尽管父亲口齿不清，但是经过长时间的照料，她已懂得父亲想表达的意思。把父母哄睡了，晚上9点半左右从父母家出来，再坐6站地，回家给丈夫和孩子做饭。丈夫孩子吃完饭后，还要陪孩子学习，这一切都做完就快到午夜12点了。她每天都这样坚持，19年如一日。2018年3月24日，父亲病重住院期间，想喝一口粥，为了买这一碗粥，海燕能走出3站地远。父亲大小便失禁，都是她来洗，端屎端尿地照顾。两个月后父亲去世了，临去世前向海燕竖起了大拇指，海燕含泪点着头，她明白父亲的意思，自己不是亲生儿女胜似亲生儿女。海燕懂得为人子女应尽的责任和义务，侍奉亲长，声容易肃，勿因琐事，大声呼叱，事其亲者，不择地而安之，孝之至也。虽然累，虽然苦，但是她觉得幸福，因为椿萱并茂，是她期望的，自己能给予父母孝顺就是幸福。

（三）病骨支离显恒心

忍耐和坚持是痛苦的事情，但是却能渐渐地给人带来生机。锲而舍之，朽木不折；锲而不舍，金石可镂。

长年累月的劳累，积劳成疾，她在给予他人奉献的时候，也耗尽了自己的体力，她病倒了。2009 年 5 月，海燕被查出患有乳腺癌，医生让她做手术，切除肿瘤，她放心不下幼儿园里的孩子、年迈的父母、家里的丈夫和儿子，她担心自己做手术，一旦倒下了，这些人谁来照顾？保守治疗，放疗，化疗，使她在身体和精神上饱受折磨，呕吐不止，连看见水都会反胃。眼看着自己的一头黑发片片脱落，她都不敢照镜子。多少次背着家人偷偷落泪，忍受着常人无法忍受的药物作用带来的痛楚。每一次化疗前都做着也许回不了家的准备，捧着女儿的小脸亲了一遍又一遍，整理好自己的衣物走进医院；因为放化疗，身体的一些脏器受损，一天要打七八瓶点滴直到深夜，血管也因此变黑变瘪。她经受了这样一次生命的洗礼后，更懂得了生命的真谛，也更加珍惜自己拥有的一切。她多么爱自己的家庭，爱幼儿园的孩子们，心疼年迈的父母。多少次在接受放化疗后出院时，她贪婪地看着路边的小草小花，呼吸着新鲜的空气。重获新生的感觉真好！亲人、领导、同事及班里的孩子和家长多次打电话问候、祝福，她从哽咽的声音里感受到了被人牵肠挂肚的幸福，受到了鼓励。她顽强与病魔抗争，她对自己说：无论什么时候，无论遇到什么困难，决不允许自己有一点点灰心丧气。

她从肿瘤切除手术到放化疗以及内分泌治疗一路坚强地走来。她在身体刚刚恢复了三个月后，就主动要求回到了自己的工作岗位，并和以前一样照料孩子、组织教学，时刻以党员的标准严格要求自己。身为班长的她累活脏活尽量抢着干，开始身体也有些吃不消，手术后的刀口有时也隐隐作痛，有时在阴雨天，胳膊也会疼得抬不起来。但是她为了班上的孩子克服着这些困难。至今长期服用内分泌治疗药，每年两次入院复查治疗，必需的入院检查后，把针带回单位请保健医给扎，为的就是少休息不耽误工作。

2017 年春天，苏老师感到连续头晕，心脏也极度不适，一侧的胳膊也不能正常抬起和握拳。她每天坚持正常的工作，利用周末休息时间去医院，经过近一个月的心脏、血压、头部 CT 检查，最后确诊是颈椎强直变形压迫造成严重的颈椎病，而这一切并没有压倒她，在短暂的调整后又重新投入工作。

如今继父去世，留下 80 多岁的母亲一人，更需要她的照顾。她不顾身体疾病，不顾工作劳累，像照顾孩子一样去照顾母亲，每天还是白天上班，晚上坐 6 站地去照顾母亲，把母亲哄睡着了，才回家。在与母亲分别关门的一瞬间，她的心总是很疼，母亲像一只孤鸟，守候在巢穴里，如果自己哪一天见不到了，该怎么办，每次都是自己流着泪走向车站，无论怎样累，都要给母亲坚实的臂膀……丈夫工作忙到午夜才能回家，女儿读高中放学晚，她还要陪女儿学习。她以惊人的毅力支撑着，事事付出辛苦，力求极尽完美。

她在教学方面还独占鳌头：潜心研究幼教工作，以学定教，以教促学。多次参加区、市骨干教师学习，聆听专家报告，吃透教材编写意图，利用业余时间先后阅读了大量的幼教书籍，不断拓宽自己的视野，不断用理论武装头脑，指导实践。利用假期起早贪黑地学习，获得了国家二级心理咨询师的证书，同时在兼任的家庭指导教师工作中也认真思考家园共育的重要性，设计撰写的课题和论文获得省级、市级一等奖，参与由辽宁教育出版社出版的《家庭教育指导教材》的编写，多次在市级课改中为全区教师做教学示范，并多次在市级课改公开课中获奖，也荣获于洪区首席教师的称号。同时结合幼儿身心发展规律及特点，带动年轻教师在日常教育工作中抓住各个环节来组织幼儿独立观察，认真思考，培养了幼儿的爱好，开发了幼儿的智力，使幼儿学习的积极性、主动性、创造性得到发挥。

她已获得"感动于洪·十佳人民满意教师""沈阳市优秀班主任""辽宁省优秀教师"等多项荣誉称号。

海燕的人生轨迹就是奉献、给予。教育千秋，孜孜不悔，师之所尊，她以能给予学生寓教于乐为幸福；孝感动天，寸草春晖，人女之心，她以能给予父母扇枕温衾为幸福；危惧之际，百折不摧，生之为人，她以能给予生命百炼成钢为幸福。日日行，不怕千里，常常做，不怕千万事。骐骥一跃，不能十步，驽马十驾，功在不舍。

设计意图：根据话题作文要求，从拟题、选材、布局、结构、语言、文采几个方面培养学生，利用老师自己写的文章来指导学生练笔。

以"幸福"为话题的作文讲评课案例
教学目标知识与技能
1. 培养学生的观察能力、语言表达能力，从而发展学生的创新思维。
2. 能够修改自己的习作，并主动与别人交换意见，与他人分享习作的快乐。
（1）过程与方法
通过小组合作、全班交流的形式激发学生修改作文的兴趣。
（2）情感态度价值观
通过习作赏评激发学生写作的兴趣，感受习作的快乐。
教学重点：
培养学生的观察分析能力，能从自己和他人的习作中找到优点及需改进的地方。
教学过程：
一、激趣导入
同学们，我们学过《推敲》这篇课文，课文中的贾岛由于认真地推敲诗句，才使得他的诗流芳百世。同样，我们的习作，经过推敲也会更加生动、形象，给人以美的享受。同学们，你们愿意推敲自己习作中的字、词、句吗？

（愿意）好！这节课我们就以《幸福是给予》为例上作文讲评课。

二、面向全体，整体评价

同学们，你们上次的习作以"幸福"为话题的，写得非常好，有的同学的佳作已经在我校的作文周刊上发表了，获奖的同学有刘沫辰、张馨月、刘金月、薄金来、艾泽东。

三、佳作欣赏，归纳标准

1. 师：老师在品味大家的作品时，一位同学的大作特别地吸引我，想不想欣赏一下？（想）

2. 师：好！下面就请薄金来同学把自己的习作大声地读一读。其他同学要认真听，想一想文章哪些地方写得好，为什么？

3. 师：谁来说一说文章哪些地方写得好？好在哪里？

4. 师：同学们，好的细节描写的文章应该达到什么标准呢？

预设：（1）我认为好的文章应该是好的成语多，好的句子多，字数要够。

（2）我觉得好文章要有条理，语句要通顺。

（3）用词要准确。

（4）语句要优美，重点突出。

（5）能够恰当运用修辞手法。

（6）写人物时，恰当运用描写方法，如神态、语言、动作等。

5. 师：好的文章的确应该达到以下标准：用词准确、重点突出、叙述清楚、人物描写恰当等。

四、集体修改

1. 师：常言说"文章不厌百回改"，要让我们的文章更精彩，就看我们怎么改。

2. 师：老师这有一篇有待修改的习作是刘沫辰同学的。沫辰，你愿意和大家共同修改你的习作吗？（愿意）为什么？

3. 师：下面，同学们读一读刘沫辰同学的作品，找出其优点和不足。

4.（集体交流）师：谁来说一说他的作品中的优点和不足？

5. 师：你再读一读改后的文章。通过刚才的修改，你觉得文章怎么样？（好多了）真应了一句话，那就是"文章不怕改，越改越精彩"。

五、佳作欣赏

师：下面我们欣赏一下更精彩的细节描写的片段。（《幸福是陪伴》《幸福是付出》）

六、自我修改

1. 师：同学们，你们知道怎么修改习作了吗？有些同学已经迫不及待地想要对自己的文章做一番润色了。如果你能一边大声地读一边改，或和同桌讨论怎么改，你的习作会改得更好。

2. 师：好，下面，同学们修改自己的习作吧。

七、拓展

师：同学们，"好文章是改出来的"，希望大家养成认真修改习作的好习惯，课下把自己的习作再好好地修改一下。

学生习作一

<h2 style="text-align:center">幸福是陪伴</h2>

八年三班　刘金月

幸福是在家庭中有家人的陪伴，幸福而又美满；幸福是在学校里有老师的陪伴，温暖而又快乐；幸福是在玩耍中有朋友的陪伴，简单而又不失乐趣。幸福是什么？是关怀，是安慰，是快乐，也是陪伴。

家人的陪伴是一种幸福。在日常生活中，我们每天都需要有家人的陪伴。在我们还沉浸在梦乡的时候，家长就起来为我们准备了丰盛的早餐。在我们还是一个懵懂无知的孩子的时候，家长每天会给我们讲一些道理，教会我们要管这个人那个人叫什么。我们要是没记住，家长们还会继续告诉我们。在我们还睡觉的时候，家长们正在悄无声息地为我们盖上被子，即使很薄，但是却很温暖。每一次外出，都会有家长的陪伴；每一次吃饭，餐桌前有家人的身影；每一次受到表扬时，都会有家人的祝福。我知道有家人的陪伴才是幸福！

老师的陪伴是一种幸福。在学校中，每天都会有老师忙碌的身影。在幼儿园里，老师教会了我们做人的道理。那是我们人生当中的启蒙阶段。在小学的时候，老师也教会了我们这些东西，同时也教会了我们知识，老师把他们所知道的传授给了我们。在初中的校园中，学生和老师每天都待在一间教室里，我们每天会面对很多个老师，有教数学的、语文的、英语的，然而我们的班主任就是语文老师。我们与老师每天都待在一起，老师教会了我们许多知识，他们教书育人，为祖国做贡献。所以我知道有老师的陪伴才是幸福！

朋友的陪伴是一种幸福。在我们玩耍的时候，每次都是我们的朋友陪在身边，与我们一起无忧无虑地玩耍。在我们童年的时光里，朋友和我们形影不离，每天陪伴我们玩耍的人就是我们的朋友。其实，朋友的陪伴不是很多，但是却令我记忆犹新。我还知道有朋友的陪伴才是幸福！

在生活中，"幸福"有很多种。别人的一句安慰，是对你的鼓励；别人的一个微笑，是对你的肯定；别人的一次陪伴，是对你的关怀。这些举动我们都应该感到幸福！巴尔德斯说过："把别人的幸福当作自己的幸福，把鲜花奉献给他人，把棘刺留给自己！"幸福就在我们身边，让我们用心去发现幸福！幸福无处不在！记住，陪伴也是一种幸福。

学生习作二

幸福是付出

八年三班　刘馨镁

巴尔德斯曾说过：把别人的幸福当作自己的幸福，把鲜花奉献给他人，把棘刺留给自己！我的母亲便是这样。母亲把全部的心血都注入我和妹妹身上，她觉得对我们付出便是她最大的幸福。

母亲担心我的营养跟不上，便每天早上提前一小时起床为我准备可口早餐，每顿早餐她都做得十分认真。我上学走后，母亲便叫妹妹起床。因为妹妹还小，所以母亲更要细心照料。把妹妹送到幼儿园后，母亲便急匆匆地赶去上班。每天早上忙得连早饭都顾不上吃，久而久之母亲便有了胃病。妹妹三岁了还不会说话，母亲便很着急，有空余时间便带妹妹去医院检查。但她却对自己的病不管不顾，她说只要我和妹妹开心快乐，她便觉得十分幸福了。

母亲对工作也是精益求精，容不得出一点儿差错。一个文件如果头一天晚上没有弄完，那么她会一个晚上都睡不安稳的，第二天起早也要把文件整理完。下班之后母亲便去外祖母那里坐一会儿，陪外祖母聊聊天，说说家常，不让外祖母感到孤独。母亲知道，前段时间外祖父去世了，对外祖母打击太大了。母亲就是怕外祖母感到孤单，所以才会下班后挤出一点儿时间去陪外祖母。母亲本想把外祖母接到家里来，会方便很多，但外祖母坚决不同意，她怕会给我们带来麻烦，母亲也只好顺着外祖母。陪外祖母的短暂时光，便让母亲觉得很幸福。

父亲工作很忙，都不怎么经常回家，家里都是母亲操持的。母亲下班去外祖母那里，回来便急匆匆赶公交车，去接上幼儿园的妹妹放学回家。到家后便马不停蹄地跑到厨房，做晚饭。晚上把妹妹哄睡觉了以后，母亲便走入我的房间，指导我学习。我睡觉的时候已经十一点了。母亲回到她的房间后，过了一会儿便会传出一阵阵清脆的键盘声，每个夜晚我都是伴着这个声音入睡的。这个声音像极了摇篮曲，连绵不断的声音直到我睡着还有……

母亲把幸福的底线压得很低，我和妹妹觉得幸福，她便也觉得很幸福。能够短短地陪外祖母聊会天，她依然觉得幸福。母亲觉得幸福就是付出。

点评：学生这两篇习作都能围绕"幸福"话题拟题目，叙事突出中心，语言优美，文中用了名言警句，感情表达真挚，但是也有一些不足，有错别字，标点符号不能正确使用。大家修改过程中也找到了这些不足，希望本次作文讲评能对你有启发。

话题作文指导二：
案例：话题作文指导（九年级）

善良，成就你的蕙质兰心。

"风送花香红满地，雨滋春树碧连天。"是的，世界很美，不仅是因为有春的烟波画舫，有夏的朝云暮卷，有秋的云霞绚烂，有冬的冰肌玉骨，更是因为有善良的滋润，有爱的呵护，有理解的支撑，有祝福的陪伴。

善良，是人生大厦的基础，是人性品质中的瑰丽珍品。拥有善良的人才会懂得去感激，去回报，才会有"会当凌绝顶，一览众山小"的豪情，才会有"先天下之忧而忧，后天下之乐而乐"的高尚，才会有"谁言寸草心，报得三春晖"的执着，才会有"知君有意凌寒色，羞共千花一样春"的坚韧和那份"宠辱不惊，闲看亭前花开花落，去留无意，漫随天外云卷云舒"的气度与胸怀。

善良的人，即使没有巍峨高山的冷峻与清峭，也可以有平川凡壑的踏实与稳健，即使没有牡丹玫瑰的雍容绚丽，也可以有芙蓉夕醉的高洁与典雅。善良的人，即使不能居庙堂之高来兼济天下，也可以处江湖之远独善其身。拥有善良，就拥有了生命的方向，即使在物欲横流、灯红酒绿中穿梭，也会永远来去从容，两袖清风。

善良，不需要太多的诠释，它是寒风中的一支火把，失意处的一句安慰，痛苦中的一丝爱抚，无助时的一点支援。把善良给别人，也给自己，那么人类将与日月同辉；留一份善良给世界，那么世界将与星宇同寿。珍爱善良，拥有善良，撒播善良，那么，你将会开一树灿烂的红花，既使自己美丽，又使别人温暖。

请你以"善良"为话题，写一篇记叙文，800字左右。

要求：

1. 选取生活中的事情，贴近生活的凡人善举，写出自己对善良的感悟。

2. 做到首尾照应，照应标题，开头结尾可以用名言，也可以用好句子，有两种以上修辞方法，要用上15个关于善良或者人物品质的好词语。

3. 给分标准，满分50分。（内容40分，字数5分，卷面字迹5分）

善良的词语：

心地善良　博施济众　打抱不平　济困扶危　济弱扶倾　解囊相助　救困扶危
相濡以沫　夏雨雨人　燮理阴阳　抑强扶弱　平易近人　治病救人　助我张目
左提右挈　蕙质兰心　和颜悦色　和蔼可亲　菩萨低眉　善气迎人

善良的名言：

1. 美是善良和诚挚之母。——苏联教育家苏霍姆林斯基

2. 善良的心地，就是黄金。——英国剧作家、诗人莎士比亚

3. 善良的心是最好的法律。——麦克莱

4. 善良之心，就是最好的法律。——英国历史学家、政治家麦考莱

5. 为人善良和正直才是最光荣。——法国启蒙思想家、哲学家、教育家、文学家卢梭

6. 善良的人总是把自己说得卑劣。——美国小说家霍桑

7. 诚实与善良均来自良好的教育。——罗马帝国时期传记作家、伦理学家普卢塔克

8. 因为我们善良，所以我们快乐。——流行歌手张惠妹

9. 我喜欢寂寞的人，因为他们善良。——女作家安妮宝贝

10. 做一个善良的人，为群众谋幸福。——苏联作家高尔基

教师例文引路：

善良的底色

段艳侠

交善人者道德成，存善心者家里宁，为善事者子孙兴。在风度和在各种事情上一样，唯一不衰老的就是心地，心地善良的人单纯朴实。

母亲家后园子里有一些小葱，自己种的，一个人生活，劳动就成了习惯。葱地里有野菜用来喂鸡。母亲就想为我养几只纯绿色的笨鸡。70岁的人了，家里养了3只狗、4只猫、20多只鸡，每天小黑狗都不离母亲左右，乡村的院子里显得有了生机。5月18日，有人购买1200斤小葱，母亲一个人忙不过来，亲属就在百忙之中来帮助，我也去了，其实那些葱卖不了多少钱，还不如我们的车费及给母亲买的东西值钱。但是怕母亲上火，我们都一直忙到天黑看不见葱了为止。我不太会干农活，一开始用铁叉挖葱，叉子伸入土里很深，我挖不动，再一用力，叉子就折了。后来我研究出了窍门，叉子伸入葱根底部5厘米正好，把土松动了，拔下来的葱根还不带多少泥土。亲属夸我干得好。原来干农活也需要智慧，这智慧来自于实践，当语文老师的也要体验生活，才能积累作文的鲜活素材。

刚开始干的时候，看着那么大一片地的葱，心里真犯愁，可是我们边聊天边干活，就不觉得慢了，回头看看那一堆一堆整齐的葱，也有了成绩，心里欣慰极了。夕阳西下，我们一直干到夜幕降临。回到屋中，鸡鸭猫狗都一起叫唤，都饿了，要吃要喝，我赶紧喂饱它们，然后给母亲做饭。来不及做太复杂的饭菜，就煮面条吧。饭菜极其简单，一碗鸡蛋酱、一盘酱牛肉就是晚饭了。我们刚刚吃一口，买葱的人就打来电话，说要连夜把葱拉走。我们赶紧捆葱，我洗了碗之后也赶紧帮助。买葱的人是叔侄俩，年轻人比我大一点，一看就十分和善，笑意盈盈。当把葱放到秤上称的时候，我发现年轻人看秤时特别仔细，小心谨慎地来回平衡秤砣和刻度线，我说："差不多少就行。"年轻人说："那可不行，我怕老太太赔了，这么大岁数了，把葱种大多不容易，农民挣钱太辛苦了，我不能欺骗老太太啊。"我很感动，原来他是怕母亲赔了，心地善良——农民的本色。这时我才仔细打量这个年轻人，紫黑色的脸庞，露出一排洁白的牙齿，眼睛不大，却充满善意，瘦瘦高高的个子，一身灰色粗布衣服。他看我打量他，他也看看我问道："姑娘二十几了？"我哈哈大笑说，什么二十几了，哪有那么年轻啊，我说了自己的年龄，他连声感叹说："不像不像。"又问我的职业，我说自己是教师，爱人也是教师，他投来羡慕、敬佩的目光说："老师好啊，这个职业受人尊敬，为人师表，品行端正。"他说自己的儿子就是六十中学毕业的，但是学习不努力，没有读大学，很是遗憾。还说他们村里就有两个学生，目前在我的班级就读，提起学生名字，他十分熟悉，并且谈了关于如何教育帮助学生的事情，感叹是老师改变了他们村里的孩子思想，说老师太伟大了，可以像妈妈一样给缺少母爱的孩子以亲人般的关怀，感

叹善良师爱仁者之心。说话间，他一回头看到了地上还有拔下来的小葱，他说："大姨，您那些拔下来的小葱都卖给我吧，免得您还得去集市上卖。"母亲高兴极了。结账的时候，年轻人还把零头进位了，多给母亲2元钱。母亲说，好人啊，有很多小商贩在买农村老头儿老太太东西的时候，狠狠压低价格，锱铢必较，可是这个年轻人却如此大度，对待老人彬彬有礼。临行前还说："阿姨，您老有时间到我们村子里去，我招待您。"说完爽朗地一笑，启车离开。他消失在茫茫夜色之中，却给了母亲极大的温暖。葱都卖完了，母亲心中一块石头落地了。母亲一直念叨那2元钱的恩情，她睡着了，睡得特别踏实。母亲一辈子最懂人心的善恶了。

亲属帮助缘于血缘亲情，而素昧平生的年轻人却是一心向佛，与人为善，和气生财，公平买卖。善良的底色是勤劳、忠厚、朴实。乡村的夜晚，没有灯红酒绿，没有城市的喧嚣，无比静谧，让人留恋，连鸡鸭猫狗的叫声都是那么和谐悦耳。感激陌生人——董传勇让70岁的老母亲在劳动中安享尊重的快乐。母亲不为挣钱，只为让我感到她还很健康，她还能为我减轻负担……其实，我更想的是让母亲好好活着，永远快乐，这就是善良的底色！

根据老师例文引路，自拟题目，完成习作。

学生习作：

与善良的邂逅

九年五班　赵晨希

白露时节，凉沁的雨丝飘出一张细密的丝帘，花香静静弥漫，微风轻轻吹拂，那天，我与善良有一场邂逅。

那天，我坐公交车出门，倚窗小憩，"吱呀"一声吹进一丝凉风，我微醒。一个衣衫褴褛、头发杂乱无章的老头，佝偻着背，挪动着细如竹竿的腿，上了车。车上有空座少许，他却找了个空地悄然蹲下。我耻笑一声："老头真有意思，花钱坐车避雨。"不知几时，老人开始在地上匍匐，用含糊不清的声音呢喃着乞讨。细打量，他的脸有如黄土高原——沟壑纵横，一双空洞的眼睛凹得极深，胡子糊了一脸———他的模样和味道都在提醒我他脏极了。"求……求求你！"他到了我这儿试图拉拉我，就在他伸出那粗糙而黝黑的手时，我像触电般向后缩。我心中涌起几分厌恶——这讨人厌的乞丐。收回我斜睨的目光，生硬地别过头，丢下一句："我可没钱！"他愣了一下，眼中沧桑溢出，眉间悲伤流露，拖着瘦骨嶙峋的身体向前爬去……

这城市中的乞丐太多了，苦楚的外表实惹人怜，可真正悲情的故事又有几个？前有新闻报道丐帮恶行，后有职业乞讨骗局被揭露。曾有个女孩在商场附近拉着我的手说她的钱被扒手偷走了，央求我几块钱回家，我慷慨解囊。难料几天后同一地点那个女孩依旧那身打扮，以那个理由拉住了多少人的手……

拉回思绪，却见老头和另一个女孩说着什么，女孩笑得温柔阳光，老人弓着背，频频点头，用力挤出微笑，女孩掏出一个面包交给老人，老人狼吞虎咽地咀嚼，又怕太快吃光，不时细细品味，闲暇之余向女孩点头哈腰，眼中闪烁着感激，道："善良的人一生平安……安……"静静地看着眼前这一幕，我的脸如同火烧……

灯红酒绿，喧嚣吵嚷中，善良似乎与我们渐行渐远，其实生活中有太多善良的例子，被世人传诵，如过眼云烟，总是被不经意的忽略所忘却。而其实往往那些小小的善闪着人性的光辉，如同夕阳下随风缓缓流动的细沙，尽管渺小，但它们流动的弧线却能交错映出最美的波纹……

包里还有些零钱，我鼓足勇气，向前，扯了扯老人的衣袖："爷爷，给您，刚……"未等说完，老人抬眼："善良的人一生平安。"他的嘴一开一合，伴着慈祥的微笑，有如一尊佛，吐着唤醒善心的梵音……

光影浮动，时光交错。微风里的芬芳不再，流年中的细雨呢喃。心中几番澎湃，未曾淡忘的是与善良的那场邂逅……

第二章　主题式课例研修实践

为了更好地完成课题策略的实践，我进行了课例研修，希望在课堂实践中提高自己的业务能力，改进教学方法，使男女生在语文学习方面达到均衡发展，为此我做了主题式课例研修，下面是我实践的案例。

一、于洪初语工作坊"主题式课例"研修行动

课例一"读写结合的语文课堂"之游记《周庄水韵》研修方案观察点

（一）课例主题：读写结合的语文课堂。

（二）研修范式：研讨贯通"解读＋上课与观课＋写作"。

（三）课例观察点：《周庄水韵》读写结合——虚实结合手法的运用。

1. 观察点：

分组	观察点	观察点解读细化
小组一	1. 教学目标的科学化。	备课环节，看教师解读文本的功夫，立足于提升学生的阅读、作文素养。准确、明确、贴切地设计文本目标，课堂才能教得有数，学之有得。 教学目标贯彻落实： （1）目标1的贯彻：学习《周庄水韵》虚实结合的表现手法的落实是否科学化（抓住课堂中的实例来评价）。 （2）目标2的贯彻：读写结合，进行片段练笔，写出家乡景物特色文化，教学目标落实得是否科学化（抓住课堂中的某一个实例来评价）。 （3）目标3的贯彻：感受祖国语言文字的魅力，品味文化生活，教学目标落实是否科学（抓住课堂中的某一个实例来评价）。 （4）教学重难点的落实是否到位，用课堂实例来评价。
	2. 教师语言的优美化。	上课环节，看教师学科教学的素养、教学语言严谨、教学术语规范、语言组织精当、语言表达优美。教师的教学语言为目标服务，教师提问指向明确，解答方式科学。 教师理答正确灵活，有鼓励性语言，对提高课堂教学质量有着重要的意义。 理答方式： （1）无反应：频次。（2）简单肯定：频次。（3）简单否定：频次。（4）重复学生的回答：频次。（5）打断学生回答或自己代答：频次。（6）鼓励与表扬：频次。（7）启发式的否定：频次。（8）追问：频次。（9）转问：频次（统计数据，抓住课堂实例来评价总结）。

分组	观察点	观察点解读细化
小组二	3. 师生互动的有效性。	在学习中要关注学生主体意识，更要提升教师主导作用，师生应该有全面的互动，师生应通过相互合作等不同的表现形式在课堂完成教学目标。这个互动模式同时也应该包括生生互动。 （1）照顾学生主体意识（落实的教学目标）。 （2）提升教师主导作用（落实的教学目标）。 （3）师生合作（完成的教学目标）。 （4）学生与学生合作（完成的教学目标）。
	4. 课堂环节的层次化。	上课环节，看教师设计操作的智慧，教学环节层层对应目标、达成目标，才是有效的设计；教学方法服务于目标，才是有效的操作。 （一）读中悟 ①落实的是哪一项教学目标。 ②用时多少分钟。 ③达成的效果（用课堂实例评价）。 ④教学方法的运用。 （二）悟中写 ①落实的是哪一项教学目标。 ②用时多少分钟。 ③达成的效果（用课堂实例评价）。 ④用的教学方法。 （三）点评 ①落实的是哪一项教学目标。 ②用时多少分钟。 ③达成的效果（用课堂实例评价）。 ④用的教学方法。 （四）课件和板书设计是否体现层次化
	5. 作业设计的合理化。	作业环节，看语文魅力和师生兴趣，作业的目的一是要巩固目标，串联知识，二是要拓展语文，延伸兴趣。布置要清楚，要求要明确。 （1）作业内容。 （2）巩固本课时的哪一个教学目标。 （3）串联本课的哪一个知识点。 （4）有无课外拓展延伸。

（四）研修步骤：

1．学习准备

（1）课例组成员阅读《周庄水韵》，先行解读。

（2）执教人段艳侠围绕主题解读《周庄水韵》读写结合之虚实结合的表现手法，运用教学设计和观察点，提炼文字，形成文本解读报告。

2．研修时间安排

研讨贯通		时间节点	研修说明
解读研讨，设计教学。			执教者：段艳侠
观课研讨，实践反思	第一次执教	2015 年 10 月 10 日	例文：《周庄水韵》
	第二次执教	2015 年 10 月 15 日	年级：九年级（上）
	第三次执教	2015 年 10 月 20 日	组长：段艳侠
写作研讨，观点分享		2015 年 10 月 20 日	观察组长：张凤辉、马兰

3．组织安排

（1）综述：段艳侠、马凤兰、张凤辉、曲艳菊。

（2）听课教师预学《周庄水韵》，实验校教师有时间尽量参加听评课。

（3）工作坊成员在 10 月 20 日上交综述和观察点报告。

4．观察点分组

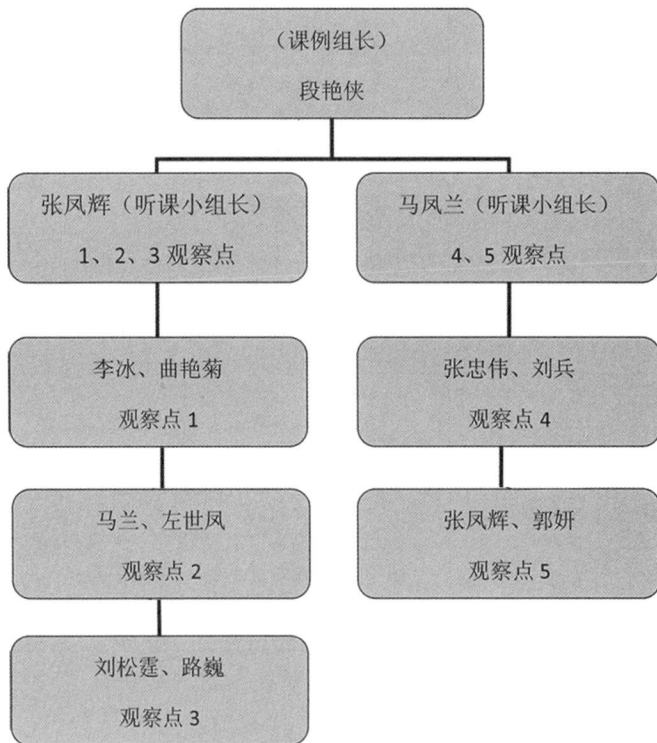

课例二　读写归真　初语修文

"读写结合的语文课堂" 课例综述

执笔人：段艳侠

一、研修背景

我们于洪区是沈阳市的郊区，地处农村，大部分地区的学生都是农家孩子，所得知识有限，视野不够开阔，思维不够灵活。这种状况的产生关键在于教师的潜力没有发挥出来。于洪教育局领导高度重视教师的素质提升，由教师培训部牵头，陈玉秋校长带队，开展了"研训一体"活动，宗旨在于快速提升教师的专业素养，提高教师的教育教学能力，为于洪地区的孩子们提供学习资源，让我们的孩子同发达地区的孩子一样平衡发展，为社会输送人才，为孩子的终身学习打下基础。

二、听中学

陈校长千方百计筹划，请来了许多专家，为我们一线教师做引领，我们听了很多不同内容的报告，受益匪浅。"研训一体"培训工作在各个专业素养方面培养我们，我们做过科研课题，写过文献综述，做小课题研究，写过论文，真正让我们能够走进课例研修的是 2015 年 1 月 18—21 日的几天时间，陈校长请来了上海青浦区教师进修学院的关景双院长，做了"课例研修"的报告，引导我们走上研修语文的道路。"师之蕴"工作室的王洁博士做了课例的解读，胡庆芳博士做了用数据管理法学习方式的课例研究。我们学习后，认真研读了《静听教师成长的脚步声》课程，并在假期试写了一篇课例，但我们听完理论后，没有亲自实践，还是掌握不好，课例研究也是纸上谈兵。鉴于此，我们语文组开展了主题式课例研究行动。

三、学中做

我们初语工作坊首先是研读关院长的《静听教师成长的脚步声》，自主学习、小组讨论，做了"深入解读文本三层次和圈点目标三维度法"的研讨，由我和潘虹教研员来领大家解读。深入学习之后，我们小组确立了我们工作坊的主题——"读写结合的语文课堂"。因为《义务教育语文课程标准（2011 年版）》对语文"课程性质"有如下表述："语文课程是一门学习语言文字运用的综合性、实践性课程。义务教育阶段的语文课程，应使学生初步学会运用祖国语言文字进行交流沟通，吸收古今优秀文化，提高思想文化修养，促进自身精神成长。工具性与人文性的统一，是语文课程的基本特点。"语文的特质是离不开语言文字的学习运用的。不管是把语文称作"语言文学"，还是称作"语言文化"，它都不能离开语言文字。语言文字是基础，是依托，语言文字是语文之生命。

一篇比较优秀的作品，必须具备多方面的知识技能，而这些知识技能来源于阅读。语文教学从识字开始，到对句、段、篇、章的学习，都是为写作打基础。所以，阅读和写作是相辅相成、相互促进的辩证统一的关系。杜甫曾指出："读书破万卷，下笔如有神。"说明阅读对写作具有促进作用。"劳于读书，逸于作文。"但是仅仅读好书进行积累还不够，还需要鉴赏、分析文章、领会写作原理、指导写作实践。茅盾告诫我们："从事写作的青年在动笔之前最好先看看别人的作品，试加以分析，指出它在结构、人物、环境的描写方面，何者是好的，何者还有不足之处。"有鉴赏才有继承和借鉴。所以，为了写作要进行大量的阅读，这样有效的阅读与写作实践结合起来对写作是十分有利的。

我们做的第一次研究是由于洪实验分校的李冰老师执教的"读写结合的语文课堂"之"怎样改写作文开头"的课堂实例。我们小组活动有 10 人参加，分别设立了观察点及课堂前测和课堂后评，分组观课，随后进行课后小组讨论。那一次，我们将观察点设立了 5 个，分别是：教学目标的科学化、教师语言的优美化、师生互动有效性、课堂环节的层次化和作业设计合理化。观课之后，我们进行研讨，各小组根据观测点做汇报，初步懂得了观课要有观察点，做到心中有数，说话有依据。我们研讨后得出结论，给作文改写开头，对学生写作文很有帮助，懂得了开头段的作用，但读的部分处理得不巧妙，有待改进。我们的五个大观察点没有细化，在具体教学目标落实、环节对应重点难点方面，我们都没有做到系统化。因此，此次课例只是粗浅地走了个程序，还没有深入下去。

我们又做了第二次尝试，设计了《周庄水韵》之读写结合的课堂，预设到上海与青浦区老师做课例接轨。

寒假里，李冰老师利用休息时间，查阅大量与周庄相关的一切内容，精心进行教学设计，反复修改。《周庄水韵》在沈阳地区是语文教材中八年级上册第一单元，属游记散文。在上海教育出版社出版的语文教材是九年上册第一单元，属文化生活范畴。两地教材存在如此差异，我们想找到契合点实属费脑子，要花一番心思。李冰老师认真研究，我们团队伙伴合作指导。第一节课设计成型后，李冰老师在自己的班级上了一次课。因为是自己熟悉的学生，所以上起来比较顺手，对教学设计中的不足没有反映出来太多。她略做调整之后，写了课后反思，改进教学设计。我们研讨后决定，再让她上第二次课，这一次是借班上课，在我们于洪区的一七四中学借八年级学生上的这一节课，课上按 45 分钟计算。这一次，我们找到了不足后，在观察点分配方案上做了调整，针对李冰老师的教学设计，我细化了五大观察点，逐条落实，并分配好观察小组。

课前测中，马兰老师观察试卷，记录下来，课前时间安排不当，试卷没有收上来，课后收好。

李冰老师在上课前又临时调整了设计，将一、二课时融合在一起，由读带写。课堂时间把握不到位，关键部分写的练笔没有完成教学任务。我们又把一部分学生留下来，将课后测"文绘周庄的表格"来完成。

然后，我们按观察组来开了一次研讨会，会议首先由李冰老师解读她的教学设计，接着各观察点的老师来谈自己观课的看法及自己对这节课的建议。李冰老师自我感觉设计得很用心、很好，在自己班级试验成功，借班上课就没成功，心情有些沮丧，情绪有点焦躁。

李冰老师说："我按单元主题来理解《周庄水韵》是游记，我把这一单元的主题分散到各个课文中，本来我抓住它多角度、详略等写法来提炼这篇课文，在写法上与《巴东三峡》做比较，重点想突出多次游览周庄的不同感受，但是学生没有说出来

'以详补略'的写法，学生写片段时没有用上。"

课前测是马兰老师负责。她将试卷进行数据统计，发现列表中有九项关于周庄，但是学生只对前三项填得比较好，只有50%的学生填写五项，其他四项很少有学生会填。"周庄的音韵"这一项基本无人填写。

从学生完成情况看：

1. 能从书上找到明确答案的问题，学生都能正确填写答案。

2. 学生认为不确定的答案，或者学生思考后仍不完整的答案，学生都填写不完全正确和不完整。

3. "周庄的音韵"这一项，学生都没有填写，我认为是学生对"韵"这个字眼还没有理解。

小结课前检测：

1. 学生对第一课时内容掌握情况一般；

2. 学生缺少自己的思考和分析，大部分学生只停留在基础和文章表面上；

3. 学生难解的词语如"音韵"，教师要给予解释和提醒；

4. 只有打好第一课时的基础，才能更顺利地进行第二课时的教学。

总结课前测：

马兰老师观测认真，准确定位，提出合理的建议。

第一小组是负责观察点一"教学目标科学化"，是曲艳菊老师和刘松霆老师负责，他们两人对这一观察点非常重视，观察角度正确，思维创新，有了很多新发现。

曲艳菊说："其实一堂课的教学目标关系到教学活动的导向、教学内容的取舍、教学方法的运用和教学效果的评价等，因此，教学目标的设定是否准确、表述是否规范、落实是否到位，是评价一堂课优劣的关键：1. 教学目标的确立，必须建立在科学的教学理念上，建立在对学生学习需要的科学分析上，建立在对教材的准确把握上，做到明确、具体、可操作。2. 在设定教学目标时，我们一般按照知识与能力、过程与方法、情感态度及价值观这三个维度来设定。一般情况下，表述一个完整的教学目标一般有四个基本要素：行为主体、行为动词、行为条件和表现程度。值得注意的是，陈述的主体应该是学习者（学生）。因为教学目标的指向是全体学生通过学习后所达成的结果，学生是学习的主体，因此教学目标应该是学生在学习中的变化或结果，而不是教师的行为。"

刘松霆说："1. 对比鲜明，感受暗淡；2. 韵味未解，感悟难言；3. 旧知示新，读文述意；4. 仿写例句，示范点评。"

这一观察小组，真正做到了观有所指，说有所依，用课堂实证来说话。

观察点二是"教师语言优美化"，由于洪实验分校的田辉老师来负责。我设计了一个表格，田辉老师认真填写"教师理答方式"，得出结论是：《周庄水韵》是一篇非常优美的散文，教师只有使用优美的教学用语才能准确地传达出这篇课文的美感。李冰老师的课堂语言体现出一名语文教师应有的素质。语言优美，能够为教学目标服务，正确灵活，有鼓励性评价。

观察细心，做到正确客观地评价教师的语言。

观察点三是"师生互动有效性"，由王诗雨老师负责。教师的教学语言不仅是学生语言表述的范式，还有吸引学生注意力、调动学生思维的作用。教师的表情、动作也是一种无声的语言，它们所传递的信息对学生的影响，有时甚至比语言本身还要大。教师诚挚的笑容和鼓励的手势，对学生的回答都是巨大的鼓励，是比语言的肯定更易被学生接受的表扬。教师的肢体语言也是一种重要的教学理答方式。

观察点四是"课堂环节的层次化"，观课教师张忠伟说：化繁为简层次清，观课点逐条对应，通过这些得出结论，课堂环节三层次没有在课堂很好地呈现出来，需要调整，教学设计处理好读与写的关系更好地体现出主题。

观察点五是"作业设计合理化"，由文丽老师负责。

最后是张凤辉老师对课后测进行总结。有一个学生写得很好，用上了本课讲的虚实结合的写法。

通过各个组讨论，决定在教学设计课堂实效上还要进行改进。我们全体工作坊同仁都是毫无保留地对这节课的得与失畅所欲言，肯定李冰老师的辛苦付出，鼓励其发扬优势，避其短板。

四、做中思

反思总结此次课例研修。首先，我们确立的主题是正确的，方向是对的，也是提升教师专业素质最快捷的一条途径，我们要跟住上海青浦区关院长的导师团，继续跟进学习。我们确立的课型也是值得肯定的。

研讨贯通"解读 + 上课与观课 + 写作"。

我们此次设计的课例研修方案也是值得肯定的，针对五大观察点，细化每一个观察点，落到实处，方案可行。每位教师谈课都能用课堂实例佐证。

李冰老师刻苦钻研的精神值得我们全体工作坊的成员学习。

其次，反思我们此次课例的不成功之处。

第一，李冰老师还需要磨炼自己的课程，将语文组主题式课例研修的精髓进行深度挖掘，将读与写还原其本真，运用语言文字的能力，彰显母语文化的魅力，以读促思，以思带学，以写诠释语文课堂本真，创优美的、激荡的生活氛围。

第二，我们工作坊全体伙伴要精诚合作，将集体智慧在李冰身上展现，她是我们队伍中最年轻的小妹妹，要快速成长，还要锻炼她的灵活应变能力，从理论上入手，再次深入研读关院长的《静听教师成长的脚步声》《口述课改》，我们一起学习，写读书观点，分享、交流，共同提高。

第三，比对沈阳与上海地区教材差别，找到两地共同之处，重新设计教学课堂，还要符合课例研修的主题"读写结合的语文课堂"。

至此，我们完成了课例的"两实践两反思"活动。

五、下一步设想

我们全体初语工作坊的成员，将要赴上海青浦地区向"师之蕴"团队学习怎样做课例研修。临行前，我也设计了一堂"读写结合的语文课堂"的"《周庄水韵》读写结合之虚实结合，对比手法运用"的课型。我只有两天半时间完成，我努力设计了这节课，在我校完成了三次试讲，用七年、八年、九年三个年级的学生来练习这节课，我感到九年级学生对这样的读写结合理解得更到位，运用起来使汉语言文学显得更美。我让七年级学生画了画，八、九年级学生写了短文，呈现在一张画纸上，是半成品，期待青浦之行由上海的学生来完成另一半作品。此次青浦之行，我们带去了A、B两套方案，希望我们通过锻炼，更能深刻体悟到课例研修的深远意义，提高自己的专业素养，为于洪区的教育事业贡献自己的力量，不辜负于洪区教育局对我们一线教师的培养。期待青浦之行，并送上我的一篇附文：

总有一种期待

几场秋风使秋日变得有了韵律。树枝直指天空，那是一种收获的壮美。坐在窗前，感受秋日里阳光的温暖。抬头仰望蔚蓝的天空，总有一种激情涌动于心间，总有一种期待，期待着上海青浦之行，期待着与你萍水相逢。看看街上南来北往的人群，有时变得很漠然，有时又凝望出神。北方秋日里的天气时而阴沉，时而乍寒，时而晴朗，时而无风，心也随之起伏涨落。品味生活，感受人生，心变得敏感多情。校园是纯净的沃土，让我在每日平淡的教学生活中感受宁静、淡泊，心向往着远方，与寂静相守，与思念相伴。总有一种期待，期待着陌生又熟悉的名字再次映入眼帘，期待着那一声问候再次传来。期待中有了静默，既而变成心中的一种信念，淡淡的，似有似无，有风刮起的日子里想起，有雾散的时候放下，有阳光温存的时刻藏起。很多温馨的记忆也如淡淡的花香，就这样静静相对，默默相望，任它芬芳四溢。

国庆佳节刚过，怀念便在秋日融融暖意中弥散开来。田野中绿的是秋菜，黄的是玉米和稻穗，放眼望去辽阔、浩远，久处校园，出来走走竟有别样的壮美。同样的景色，同样的时间，不一样的是感觉。

教室的窗前是我的最爱。驻足翘首，越过耸立的楼群，视线所及是秋日里的苍茫大地。阳光下落了叶子的树木迎风摇曳，它曾在春天里给我以新绿的激动，在盛夏给我以绿荫的凉爽，在秋天里给我以金黄的收获。我曾无数次感慨这片树林带给我的新生。曾几何时，在北方有阳光的冬日，它给了我辽阔、浩远，给了我无遮拦的远眺，心胸也变得无比宽广。总有一种期待，期待着能有时间出去走走。沈阳于洪"平湖望月"的景观就在我的校园附近，我却无暇去参观。今天有幸一人在秋日絮语中走上了桥头，蒲河码头，碑文醒目，休闲广场开阔，阶上阶下休闲的人们倚桥驻足。河水清澈见底，久违的儿时记忆又出现在眼前，我与哥哥滑冰、抓鱼时的惬意又浮上心头。孩子们欢笑的声音响彻晴空，把我带回现实。一个人漫步林间，拿着相机一路走一路拍，这种闲情雅致让我像十六岁的女孩，浪漫满胸。一位休闲的阿姨被我深深地吸引了，主动与我说话，言谈中，我们竟有忘年之交的默契。沉醉其间，心与心的和谐、温暖让我们长谈不舍离去。几日里纠结于心中的抑郁，此时也已远去。

生活就是这样不断地让我学会感恩，忧郁时感念相遇，别离时感念甜蜜，无论相遇还是别离，静守都是一种幸福的期待，期待生活中的色彩斑斓，期待岁月的河流多些激情的浪花。经历过了，才知生活中真爱的快乐，感受过了，才知蓝天之外还有另一片晴空，美丽而摄人心魄。我静静地守候着心中这份纯美的感觉，深情地期待着……

课例（三）　　《周庄水韵》读写结合
——虚实结合手法的运用

教学目标：1. 学习《周庄水韵》虚实结合的表现手法。2. 读写结合，进行片段练笔，写出家乡景物特色文化。3. 感受祖国语言文字的魅力，品味文化生活。

教学重点：通过阅读文本，学会运用虚实结合的表现手法进行片段练笔。

教学难点：学会运用虚实结合表现手法来表情达意，感受祖国语言文字的魅力。

教学方法：启发法、谈话法。

学法：自主、合作。

学情分析：《周庄水韵》是上教版九年上册第一单元的课文，这一单元主题是"感受文化生活"，学生已经学完这篇课文，对周庄有所了解，有的还会亲自看过、游览过周庄，文中修辞方法已经掌握了。然而运用虚实结合的表现手法来表情达意还是有一定难度的。本节课解决这个难点。

教学用具：多媒体，沈阳学生的字画半成品。

教学过程：

一、导入语

课前破冰：走进青浦，如沐春风；与你相识，如饮香茗；彼此握手（老师下去和几个学生握手），暖心晓意。同学们好，我是来自沈阳市第六十中学的段艳侠，希望40分钟的课堂能让我走近你的心灵，聆听你心底的声音。我手中是我的学生连夜为你们制作的礼物，托我带给你们，希望认识上海的你，并请我把你们最灿烂的风采带回我的家乡。早就知道在距离上海很近的苏州有一个"中国第一水乡"——周庄，大家去过吧，那里吸引了众多游客多次游览，就是因为太美了，重点美在哪里呢？水。（板书——周庄水韵）

二、新授

（一）读中悟

1. 虚实结合

问题：美的地方令人遐想，请大家看看下面几段文字重点采用了什么修辞方法？表现这种修辞方法的关键词是什么？

（1）在阳光下，积雪正在融化，到处可以听见滴水和流水的声音，小街的屋檐下在滴水，石拱桥的栏杆和桥洞在淌水，小河的石河沿上，往下流淌的雪水仿佛正从石缝中渗出来。细细谛听，水声重重叠叠，如诉如泣，仿佛神秘幽远的江南丝竹，裹着万般柔情，从地下袅袅回旋上升。这样的声音，用人类的乐器永远也无法模仿。

（2）古老的楼房和曲折的小街缀满了闪烁的彩灯，灯光倒映在河中，使小河变成一条色彩斑斓的光带。坐船夜游，仿佛进入了梦境。

（3）随焰火忽明忽暗的河畔楼屋倒映在水里，像从河底泛起的一张张仰望天空的脸，我来不及看清楚他们的表情，他们便在水中消失。

（4）君问归期未有期，巴山夜雨涨秋池。何当共剪西窗烛，却话巴山夜雨时。

问：这些修辞方法达到了什么效果？

1．明确：仿佛、像、何当。叠词：细细、重重叠叠、袅袅、张张。音韵美表达作者对周庄景色的喜爱赞美之情，对改革开放的周庄人民幸福生活的赞美之情。

2．虚实结合写法指导：

所谓虚实结合，就是把客观实写与主观感受完美结合的写法。它可以把语言擦拭得熠熠生辉，把语言点缀得摇曳生姿，读者就能够把外在感受内化成自我独特的体验感。

表现形式有：（1）修辞手法中的比喻、拟人等；（2）感官视听结合等；（3）联想和想象。

表现效果：表情达意，感受语言文字魅力。

对应教学目标1

（二）悟中写

1．练笔要求：我们也采用虚实结合的表现手法，采用适当的表现形式把你联想到的内容表达出来。

仿句练习：

（1）沈阳于洪"平湖望月"的景观就在我的校园附近，我却无暇去参观。今天有幸一人在秋日絮语中走上了桥头，蒲河码头，碑文醒目，休闲广场开阔，阶上阶下休闲的人们倚桥驻足。河水清澈见底，久违的儿时记忆又出现在眼前，我与哥哥滑冰、抓鱼的惬意又浮上心头。孩子们欢笑的声音响彻晴空，把我带回现实。一个人漫步林间，拿着相机一路走一路拍，这种闲情雅致让我像十六岁的女孩，浪漫满胸。

（2）生活就是这样不断地让我学会感恩，忧郁时感念相遇，别离时感念甜蜜，无论相遇还是别离，静守都是一种幸福的期待，期待生活中的色彩斑斓，期待岁月的河流多些激情的浪花。

——摘自《总有一种期待》教师练笔附文

（3）妈妈和我一起上街，一辆自行车失控，向我撞来，妈妈把我拉开，但妈妈的手刮伤了，留下了疤痕。妈妈手上的疤痕_____，我永远会记住_____。（永远刻

在我的心里）（妈妈对我的爱）

（4）淅淅沥沥的雨整整下了一天，它不像是_____，倒像是飘在_____。（落在地上）（我的心上）

2. 片段练笔

请同学们向沈阳的学生和老师描绘上海青浦地区景物特色文化，或者沈巷中学的特色风情，运用虚实结合的手法，100字以内，限时8分钟完成。

落实课堂教学目标2

3. 练笔点评

点评学生练笔片段

检查课堂教学目标2、3达成情况。

四、课堂总结

这节课我们随着赵丽宏的文章走进周庄，如临梦境，品味水之韵美，如聆环佩。虚实结合，穿越时空，在读中悟，在悟中写，用心感受，用心写出自己的生活，放飞思想，闪动灵光，希望同学们今后在自己的生活中也要不断地写，让心中所想流动笔端，让祖国母语照耀华夏。

五、作业：请同学们扩展课堂上的练笔，与沈阳的学生共同完成作品。

六、结束语：亲爱的同学们，愿我们今天的相识、相知能在彼此心中生根、发芽，开出最灿烂的花，我要把你们的风采带回家！欢迎下次来沈阳我的家，谢谢！

课例（四）听评课研讨

一、研讨反思

上课结束之后，沈巷中学的老师，青浦区的教研员王继红老师、沈老师，及我们团队的陈校长，我的伙伴们都坐在了一起，对我的课进行研讨。首先由我自己说课，然后是观课组默会，小组讨论，小组代表发言，对我的课进行点评。

首先由我自己说课。我谈了我的教学设计形成的背景，教学目标确定的思路形成的过程，我的板书设计寓意，我的课堂环节的安排，我的教学策略的安排，我在课堂上遇到突发事件时做的及时调整。我重点反思自己的几点失误：

1. 教学设计时间仓促，设计考虑不成熟，细节没有推敲。

2. 新科技的多媒体用得不熟练影响我的效果，我需要多学习多媒体技术。

3. 黑板高，是我之前没有想到的，影响了我的板书效果，预设不到位。

4. 展示的时间不够，精彩的练笔没有向大家分享到位。

然后是小组默会，讨论，代表发言，对我的课点评。

优点：

1. 教学设计完整，符合主题要求。教学目标明确集中，指向明了，教学目标双对应在课堂环节中落实到位。

2. 流程设计由浅入深，有技法指导，教学策略多样、新颖。

3. 三维目标都达成了。

4. 作业设计准确，有内涵，符合课堂要求，扣住本节课教学目标。而且考虑地区特点设计，很新颖、适切。

5. 教师语言优美、富有感情，课堂呈现的是美感，激励性评价多样，有激励、启发作用。

6. 老师的素养高，写作能力强，机智，温婉，大气，有镇定的教态。

7. 学生与老师配合很默契，课堂气氛活跃，互动很有效果。

8. 老师精心准备的小画写练笔新颖而符合要求，起到了激发学生兴趣的作用，还很好地让作业延伸课堂教学目标。

缺点：

1. 教学设计中出现的阅读语段，前三个很好，第四个诗句的题不好，没有典型性，应该换成写景的练习句，才符合本课目标。

2. 在语段中应该深入剖析，哪部分句子是虚，哪部分是实，让学生更具体明了。

3. 技法指导中，早点写在副板书上会对学生更有启发性。

4. 学生手中老师的习作应该充分利用，深入赏析虚实结合的写法。

5. 学生与学生没有互动，学生作品展示的时间不够。

6. 教师的语言偶尔有方言，让学生朗读时不该说"给老师读一读"，尊重朗读的本意。

7. 学生仿写句子不准确时，老师没有及时给予指导改正。

最后，青浦区教研员王继红老师做了精彩点评：对我的课堂中的优点给予充分的肯定，并赞扬我虽是北方人却有江南女子的温婉魅力，极大地鼓舞了我的信心。对我的缺点提出修改意见，课堂的大框架很完整，设计精巧，在个别的细节上要深度挖掘，使自己尽快改正，以求进步。之后，沈巷中学的王端老师做了《周庄水韵》的课例成功之处的分享。我听到了同课异构的设计思路，感到我做课例的路子更加明晰了，写作更有内容了。

主题式课例研修反思

此次上课让我又接受了新的挑战，虽然我是老教师，但是学无止境。老师只要站在自己的岗位上就要不断地学习，学习文化知识，提高自己的业务能力，提高运用多媒体的能力。适应社会不断发展的需要。时时刻刻端正自己的学习态度、工作态度。为学生而学习，为自己的终身发展而学习。讲学习，研究内化在自身，变成主动学习，以学习为快乐，把工作看作是事业来做。此次上课让我自己有了飞跃。

1. 懂得课例的整个流程，会设计观察点了。将观察点细化，使观课老师能从不同角度观课，有目的地看课，评价这堂课。教师的教学目标设计具体化的前提是解读文本的透彻性，教学内容的确定性，课堂主题的明晰性，三维目标的逻辑性，课堂环节的贯彻性，课程目标的整体性。教师语言的优美化是激活学生学习情感的纽带，是检验教师素养的试剂。课堂环节的有效性是师生互动、目标落实的基点，破难解重的关键。评价是教学目标达成的体现。作业设计是实现有效课堂的拓展和延续，适切合理尤为重要。遵循这一原则，教师带着观课点必然会帮助上课教师改进课堂的不足，从而达到快速成长目的。

2. 超越了年龄障碍，心理保持年轻，我对任何事情永远充满着热情，有自信。

3. 自身的潜力，需要不断地给自己激励，在外力的作用下才能发挥出来，也是来自自身的一份快乐。在异地上课让我更关注祖国语言的魅力，它可以把各地区、各民族不同的文化融合在一起，这是任何其他语言都达不到的效果——我要做母语文化的传承者。

4. 我对课例研修有了更新的认识，思路更加清晰，从解读文本、设计教学、课堂实践、课后反思，到对工作更有了自己如何改进的理念了，有针对性地去做每一件事。回去之后要时时改进，继续跟住专家引领学习。

5. 研读理论书籍，然后实践，做自己的课例，改进教学，为教育事业贡献自己的力量。

感谢于洪初语——我的团队伙伴合作给我带来的新感悟，感谢"师之蕴"给我学习的机会、展示的舞台。

我要在专家引领下不断成长，学做课例，在教学中不断实践改进，学会用笔说话。今后要做一个不断钻研的教师，走一条自主发展的道路。

第五编

读写结合的课堂，教师自己写习作指导
学生练笔，分类读写

第一章　写景叙事指导

叙事中借助景物描写，抒发感情，将叙事融于写景之中，积累平时的见闻，提取素材。字里行间要蕴含真情实感。

1．桃花开了

去年桃花开的时候，却下了一场大雪，吹落了第一朵桃花，也曾使我浮想联翩。今年在三月刚刚开学的短短一个月内，我就经历了人生悲喜剧的变化。将我二十年来的人生矛盾全都激化开来，让我来不及去拾取一点点解释，就让我的心在痛苦中洗礼了，最深的伤痛过后，心里异常平静。

今晚，倚在窗前，忽然发现，在我失意的时候，春并没有止步，也没有将冬日的那份失意留给我，而是为我绽开了第一朵桃花。手捧那朵桃花，我的记忆又开始了新的篇章。

我又忆起了诗人席慕蓉曾写过的那夜静静的山峦上的山百合。山百合常在，而人也只有那一时的欣赏罢了。而桃花常在，年年春天又开。无论经过多少次风雨，它都常在。倚在窗前，那曾使我很伤痛的感觉此时也已远去。我只感到那桃花的感召，不只是自然界的规律，也是在向我暗示生命的感召。只有黄昏的窗口，才给我一丝盎然的遐想，我自己曾是个多么执着的女孩，在这桃花面前，我显得更加执着，街上南来北往的人们，也许同我一样有如此的感觉吧！

我还没有忘记，我是风雨中那朵独居傲然的红荷。从十七岁的花季走过，没有遗憾地对自己说，自己曾用心捧取过花季，也用心去捧取那颗失落的心，二十岁是欣然的回归，夕阳中的风景就是我。

2．雾凇

早晨刚起来的时候，见窗外雾蒙蒙的一团雾气，风很轻，很柔，柔得让人感觉不到有风。空气中夹杂着泥土的潮湿味。看，树挂！好壮观的景色！整个天地都是白色，白雪覆盖着大地，落叶的树木，一株株都化了妆，像银条，像雪柳，那么惹人眼，惹人喜爱。骑上自行车去上班，在五米之外不能看清道路和人影。我骑着，骑着，哎呀，好险！前边也有一辆自行车正向我驶来，险些相撞！不一会儿，我的帽子、围巾、衣服、手套上全都蒙上了一层纯净可爱的白霜，我不忍心抖去这份纯洁。眼毛也变长了，变白了，好气派，像冰山上的雪娃娃。路人相见互视一笑，不为路遇，只为这份纯白。

最喜欢一个人到野外去赏景。如今这番雪景令我驻足，令我流连，笔直的大路两旁，白杨树神圣不可侵犯。垂柳含羞带笑，银灿灿向我招手，这份盎然的感觉就甭提有多舒畅了。

坐在办公室里也免不了多望几眼窗外，虽是雾气缭绕，却也乐得欣赏这种迷蒙。天真可爱的孩子们叽叽喳喳地谈论着他们浪漫的童年。

太阳出来了，雾散了，天空澄澈，蔚蓝，寥廓，浩远，高高的树木，树枝挺立，发散着清馨的香气，在旭日中发出耀眼的银光。真想大喊一声，啊——真想高唱一首壮怀激烈、气势磅礴的曲子，却什么曲调也唱不出心中这种情，也许这就是人与自然总有一点不符的原因吧！

在我的眼里，大自然中的山川、河流、树木都是有生命的，都是动的，有节奏的。

今日站在空旷的原野上，望着霜洁的"树挂"，我心很开朗，很激动，更是坦然。

不再感觉自己是不幸的，而是更加幸运，在经历波折后，更加坚毅，就如同这树木，在严冬里仍然把它的丰姿展现给世界，不是枯干，而是另一种超然、脱俗的美，相信今日的残缺比完美的树木更加壮美。

3. 地球一小时

三月末了，天气乍暖还寒，人们热切地盼望绿意盎然的春天的到来，而春天的脚步却姗姗来迟。总想到郊外去看看天，看看地，看看树林。为人师总是很忙，双休日，我总是把事情安排得满满的，不曾留空闲给自己，像只陀螺不停地转。

3月26日看到新闻，知道世界在倡导"地球一小时"活动。很多国家都在做，我也被深深地感动了。作为教师，传授给学生的不仅是知识，还有身体力行的行动。索性放下手中的事情，让自己闲暇一小时，节电一小时，陪着家人到郊外去看看，给地球一小时，给自己一小时。一小时我们可以做很多有意义的事情。除了家和学校，我还可以去看风景。生活的这座小镇每天都在变化，很多平房已经变成了楼房，有些小路我是如此的陌生，仿佛没有了从前的影子。蒲河码头也在加班加点地建设着，浑浊的河水正在变得清澈。家乡日新月异。绕过鳞次栉比的楼房，我们来到了郊外的大地，没有绿油油的喜人庄稼，只有苍黄一片、茫茫无际的玉米秸点缀着大地。放眼望去，壮阔辽远，天与地相接的地方有几片树林，没有枝繁叶茂的树荫，只有干枯的丫杈直指天空。走近它，发现树皮已经微微泛出绿光。看着家人快乐的样子，感受不到枯黄冬景的悲凉。这是一种空旷美、干枯美，大地绿了之前的浩远，树婆娑之前的雄壮。此时此刻，居处一室的烦躁、苦闷顿失全无，工作的压力也竟感轻松。在给地球节能的一小时里，我也体会到了从未有过的快乐。站在辽阔的田野上，拍下了最美的一幕。树林边有家人最美的笑容，原来看看天，看看地，看看树林也是这样幸福，一股温情滑过心头，春天绿意已经荡漾开来。看到父母穿上我买的新衣，心里无比的甜蜜，尽人子女之孝也是那样的幸福。生活处处充满生机。爱护地球的同时，就是在爱自己。一切贪欲、虚荣、浮华，在这一小时里都显得那样渺小，微不足道。

当明月东升时，我再一次用自己教师的身份对所有提高心灵境界的人建议："去做吧！给地球一小时，让我们静静地品味人世轮回！"

4. 知乐常足是幸福

每天早晨我都站在阳台上向窗外望那棵白杨，它是离我最近的景物。由树皮泛绿望到枝条抽出新芽，不经意间新芽已长成小小的嫩绿的叶子，心里无比的欣喜。在赏绿的同时，也不忘记放眼窗外的那片原野，在感受大地辽阔时，心胸也变得宽广了。那一点点绿意，那一朵朵小小的花苞，常常让我激动不已，仿佛身体里蕴藏着无穷的力量要迸发，那是知足常乐的幸福。

小时候物质生活比较贫乏，当小小的愿望满足时就感觉自己是世界上最幸福的人，那是知足常乐。长大后则不然，因为肩上有了未了的责任，心中常念骨肉同胞的手足之情，为人子女的尽孝之道，为人母的无私付出，为人师的博爱绵长。尽了责任就体味到成功的快乐，这是任何事物、金钱都无法取代的，那是付出并不求回报的幸福，常怀感恩，知足常乐。如今的独生子女也许永远体味不到人有兄弟姐妹的感情，那是一种牵挂，一种心灵的向善，那是快乐的音符。父母永远是我心灵中最疼的那个地方，一切辛酸幸福都由这里升起，那是幸福的源泉。为人母永远是保护者，是无私付出的一条河，涓涓细流取之不尽，用之不竭，没有弱小，只有伟大与坚强。那是宁肯牺牲自己的一种幸福。为人师者塑造着一颗颗鲜活的灵魂，用自己的亲身经历、人格魅力去引导一个个走向新生活的生命，成功也许在一年后、五年后、十年后，也许在更远的未来，那是幸福，一种知乐常足的幸福。

阳光普照的日子里偶然与他们在车站相遇，更让我相信，世间真的是一切皆有果，只是需要时间。那位家长向我表达了她的歉意，当我握着她的手说原谅时，她已是泪流满面。她让我懂得教师要有宽广的胸怀，给他人以空间。当那两个青年人在瞬间喊我老师时，我简直不敢相信，站在我面前彬彬有礼、英俊潇洒的小伙子就是当年那两个在班级中淘气、倔强、不爱学习的小男孩，如今已是事业有成，他们让我懂得教师要有博爱的胸怀，要用发展的眼光去关爱每一个孩子。今天走过市场时，老远就听见后面有人追我，一看是一位中年妇女，她追我就是为了还我买菜时多算我的四元钱，我真的很感动。人活着是多么快乐！远离了喧闹，远离了浮躁，远离了奢华，当我们被亲人们认可，被社会认可时，我们又是多么的幸福！

窗外已是绿意婆娑，白杨正挺拔地直指天空，感谢它让我懂得无论身在何处都不要忘记肩上的责任，为大地绽放绿色，为人们带来希望，为教育的春天撒下绿荫，那是一种幸福，一种知乐常足的幸福！

5. 冰峪情缘

很早就希望能到大自然中领略山水的秀美，荡涤心灵的浮躁与喧嚣。虽近中年，却没有抛却浪漫情怀。在生活富足时，也想让心接近自然，走近自然。冰峪沟山美水美，早已让我魂牵梦萦，心中兴奋激动，等着这一天的到来。到学校参加工作以来，还是第一次全校同事聚在一起外出学习，那份惬意真是无法用语言来形容。彼此间友好情意，前呼后应，工作的压力得以释放，人性的率真、质朴全都展现出来。一路上，虽是在客车上，却像在家里，一种大家庭的暖意融融的氛围笼罩着我们。观赏自然风景，产生的诸多感慨蓄积心中。村庄在我们身后渐去渐远，映入眼帘的山脉、湖泊、铁路都令我感到新奇，有股冲动像出笼的小鸟要高歌，像渴望已久的鱼儿要潜入大海畅游，像雄鹰要飞向蓝天。一路上的兴奋不逊于孩子。

下午14时，我们登上了冰峪沟的北门入口。放眼望去，山势高大挺拔，连绵不断，河水碧绿环绕，深深吸一口新鲜的空气，顿觉神清气爽，心旷神怡。柳宗元的山水游记清幽韵味，此时也仿佛与冰峪特有的韵美相照应。用相机拍下这精彩的瞬间。进入门里，更蔚为壮观的是飞泻的瀑布，被称为"平湖泻玉"。溅起的片片水花，在空中飞荡，随风飘散。伫立于前，顿觉自己的渺小，我们只不过是大自然的点缀。如郦道元的《三峡》中悬泉瀑布，飞漱其间的气势，陡然而升。漫步回廊，更加真实近距离地感受到瀑布从我头顶的玻璃窗上倾泻下来的壮美。一路前行，山水相连，水声潺潺，刚刚下过细雨，一股雨后泥土的芳香扑鼻而来，伴着树叶的鲜绿，真是给人以无穷无尽的乐趣。沿着小溪逆流而上，两岸高山，索道悬于湖面，有几对年轻人，正在向空中铁索挑战，体会在蓝天中飞翔的感觉。路转角处是"双龙汇"，状如其名，两山之首真的像双龙交汇，泉水清澈见底，水声重重叠叠，清脆悦耳。"双龙汇"右边是一棵高大的常绿落叶树，树上挂满了红色布条，名曰"许愿树"。人们从四面八方慕名而来，将心中美好的愿望留在这里，也造就了冰峪沟的绝美景色。江山代有才人出，也不枉此行。绕过"许愿树"前行，湖上坐落着两座木桥，每根栏杆上都有一盏红灯，远远望去，与山、树交相辉映，形成一幅山水画，置身其中是那样的令人心旷神怡，仿佛在世外桃源。此时驻足桥头，一切烦恼、浮躁、喧嚣都尽抛脑后，蓄积很久的情愫已由心中慢慢腾起，如轻烟，缭绕不绝。大自然是壮美的，它让游人流连忘返，感叹世间真情、真爱。一路上，照相机不停地将自然美景摄入，但也囊括不了所有的浪漫。

行至码头，几艘游船早已等候在那里，游览的兴致有增无减，尽管雾霭笼罩群山，也挡不住我们前行的脚步。湖水的波纹在我们身后一圈一圈荡漾开来，水中的倒影在视线中不停地跳跃，身体也随船摇荡，心也一起一伏。船随山势左右穿行，远山一处处瑰奇的造型令人赞叹大自然的鬼斧神工。清风拂面，与心相接："你好，美丽的冰峪山水，你的秀美，你的壮阔让我感受到了生命的伟大，感谢你给人类的最珍贵的馈赠。"游船带着我们到了冰峪沟的南岸，错落有致的几何图形草坪，给冰峪增添了更多的美感。两侧是冰峪特有的商品一条街，生意兴隆，不时有游客穿行，买进卖出。人们都希望将美好的心愿寄托在这里。出口处，有几尊大佛，坐卧山间，余香缭绕，有几位僧人按佛家礼节接待游客。我知道，那是荡涤心灵尘埃的一种方式，生活在尘世间的人们，难免有不顺，将心中烦恼在此天地间释放抒怀，就是冰峪此行最好的情缘。

登上我们的客车，同事们都已是满载而归。车厢里回荡着爽朗的笑声。我们驱车回到旅店，傍晚时分，我们在冰峪沟的山脚下点起了一堆篝火，同行五十人，围坐成圆，身边放了很多水果、啤酒。篝火晚会在宁静祥和的夏夜中拉开帷幕，在六十中学同仁的火爆气氛中徐徐上演。在冰峪的美丽景色中，我们尽情高歌痛饮，嘹亮的歌声响彻夜空，震撼山林，用动人的舞姿表达着对冰峪沟的热爱。在党的阳光下，我们感受着生活的美好，看着他们脸上泛起红晕，看着他们彼此增进友谊，我有说不出的喜悦与幸福。夜是安谧的，质朴的"六十"人在冰峪度过了一个不眠之夜。音乐可以拉近人与人之间的距离，冰峪之行使我们的队伍更加团结，更加向上，更加有凝聚力。

次日，我们在步云山温泉度过了难忘的半日时光。在依依不舍之中，我们离开了冰峪沟。山在视线中向后飞去，水在耳边叮咚作响，缠绵诉说冰峪情缘。别了，美丽的冰峪沟！别了，创造奇迹的冰峪人们！你的辛劳、你的博大是我永远的记忆，在你的土地上已留下了我们"六十"人深深的眷恋之情。（写作背景：感受同事相互关心，亲近自然，感受生活）

6. 大雪无痕爱有痕

三月的天空总是被阴云笼罩，漫天飞舞的雪花不期地亲吻大地，太多太多的滋润会让大地承受不住这份爱。大雪无痕，而爱有痕。

阴郁的天空遮不住那些放飞梦想、我心飞翔的学子，狂风暴雪阻不住他们前行的脚步。耳边还回荡着学子们誓师的壮词，备战中考已响起红色的警鸣。六十中学的今天承载着校长、书记的多年心血。华灯初上时，他、她又在守望，明天春会来到。乍暖还寒的三月，让我感受到的是热烈奔放的人文关怀，感受到的是一支团队的奋进精神。没有哪一座校园像我们这样简陋，没有哪一种生活像我们这样单调，然而简陋之中孕育着繁华，单调之中孕育着丰富。不变的是驻足校园的脚步，那是上课时最动听的声音；不变的是三点一线的生活节奏，那是教师最丰富的乐章。三月的大雪无痕，而对这份职业的爱有痕。

他的发丝又添了银白，又一届莘莘学子即将告别他的关爱；她的眼角又添了皱纹，又一个鲜活的生命即将走出她的视野。日复一日，年复一年，六十中学就在他与她的守望中四季轮回，辉煌流转。曾几何时，走出这里的人们不再回想是什么力量，让荒郊变成了今天的磁场，屹立于于洪的北方？是人性化的管理，是兢兢业业的进取精神，是他，是她，默契的配合，是这支队伍谱写爱的赞歌。不再有学子远走他乡，不再有家长的失望，不再有荒园的衬托。漫步于校园，听到的是书声琅琅，见到的是书海拾贝，感受到的是活力充沛。

忙碌中孕育着幸福，勤奋中孕育着辉煌，平凡中孕育着伟大。雪飘起来了，守望着蓝天，总有云开日出，守望着大地，总有坚如磐石，守望着白雪，总有爱的痕迹。

第二章　教学感悟类

指导学生做了一件事情之后善于写反思，写感悟，写总结，提高写作、总结、整理能力，积累素材。

1. 再塑生命

有一种相遇叫缘分，有一种爱叫感动，秋的遐思不曾远离，冬的脚步已飘然而至，那一树的黄叶悄然落下，诉说着对根的眷恋，再塑那一树的生命是它今冬悄然离去的使命。

踏着满地的落叶，脚步轻轻，有一个声音不停地回荡在耳畔："弱种子也要发芽！""弱种子也要发芽！"在与他们共同交流时，我如获至宝。他们与她们是我教学生涯中再塑生命的人。那一篇情真意切的美文感动了多少忧郁的眼神，融入了多少孤独的行人泪。

生命的意义不在于长短，在于生命过程价值的体现。为人师十几年，对语文教学产生了浓厚的兴趣。喜欢语文带给我的浪漫，喜欢中华文化的博大精深，喜欢用汉语言文字表达我对生活、对自然、对人生的思考与感悟，在不断练笔中寻求自我。一次难得的机会，教研室刘主任鼓励我参加市优课的选拔，我感恩主任的关爱与信任。磨炼的过程是艰辛的，刘主任、张老师给予了我全面细心的指导，让我在平凡的教学中悟出语文的真谛，生活有了新的内涵。聆听教诲，如醍醐灌顶，茅塞顿开。一次次打磨增长了我的才干，期待着转身的那一瞬间的美丽与惊艳！

课堂上那些陌生的面孔，成了我最近的人。他们的奔放与率真唤起了我沉寂的心灵。敏捷的思维、智慧的论辩、真情的告白是我教学再塑生命的源泉。欣赏美文如沐春风，如饮雨露，走近作者似与哲人心灵对话。一次次情感的震颤，一次次心灵的洗礼，使平淡的生命焕发出了新的生机和活力。四十五分钟的课堂，如同一张白纸，我们在上面悉心着笔，终于成了一幅美丽的画，画中的你们智慧又谦逊，如同一朵朵待放的花，芬芳溢春夏。四十五分钟的课堂，成了我最难忘的记忆，热情奔放的你们是我教学生涯中再塑生命的人，这段相识相知，已在我们彼此心中生根、发芽，开出最灿烂的花。

也许阳光不能洒满每一个角落，但我却在奋斗的过程中努力争取了光明；也许我成不了森林，但我作为小树的过程中努力伸展了枝叶，寻求成长的同时给予了大地一片绿荫；也许我成不了伟人，但我在平凡的教师岗位上用心启迪着他人的灵魂。

冬来了，飘然离去的落叶期待着春日絮语中生命的重塑。雪化了，普通平凡的我渴望着绿草茵茵的春天创造生命的奇迹。

2. 世外桃源

今天又是 5 月 12 日，一个让中国人永远记住的日子。而今天的这个时刻，我们可以无愧地告慰那些逝去的同胞，你们安息吧！幸存的人们正生活在中国的世外桃源。冬去春来，绿叶在人们的期盼中挂满枝头，桃花在人们的思念中浪漫满园，天空在五月的微笑中湛蓝无比。

2008 年的今天，我们失去了房屋，失去了家园，但我们没有失掉自强的精神。3 年的时间里，我看到了变化。灾后重建，给灾区人民一个满意的家园，党和政府时刻关心着那里的人们。当在屏幕前看到一张张新建家园的照片时，我泪流满面，虽然我不是灾区的人民，但我时刻不能放下那里的人们。看到《惊天动地》的电影，我泣不成声。中国没有被困难压倒，在祖国的大地上，党和人民正演绎着生命的赞歌，构建着世外桃源。

沈阳于洪，我的家乡，正日新月异。平湖望月的景观正在平罗兴建，蒲河码头建造正在加班加点。晨曦第一次穿过树林时，小桥上已有了驻足赏景的人们；夕阳余晖藏起温柔时，观光路上已有了散步的人们。政府正在规划每一处村庄，生态于洪拔地而起，星级小镇正是于洪创建的世外桃源。做教师十几年了，看到学生的生活想到了自己，同样的年纪时，吃的是粗茶淡饭，穿的是补丁旧衣，走的是泥泞土路。二十几年的时间，生活发生了翻天覆地的变化，锦衣玉食，四通八达。教育是纯净的天空，校园没有宦海沉浮，没有物质的贪欲横流，是塑造灵魂的发源地。作为教师真的很幸福，很有价值。在今天还能幸运地为生者服务，美好的情愫在年少者的心中生根开花。于洪教育在改革的浪潮中独占鳌头，紧跟时代步伐，为乡校改造校园环境，多媒体走进了学生的课堂，建造花园式学校是局领导的心愿，也是我们的梦想。和谐的校园生活让我们感到如在世外桃源。

中国没有在国际风云变幻的今天迷失自我。看到利比亚的战火不能停息，我感到悲哀，受苦的难民不知何时才能回到清静的家园。同时，我也感到幸运，我生长在中国，国家安定团结，处处体现着党的人文关怀，以人为本，全心全意为人民服务是党和政府的最高宗旨。抬头仰望天空，生活在中国真好，生活在共产党的阳光下更感幸福！中国的世外桃源不再是梦想。

今天这一特殊的时刻，仰首祈望远方，愿清风拂过你的面颊，轻轻地告诉你——长眠地下的英灵，我们生活得很好，愿春天的绿意在你的心头绽放。北方的教师在向你致敬！我们会完成你们未竟的事业，为脚下的这片热土送上一片宁静、祥和，让中国的世外桃源成为世界的神话！（写作背景：我由教学反思而关注社会，感受祖国教育的强大，国家对公民的重视，引入教学）

3. 萍水相逢

人生很多美好的记忆都缘于偶然的萍水相逢，含蓄深沉，令人回味无穷，人性的率真善良也在那一瞬间绽放。震撼心灵的是那一声轻轻的问候，并肩同行中一个细小的帮助，一个善意的眼神，都令团队的每位同仁感到温暖。锦州之行，终身难忘。

辽宁省农村初中语文教师课堂教学研讨交流会给我们带来了一次绝佳的学习机会。于洪区教研室的刘主任、张老师智慧又谦逊，不错过任何一个能提供给初中语文教师学习的机会。在各校校长鼎力支持下，七名教师就这样幸运地踏上了去锦州的列车。一次偶然的远行，成为教师终身的记忆，心不再沉寂，视野不再狭窄。一路上映入眼帘的旷野、凋零的树木、低矮的村庄都令我们心动不已。人需要亲近自然，需要与大自然同呼吸共命运。窗前的景致转瞬即逝，心中涌起的瞬间感受却在不断迭起。萍水相逢的同仁，此刻已成了亲密的队友。言语之间的关爱，令人心荡神怡。辽沈战役纪念馆前留下我们同行八个人的合影。英雄的城市，我们怀着敬仰之情去了解那段历史，今天锦州壮丽的景致带给我们的美好享受，正是无数牺牲者的心愿，烈士的遗物诠释了生命的价值。全景观的仿真模拟再现了硝烟弥漫的战争。掩面遐思，遥望蓝天，沈城教师向您——逝去的英灵致敬！当风轻轻地告诉你时，那是我心的拥抱，泪的积淀。

锦州的夜真美。恢宏的吊桥横跨凌河，川流不息的人群在静静聆听凌河水缠绵的诉说，犹如幽远的江南丝竹从地下袅袅上升。街灯亮了，古塔公园古韵流香，彰显这古老城市的内涵。同仁在流光溢彩的名仕俱乐部度过了一个难忘的不眠之夜，音乐可以拉近人与人之间的距离，可以让萍水相逢的两颗心碰撞出最动听的旋律。

小雨淅淅沥沥地落下，空气中凝结着水汽，却丝毫没有减退四面八方参会者的热情。锦州第七中学众多城市优秀课的精彩展示，令参会者啧啧赞叹。肖昆老师的经验交流充满进取精神。新课堂的巧妙构思、教师语言的锤炼、教学理念的体现都让我感到此行了无遗憾。兄弟城市间两天的研讨，拓宽了我们的视野。教学相长，平时教学中的很多疑惑此时豁然开朗。省教研员恰如其分的精彩点评，睿智且诚恳，指明了课改的方向，以人为本，还原语文本色。很多萍水相逢的同仁都发出由衷的感慨。研讨会使我们相聚在锦州，学习在锦州，回忆在锦州。似曾相识的身影在小雨中漫步，异地他乡，雨中缠绵遐想是那样惬意而令人流连。

离别的时刻悄然临近，萍水相逢的人们难舍难分。锦州之行令人陶醉，所学心得让我们受益终身。今冬的第一场雪在我们返程时飘起，列车载着我们同行的队友一路飞速前进。此时心的距离不再遥远，三天的相处成为永久的美好回忆，心中有千言万语却无从说起。窗外天与地白茫茫一片，思绪随着雪花飘飞，萍水相逢溢于心……把想念当月亮，有盈有亏；把思念当太阳，有升有落，酿时浓浓的，呡时淡淡的，揣进深深的，捧出浅浅的……

4．冰城情缘

作为普通教师，我有幸参加了全国中语会在哈尔滨举办的"耕耘者"论坛。在那里，我与队友度过了四天难忘的时光。孩童时代，我就充满了异域幻想。每次抬眼遥望蓝天，总会想千里之外的天也是如此湛蓝吗？每次走在街上，总会好奇，远方的城市也是如此建筑风格吗？看着川流不息的人群，不止一次地想象，异域民风也是如此淳朴吗？

中考之前，接到通知，要去哈尔滨参加一次语文论坛活动，并要参加一项教学设计比赛，我着实兴奋了好几天。梦想着那里的美丽，期盼着那一天快些到来。

终于踏上了去冰城的列车。队友一路上的喜悦之情溢于言表，久未谋面，知心话语成为幸福的起点。我靠着车窗，心灵与外界通过这一扇小小的车窗连接，不觉路途劳累与烦闷。窗外美景纷纷向我涌来，满眼是翠绿，高山、梯田、小村、人家，都像一幅幅美丽的画卷，时高、时低、时近、时远、时隐、时现，展现在眼前，心也随着景色的稍纵即逝而起伏荡漾。没有冬日的枯寒，没有春的娇柔，只有夏的繁茂。沿途所见的房屋，劳作的人们，都让我感到亲切。生活处处欢歌，人民处处安乐。空中不时有小鸟飞过，在与快速行驶的列车擦肩而过的一瞬间，它在天空中也变成了墨点，成为晴空中跳动的一个音符。美妙的音乐由心底升起，慢慢滑过，丝丝萦绕……

刚刚送走一届莘莘学子，中考成绩也伴随着列车前行而一次次揭晓。为人师盼着自己辛勤的耕耘能有丰硕的收获。喜讯不断地传来，冲荡着车厢里凉爽的空间，激动的情绪感染着身边的每一个人，连陌生人也送来了衷心的祝贺！

冰城终于到了，一行八人在车站前幸福地合影。空气中热浪向我们袭来，我们全然不顾头顶上的汗水，尽情摆弄姿势，挥洒无处掩藏的青春。到哈尔滨联通培训处报到后，我们就找到了旅店住宿。冰城的住宿、商贸、餐饮全部将空间延伸到地下室，我甚是惊奇，可以看出哈尔滨人的聪明才智。用餐期间，点了一道东北特色菜——锅包肉，菜上来时，我们几人全笑了，他们的做法和口味都与沈城不同，真是各有千秋。

第二日，"耕耘者"论坛比赛正式拉开帷幕。几百名参赛者来自四面八方，都怀着同一个梦想聚集于此，萍水相逢，却不失友善与温情。选手精心设计课堂教学，精彩的演说，精美的课件，都展示了不同省市的教学风格。我认真观看，认真学习了一上午，受益匪浅，从他们身上我看到了自己的不足。

中午时，教研员刘绍森老师找到我说："省里看你的教学设计写得很好，希望你能代表辽宁现场赛课，你行吗？"我听了后，心里一惊，继而一热，高兴，紧张！其他选手都已经准备了一个月了，我只有几个小时的时间，再一想，机会难得，自己试试！我就非常肯定地回答刘老师说："行，我准备一下。"中午用餐时，队友和教研员一致鼓励我，给我指导大致的程序。我虽然答应了，但是非常紧张，怕自己做不好。下午回到旅店后把自己关在房间里，着手改稿子，重新制作课件，不会的地方，爱人长途电话指导我。临近晚餐时，我才把稿子改完，课件做完，背了两遍，自己感觉还是不满意。

晚餐时，队友们比赛都很成功，把成功的经验告诉我一些，我理解得也不太深，已经没有时间了。我怀着忐忑的心情进入了比赛现场。时间已是晚上八点半了，选手众多，评委更是辛苦，从早晨到晚上一直没有休息，挥汗如雨地陪我们艰难走过赛程。我又是被临时安排的，增加了评委的负担。当我走上讲台时，已是最后一个选手，在这一秒钟内，我忽然忘却了紧张与害怕。看到台下众多与会者，我的心里充满了感动，与三位评委目光相对时，我微笑了，向台下所有的人深深鞠了一躬，感谢他们给我一个这样难得的机会，在高温酷暑的异地，如此辛苦的夜晚还能耐心地看我比赛，我真是由衷地感谢！我全情投入，按自己的想法脱稿演说，不拘泥于大赛既定的规则。将我一下午准备的课件播放给大家，将我的课堂设计、课堂教学展示给大家，我用心用真情告诉大家"弱种子也会发芽"，它就像生活中真实的我，用自己的亲身经历告诉大家一个语文老师的心声。

通过现代文阅读能够学会阅读分析文章的技巧，引起心灵中情感的共鸣，从而懂得学会关心他人，喜欢阅读美文。我把这篇文章内容制成了 FLASH 动画，将情节很直观地展现出来，并配上我有感情的朗读。主题的理解选了几张残疾人成功的图片。注重德育渗透，引起心灵情感的共鸣。"怎样关心帮助身边的弱势群体？"我自制 DV 短片，将我校我区的模范教师王峰老师拄拐上课的情景展现出来，我多年来给他写文章，为他演讲，把他与病魔顽强抗争的事迹以及所取得的重大成绩用饱含深情的语调讲述出来，由关注身边进而关注社会、关注国家，达到情感的升华。板书设计我画了一幅画，重点突出，力求创新。说着这些的时候，我已动情，泪花闪闪，全身心地投入，与台下所有人进行眼神交流时，我的灵感瞬间迸发，感恩评委，感恩对手，感恩冰城之行。在这节课结尾时我临场发挥，即兴赋诗一首送给大家：

耕耘者

十分钟的说课，
如同人生一段歌，
辽、吉、黑、蒙四地选手精彩演说，
激情奏响美丽的音符，
终于谱成今晚耕耘者的赞歌。

十分钟的说课，
如同人生的一个舞台，
三省一市的评委挥洒辛勤的汗水，
陪我们艰难走过，
今晚头顶闪烁的夜空，

是哈尔滨人送给我们最诚挚的祝贺。

今晚成为我人生最难忘的记忆，

愿三省一市的所有人士的相识、相知，

都能在彼此心中，生根、发芽，

开出最灿烂的花朵。

　　当我在音乐声中朗诵完了，现场响起了热烈的掌声，我都忘了自己是在赛课，脸上的红晕同我这含有民族风情的衣服颜色一样，热烈，火辣。评委们向我走来，发自内心地微笑着说："请你把这首诗送给我们，告诉我们你的学校、姓名、联系方式。"我没想到评委会向我要这首诗，我激动得手都在抖，字都写不好了，将很乱的诗稿送给了评委们。队友一路上拥着我，兴奋地走进冰城的夜色里。她们惊讶我的熟练脱稿，佩服我的机智沉稳，叹服我的现场赠诗，随即送给我一个称呼"段大胆"。回到旅店我的心情还没有平静下来，向远方的亲人发了两条短信，告诉他们我的感受。那一夜是在兴奋中度过的。

　　第三日，是优秀课展示，授课教师都是各省市的名师。我们认真听取学习。在活动间歇时，我们一行八人游览了哈尔滨的龙塔、圣·索菲亚教堂、太阳岛的虎园、瀑布、松鼠岛，冰雪艺术馆、俄罗斯小镇、中央大街等景观。各地游客络绎不绝，都被一曲《太阳岛》引领到这里。团队中的三个女孩兰子、小佳、小雪，一路参观一路拍照。登上龙塔，哈尔滨的美丽全景尽收眼底。龙塔是黑龙江省广播电视塔，为目前亚洲第一、世界第二高钢塔。"秦兵马俑军阵展"，气势恢宏，不去西安就可以领略兵马俑的风采。"龙的传人蜡像馆"，内有秦始皇、成吉思汗、武则天等帝王蜡像40余尊。看伟人业绩，气壮山河，志凌霄汉。观光层可与"好莱坞"星光大道媲美；"云中漫步惊险环"有惊无险、浪漫刺激，飞碟旋转餐厅、龙塔祈福殿，展示金上京历史及中国佛教文化，耀眼生辉。圣·索菲亚教堂遗留着俄罗斯的建筑风格。1000多只东北虎在冰城安家落户，尽享八方游客赠送的美味佳肴。传说中的太阳岛展示了现代园林艺术的魅力，巧夺天工。飞泻的瀑布气势磅礴，清澈见底，为我们除去了旅途的劳累、夏日的酷暑。可爱的松鼠在岛上到处安家，尽情与游客亲近。时而抱着核桃逃走，时而藏进树洞与游客嬉戏。看着它们，你会忘记了世间尘俗的烦恼忧伤，仿佛置身世外桃源的享乐世界。

　　美丽的松花江水铸就了冰城奇特景观。冬日，游客可以欣赏到冰灯、冰雕。夏日也可以在太阳岛的冰雪艺术馆看冰灯。这是哈尔滨人为八方游客准备的最诚挚的礼物，是冰城独具魅力的地方。哈尔滨素有"共和国长子""冰城""天鹅项下的珍珠""东方莫斯科""东方小巴黎"以及"冰城夏都"等美称。

　　俄罗斯小镇留着异国的风情，让我们不出国门就能感受到跨越国境的幸福。我们荡舟在松花江上，想起了那首悠远的歌。南岸就是商品贸易中心——中央大街，繁华、热闹。不同国籍的面孔出现在这里不足为奇。人们纷纷买冰城的特产送给远方的亲人朋友。美丽的冰城留下了我们的足迹，也留下了我们朝思暮想的梦。

第四日早晨，我们集会在哈尔滨师大附属中学报告厅参加"耕耘者"论坛总结表彰会。各省市评委准时到会，全国中语会理事长苏立康教授点评四省区展示课。李元昌老师在闭幕式上做了极富语文特点和情味的诗意总结，把活动推向了高潮。苏教授对大会圆满成功表示祝贺，对选手的精彩表现给予高度赞扬，并特意提到一点说："有的老师感谢大会搭建的语文平台，还能当场作诗，赠予评委，让我们此次会议组织者十分感动，我们看到了选手的高素质。"我没想到自己的一个即兴发挥竟然能给大家增添一抹温情的色彩。再次与评委们相遇，告别时已不再是陌生人。萍水相逢，由课到人，由人到心，跨越了三重境界，也许以后不再相遇，但耕耘者论坛的活动意义所带来的深远影响远远没有结束，也许是另一个学习机遇的开始，也许是另一段荡气回肠的奇缘。它让每一个与会者受益无穷。

我们在依依不舍中踏上了返程的列车。队友们的交谈已不再是初去时的话语，而是冰城之行的收获，言语间充满了快乐与自豪，收获大奖的同时，收获的是我们的心。感谢组委会给语文教师搭建的平台，带来语坛的春天。

冰城的记忆美丽、温情，遥远而深沉，摄人心魄……

第三章　参加活动纪实感悟

指导学生学会写纪实，目的是练习按时间整理事件，突出重点，抓住感受最深的地方，注意细节描写。

1．心藏花朵，生命芬芳
——记沈阳教育系统典型事迹演讲

今天天气格外晴朗，秋高气爽。我带着学生在大课间活动时跳起了广场舞，与孩子们在一起欢笑，心情得到了放松。我喜欢驻足楼前的花坛边，与学生笑看花开；喜欢坐在教室里守望蓝天，与学生一起看天上的云卷云舒。一次演讲，让我心中永远充满了感动，无论人世如何变迁，我坚信只要心藏花朵，生命就会永远芬芳四溢。

2012 年 8 月 14 日下午，正值暑假期间，接到六十中学李景山校长电话，让我为我校王峰老师做典型事迹演讲，只给我一天的时间整理稿子、背诵。8 月 16 日就去市教育局试讲。时间很紧迫，我放下手中的一切事情，专心忙这一件事，帮助王峰老师已经成了我的习惯。自从他患股骨头坏死以来，我就一直为他整理稿件，适时演讲，我被他的精神所感动。五年的时间，我也一直在走，走一条学习的路，走一条感恩的路。有时，各级领导要稿件，我须连夜写出，忙到深夜，我无怨无悔，王老师在做，我在写，其实是在写我的心路历程。今年 5 月，我就参加了沈阳市典型事迹宣传工作组，为王峰老师写材料。经过层层筛选，王峰老师有幸被选为市典型教师 10 名代表之一，我也非常高兴，那里有我的一份付出。即使我是帮忙的，也要尽责任。

我用心准备，8 月 16 日是我婆婆的生日，生日宴都交给爱人一人操持。我怀着忐忑的心情来到了市教育局。到了教育局，在一楼就遇到了市教育局人事处的李明处长，王老师介绍给我认识了。到了会场，我一看电教设备，没有大屏幕，也没有电脑，不能放出我为王老师准备的 DV 短片。我请求管理会场的赵老师能否安排一下。赵老师说不能，事先没说，这里没条件。我内心很遗憾和伤感，我辛苦准备了五年的成果得不到展示，其实我只想让大家看看王老师平时的生活和工作。于是，我直接央求李处长，帮助我解决一下，李处长很热情，打了好几个电话，才借到一台笔记本电脑。遗憾的是，我的视频在电脑里放不出来。李处长又找了懂专业的电教老师给调试电脑，重新制作程序，两个小时后，电脑调好能用了。我上场时已是最后一个人，李处长帮我接好线路后，大家都静观我的表现。此时，王老师的腿疼痛难忍，已经坚持不住了。我的心里酸酸的，一时间也忘记了紧张，脱稿讲述，我近几年的感受也在这一瞬间伴随着音乐，真情流出，台下的王老师已是泪流满面。讲述结束时，李处长、何局长一同向我走来，关切地说："我们派车送你和王峰老师回去。"我很惊讶，更是感动，教育局领导身居要职，却是如此体贴、和蔼，我连连道谢说："不用了，谢谢您！"何局长一个劲地说："我们应该给你们安排在前面讲，免得让你们等这么长时间，真是难为你们了。"说着，何局长握着王老师的手，王老师更是万分感动。下楼时，李处长请人事处的赵老师一直把我们送到大门口，看着我们上车。上车时，我特意挥挥手，一股暖流涌上心头。一下午的时间，让我感受到了市教育局领导的亲切关怀，如同至亲。虽是他们责任所在，但带给我的是定格的美丽画面。回来的路上，看着窗外的夕阳、树影，感到生活是那样的美好，尽管生命不尽如人意，但却是美丽的。

8月17日，我带着女儿去高中报到，给女儿买东西时，接到了人事处李处长的电话，通知我被选入了演讲团，只有四个人，我是其一。他肯定了我的演讲，同时亲切地说，如果有什么困难，局里可以帮助解决。我高兴极了，激动极了，尽管我是帮助王老师，那也是无上的光荣。我飞也似的回到家。

8月18日，四位典型教师事迹宣讲团组成了，各区县教育局是强大的后盾。何局长、李处长、曹部长、高望老师及研究院的老师，一同参加这个会议。会上何局长做出重要指示，演讲团将要向全市人民宣传教师典型事迹，一定要重视，当成头等大事来做，稿子是第一关，一定要真实、感人。我听了后，感到责任重大，帮助别人也要尽心，予人玫瑰，手有余香。会后，我和市教研院的王强老师进一步探讨稿子如何来改，遵照市里宣传的主线来写。我们都很认真地做这件事。回到家里，我放下手中的一切事情，专心改稿子。

8月20日，我们再一次在教育局四楼会议室，开始第二次试讲。我满怀信心激情，将改后的稿子读给大家听。会上，各位领导都提出了很多中肯的建议，听后，我觉得自己距离标准还差得很远。回到家里，我把自己关在房间里认真改写稿子。此时，至亲的哥哥查出有严重的病，性命攸关，我焦急万分。两件大事压得我喘不过气来。

8月23日，王强老师打电话来说，何局长让她帮助我改稿子。我非常感谢领导的周到细致，暂缓我的压力。26日，学校新生入学，由于我忙于演讲的事，班级暂时交给领导来管理。27日，我再次去试讲，但稿子还是有很多欠缺的地方。各位领导开会讨论。8月30日，经过无数次的调整，大家集思广议，稿子最终定下来了。按照局里指示精神，我认真理解背诵，让它与自己相融。

9月3日，于洪区教育局张玉红主任来到我校检查工作时，特意看望了我，并鼓励我为于洪争光，我心里温暖极了，觉得一切付出都是值得的。

9月4日，我们宣讲团再次集会在市教育局。何局长为我们四个宣讲人专门请来了礼仪指导老师，从服装、气质、站姿、气场、语气、语调、表情等多方面做了详细的指导。短短的几个小时辅导，让我在演讲的道路上有了质的飞跃，这是我平时接触不到的高层次的历练，是无法用金钱去衡量的。我第一次懂得语速应该和人的心跳一致，语调应符合表情，和内容相符，懂得了头顶天脚踩地、统摄全场的深刻含义。午休时，我们普通教师能够有幸和局长、领导一起在市局食堂共进午餐。那种温馨祥和的气氛让我永生难忘。席间领导谈的还是工作，对我们四个宣讲人极力照顾，安慰我们多吃。素雅的环境、温和的话语都成为我脑海中最美好的回忆。

下午，我们宣讲团在沈阳市第二中学礼堂里进行第一次正式的宣讲报告。听众是市教育局直属单位、教师代表。会议由何局长主持，宣讲团每个成员都积极配合。梁忠祥老师、孙百志老师、肖有才老师都将自己工作中的闪光点讲给大家听。我在台下深受教育，每听一次，心里就深深地感动一次。我是第四个出场，以同事的身份讲述我眼中的王峰老师的先进事迹。上场之前，我特别紧张，总喝水，害怕自己忘了所讲内容。可是当我站在台上的一瞬间，就忘记了紧张。台下都是我的同行，他们正真诚地看着我。我把自己融进了王峰老师的事迹中，人文合一，仿佛就是在讲自己。15分钟的讲述，让我走过了一段考验之路，增强了我的勇气，丰富了我的经验。会后，礼仪指导老师对我们几个台上的表现逐一指导。这次收获是前所未有的。

9月6日，我们宣讲人在八一剧场走台，排练了一次。曹部长像个大姐姐一样照顾我们四个人。午餐时，我们除了谈工作，更多的是话家常，拉近了彼此之间的距离，融洽了感情，跨越了地区时空的距离。温馨牵挂的感觉由心底升起，相约闲暇时我们再相聚。

9月7日上午，我来到了八一剧场，每个宣讲人都到台上试试站台，找找演讲的感觉。中午，宣传部曹部长带我们四个去化妆，准备过程中，我们一直在磨炼稿子。给我化妆时，大家一致认为我把头发都梳在脑后，将五官突出来好看，上镜会很有气质，我也是第一次这样造型，穿上白色职业装，马上觉得自己像变了一个人，精神多了，也自信多了。曹部长笑着说："段，其实，你的额头很好看，脸露出来怕什么呀？"我笑着说："曹姐，我最怕这样打扮了，我难看。"他们几个都笑了。

会议在下午2点钟准时开始，市委常委、市政府领导、市教育局、市委宣传部都出席了会议。10位典型教师身披绶带台上就座。此时八一剧场楼上楼下已是座无虚席，来自市各个教育局、各个学校的领导老师代表都穿着整齐的服装静候了。

市教育局苏局长主持会议，向全市发出通知，表彰先进典型，学习先进典型。号召全体教师弘扬正气，学习他们为教育甘洒青春、无私奉献的精神。典型教师代表事迹报告感人至深。第一位是梁忠祥老师，由于他到北京参加表彰会，接受温家宝总理亲自颁奖，不能来到现场，临时安排由他的同事闫宝娟代他讲述朴实的感人事迹《我的学生一个都不能少》。第二位是一二七中学的孙百志老师，年轻，活力四射，教学方法新颖独特，和孩子们一起向快乐出发。第三位是现代装备制造学校的肖有才老师，他是金牌教练，为振兴沈阳培养了一批又一批专业技术人才。第四位是王峰老师，由于患病拄拐，就由我来讲述他的《拐杖撑起的师爱天空》。上场之前，我还是有些紧张，在走廊里站了一会儿，稳定一下自己的情绪，平静一下自己的心情。我暗暗地鼓励自己，当喊到我名字时，我还是心里一热，深深地吸一口气，镇定地走上讲台，郑重地向台上的领导和台下的听众深深地鞠躬。我抬起头时，看到了领导和老师热切的目光，我知道是自己展示的时候了。鲜花带给我芬芳，灯光带给我自信，我深情地讲述起来，我没有看稿，没有背稿，我是在用心讲述那个让我感动的人，那个让我佩服的人。5 年的时间，我与王老师并肩作战，5 年的时间，我熟悉他的每一个细节、他所做的每一件事。我不仅是讲述他，也是在向全体市民讲述我们沈阳的教师，人类灵魂的工程师，他们平凡而伟大。情由心升，爱由心起，生命之所以芬芳是因为心中有一朵永开不败的花。

我沉浸在忘我的激情中，台上台下响起了热烈的掌声，我为自己的这段不寻常的经历而泪光盈盈，向所有关心我、关心我们教师的人深深地鞠躬。生命不是完美的，生活不是一帆风顺的，而正是因为心中有了爱，有了坚守，生命才变得如此坚强。从台上走下来的一瞬间，我的感情得到了释放，我的心经过了洗礼，深深地被震撼着。

演讲结束了，活动结束了，而生活远远没有结束，手足至亲还在与病魔抗争，同事还在拄着双拐与时间赛跑。市领导的人文关怀，区领导的至真至爱，如春风化雨，润入心田，萍水相逢的他们是我永远的丰碑！

成长是美丽的，美丽得让人心醉……

2. 绿在我心中

我曾无数次地向往高山的绿意葱茏，云雾缭绕，曾无数次地在山巅与丛林漫步，俯视群山万壑美景，领略自然之奇与神韵之美，那是一种心灵对生命的渴望。年少时喜欢那橄榄绿的军装，每每见到军营都有股说不出的喜悦与激动，那是一种心灵对军人的崇敬。长大后，历经世事变迁，经历挫折后向往宁静的花园，芬芳四溢，那是一种心灵对豁达的感悟。四季轮回，绿意复苏，夏荷飘香，秋裹麦浪，冬日枯寒，但心不曾远离绿草茵茵。乐观、豁达、感恩已是生命延续快乐的源泉。投身于洪教育的热土，如沐春风，如履茵茵草原，如饮雨露甘泉，因为我感受到了他们就是我心中绿意春天一道亮丽的风景线。

偶然的机会，我参加了多媒体教学大赛，教学的新奇构思成为一时的亮点，一篇使用多媒体的心得体会博得领导的赞赏。一个肯定认可的电话让我意外惊喜。稿件的多次修改都得到了中教科赵文杰科长的指导，身居高位要职却无感距离遥远，亲切话语如同事交流，业务精湛、干练谦逊的作风让我深深折服。她给了我一个难得的机会，让我站在百人的会场上，将自己使用多媒体的心得体会汇报给大家，我心中充满了感激和震撼，暖流涌遍全身。努力去做，从不问收获。那一天，当李校长告诉我，大兴中学的孙校长想请我去他们学校为老师讲解多媒体运用时，我简直不敢相信自己的耳朵。李校长鼓励了我。1 月 18 日，我又领略了一位实干校长的风采。天气虽寒，心中却无寒，孙校长及大兴中学的领导班子、全体教师都是那样真诚可敬、热忱质朴！我才疏学浅，有负盛情，但那一幕永远定格在我的心中。

抬头仰望星空，夜不曾带来黑暗，冬不曾带来凉意。三月的星空真美，在星空下，我听到了草木竞相生长的声音，窸窸窣窣，好不热闹。于洪教育的天空永远湛蓝无比，因为全局上下永远是绿草茵茵，不曾因人事变迁而有过片刻枯萎。他们永远是于洪教育亮丽的风景线。坚定的信念无人可摧，实干的脚步正咚咚作响，谦逊的精神永远传扬。绿在我心中，绿在我脚下，绿在于洪每一寸天涯！

3．感动关爱

无垠的大雪过后是天上的云卷云舒，第一抹新绿绽放枝头时，心中深深地感动。看到雨后绿得发亮的树叶，含露的花瓣，心中总有一种说不出的激情，让我欲欲难求。校园的小路，是我最爱的风景，玫瑰花树，每天都有新变化，抽枝发新芽，叶在一天天舒展，绿在一天天鲜亮。喜欢每次走过玫瑰树前的感觉，那是一次次新生的冲动，是对生活的新感悟，是对生命的肃然起敬。我多想慢下脚步，驻足于花前，俯下身，嗅一嗅小草的清新，梳理一下浪漫的情怀，可每次都要匆匆走过，因为教室里有我放心不下的四十一名学生。

生活在这一片沃土，总会感到幸福。每天从家里走到学校的路上，都会碰到一张张似陌生似熟悉的笑脸，他们总是投来羡慕的目光，目光中饱含对教师的崇敬，这是一种职业的幸福。来到学校里，投身于自己的工作，这里有我热爱的一个个求知的学子，有一支奋发进取的教师队伍，人与人之间是那样真诚和友善，有一套团结协作的领导班子，是那样的爱岗敬业，有两位执政为学、团结为校、默契为事业的书记、校长，是那样可亲可敬。我感受到了工作的幸福！天永远是蓝的，心里永远是充满阳光的。

几个月的骨干培训考核，让我开阔了视野，增长了才干。过程就是价值，我不去考虑结果如何，我为自己能够参与这一活动而感到幸福，我为自己是于洪教育战线上的一员而感到自豪。聆听了师校培训部安排的讲座，心中的迷茫豁然开朗；亲自参加了多媒体考核，体会了现代科技的新快捷；现场撰写教学论文，知道了什么才是真才学；我站在语文基本功比赛的现场时，看到了重要领导的目光，才知道什么是舞台，什么是关爱，那是于洪教育的春天，是于洪教育的价值所在。我是普通一员，却感受到了教育系统从上至下一片真抓实干的奉献精神，关爱的阳光洒满我的脸。我不去问结果如何，我的价值就在真实的每一天，就在我所做事业的每一刻。心中常常感动，感动自己拥有年轻自信的心态，感动大自然带给自己的无限活力，感动生活在于洪的热土。爱无处不在，怀有一颗感恩之心，感谢所有关爱我的人！

云开了，日出了，花又绽放了，草又新绿了，生命无限的生机又在孕育了。寻找你生命的辉煌吧，总会有一盏明灯照亮你的前程，让你用淡然的微笑去体会人生，那就是关爱，那就是发自内心的感动！

4．名师参训学习体会

信念之于人，犹翅膀之于鸟，信念是飞翔的翅膀；机会之于人，犹雨之于禾，是锻炼能力的天空。

参加工作二十年，弹指一挥间，觉得自己还是年轻而需要不断学习的老师。2013年3月，我有幸参加了于洪区待评名师的选拔。非常感谢于洪教育局给我们搭建的平台。接到通知时，只剩几天就进行笔试考核了。学校的工作还有很多，不能耽误，就利用业余时间翻阅资料。笔试时，理论考核一道题也没见过，就凭自己的积累与理解去答题，考完后心中很是忐忑。没想到笔试通过了。接下来审证、出课的环节就有了很大的自信。认真努力地准备，参与过程是紧张而且快乐的。喜欢这样公平竞争的方式，给我一个锻炼自己的机会。感谢东湖学校的领导、老师、同学的配合，使我的授课顺利完成。每一点成绩的取得都离不开那些默默为我付出的人，是他们让我有了飞翔的天空。

6月14日，于洪教育局给我们待评名师团队开了培训动员会。要到市实验校学习一周，还将有几个老师受市首席教师、名师导课，出一节示范课。我没有想到自己会十分幸运地被指派给市待评首席教师姚冬梅老师做学员。接受任务时，只有两天的准备时间，我们在网上互相交流，修改教学设计，忙到深夜。6月19日，我不顾路途遥远去了苏家屯四十六中学，给七年九班同学上了一节现代文阅读课，感受到一个老师能驾驭课堂，适时激发学生的学习求知欲是多么的重要。那个班有65名学生，小组合作探究没有真正进行实践。当我说探究时，他们都不动，发言也不敢说。我就想方设法去调动，后半节课活跃起来了。我深刻地体会到一个老师在课堂上的应变能力是决定一节课成功的关键。课后，我和姚老师就本节课交换了意见，真不愧为市首席教师，指导的每一个环节、每一个细节、每一句过渡语都是那样经典，一步到位。可见教学理念在教学改革中是至关重要的。四十六中学的校长、主任热情地接待我，德育主任和教导主任还是我20年未见的同学。我了解了很多他们学校的管理和课堂教学的新理念、新方法。这次苏区学习是我的意外收获，解决了很多我在教学中的困惑，是于洪教育局给我的一个特殊锻炼机会，我觉得幸运，也是我的财富。6月20日，我在东湖出了一节示范课，在于洪教育网上在线直播，让我又一次面向大家学习，虚心听取指导。一节课结束了，而我的学习远远没有结束，结识的人已成为我的良师益友，保持着亲密的联系。

6月18日，我们于洪名师团队到了市实验校，受到热情接待。我的导师是有丰富经验的省级优秀课教师——周方老师。他是2006年、2011年沈阳市语文科中考命题人。他不善言谈，是内敛之人。我跟住他问，寻找适当的话题与他探讨。我听了他六节课，包括两节新课、一节复习课、一节习题课、两节作文专项训练课。他讲课的方式方法很新颖，尤其是作文课讲得很有特色。我也看到了我和他之间的差距。我认真学习体会，将所学用到我的课堂中。四天的学习，我深入到班级中，与七年二班、七年三班班主任交流，与学生探讨，学到了很多平时课堂见不到的东西。实验校的老师注重课堂积累，每次积累些新资料，形成自己的独特风格，建立个人题库，从繁忙的工作中解脱出来。他们培养学生独立、自主学习能力，这一点践行得非常好。听课和中午休息时，我都在学生中间坐着观察，发现他们随时随地变换队形，桌子随时随地搬起来就走。有时是独立思考，单人单桌；有时是小组讨论，变成圆桌会议；有时表演，就下地随便组合。老师不在时，学生能照此进行，学习气氛浓郁。这是我目前所做不到的，也是我今后长期研究的课题。与导师学习命制试题，有一定的理论研究。根据不同阶段教学目标去命制试题，围绕教材，得法于课内，得益于课外，理念非常强。我懂得了命题的技巧，自己也尝试命制了试题，请导师修改，很成功。

现在虽然在实验校的学习结束了，但我和导师的学习才刚刚开始，今后我会一直跟他学习探讨，做一个学习型的教师。

参训期间看了两部陈老师推荐的电影《地球上的小星星》《三傻大闹宝莱坞》，心灵受到了深深的震撼。印度的教育和中国有很多相似之处。影片《地球上的小星星》中的阿米尔是有读写障碍的孩子，不能得到老师正确的理解和指导，几乎成为患自闭症的孩子。我心被深深刺痛了。尼克老师先进的教学方法，拯救了阿米尔，尼克老师是爱的使者。我班上也有这样的孩子，我没有认真研究过他，看到影片后，我懂得了一个老师的耐心、爱心、关注学生的程度，可以成就一个孩子，也可以毁掉一个孩子，太值得我深思了。当一个好老师不容易，不是每一位老师都能成为合格的老师，我还有差距。《三傻大闹宝莱坞》中主人公兰彻与众不同，他不死记硬背书上的知识，而是活学活用，成为了科学家，有四百多项发明专利。这让我看到了在教学中，老师只要多一把衡量的尺子，就会多出一批好学生。

通过名师培训学习，我反思自己的不足。我还需要不断地学习、实践，我要做一个智慧型的教师，将经验转化为智慧，应用到课堂上。做一个现代的综合型教师，阅读有关教育的书籍，更新自己的教学理念。寻找职业的幸福，在教师的岗位上贡献自己的力量。

人生就像一座山，重要的不是它的高低，而在于灵秀。我不求伟大，但求给学生及时的引导，真正做到塑造灵魂。感谢于洪教育局给了我一个宝贵的学习机会，其中获益是终身的。我想用自己发自内心的几句诗来总结我的学习体会：

> 于洪教育创更新，
> 名师培训选拔人，
> 亲身历练肩负任，
> 受益终身懂感恩。
> 吐尽心中万缕丝，
> 奉献人生无限爱。
> 甘做萤烛默无闻，
> 织就锦绣暖乾坤。

5. 教师成长之路——钻研的快乐

——沈阳市待评名师学习综述

韩愈《师说》有言："道之所存，师之所存也。""知而好学，然后能才。"一个教师的成长离不开学习，而好学的教师离不开专家的引领。我参加工作 23 年，一直任班主任，先后在新民市和于洪区的四所学校工作过。学校和教育局很重视教师的成长，每学期我都会参加一些培训学习，使我在教师的道路上钻研前行，感恩成长路上的引路人。2016 年的沈阳市待评名师评选是我经过的最严格的训练。它激发了我的斗志，开发了我的潜能，使我向钻研型教师又迈进了一步，体会到了教师职业的幸福、钻研的快乐、生命的意义。

2016 年 5 月 24 日，我们全市 239 名待评名师集中在了沈阳市教育研究院，参加待评名师开班启动仪式。这 239 名教师已经是经过三轮选拔淘汰赛了，才能参加这里的开班仪式。首先各学科教师在自己所在学校是排名第一，然后是在本区符合条件的教师中排名第一，接着是报送到市教育局，全市进行筛选够评审资格的才可以参加待评培训环节。这三轮评选中最重要的一点是参评的老师都要在取得"沈阳市骨干教师"荣誉称号后，都有课题研究，并且结题。这一要求体现了市局对教师学习钻研的重视：教师必须是学习、钻研的楷模，也体现了市局想做好教育事业的决心，只有会钻研、爱钻研的老师才可以担当地区教育的大任。我能在这个行列之中学习，实在是幸运。雄鹰能够展翅翱翔天空，是因为经过了无数次的痛苦磨炼；蝴蝶能够展现美丽的翅膀，是因为经过了痛苦的破茧而出；教育要想造福一方，必须有敢于创新引领的教师，钻研实践，一路前行。

5 月 24 日下午 2 点，"2016 年沈阳市待评名师"启动仪式正式开始。此次培训活动由市教育局组织选拔评审，由市教育研究院具体培训实施。会上，市教育局人事处李明处长宣读评审要求，孙勇局长作了重要讲话，指出此次评选的目标、标准及原则：

目标：改革先锋。

标准：1. 会研究：问题的洞察力、求解的钻研力、实践的探究力、道理的解释力。

2. 能示范：师德的表率、教学的行家、改革的旗手。

3. 善引领：思想引领。

原则：宁缺毋滥。

这一信息体现了市教育局严格选拔教师的决心，引领教育的恒心，造福一方百姓的公心。

启动仪式后，教育局和市研究院聘请了沈阳二中科研部主任、特级教师——邵李宁做了《我的名师成长之路》的思想引领指导，聘请了沈阳市教育研究院培训中心主任、首席教师陈莹，做了《如何撰写学习综述》的指导，最后还郑重地向所有参加学习的学员提出此次待评名师评审的具体要求。

我参加了半天培训之后，感到了教育局对老师的高度重视，体会了教育局对沈阳地区教育高度负责的精神，同时又是对老师的厚爱，让老师在磨炼中增长真正的才干，学会钻研，敢于创新、进取。

5月25日、26日两天，听了珠江五校副校长、首席教师李丹阳的《我的名师成长之路》、沈阳市悲鸿美术学校校长佟雨臣的《一线教师如何开展小课题研究》，大连沙河口区教师进修学校教学教研员徐军的《校本研修的开展与实施》。教育研究院又把我们239名教师分组分别与导师见了面，安排了下一步的任务。

这两天的讲座、学习都是引领教师从思想上提高认识，博览群书，勤于写作，学会钻研，做教学的行家、改革的旗手。新时代的教师确实应该有先进的教学理念，有自己的教学特色，不能是永远的模仿者，应该是创新者、示范者、引领者。这三天的讲座对我启发很大。

教师的成长——读写是钻研的有效方法

李丹阳老师成长的过程启示我们读写是钻研的有效方法。读书能使人语养智慧，文润人生，写作能够使人总结实践，反思修炼，而后奋起，始终以饱满的热情、积极乐观的情绪投入到新的工作中去。

（1）读写是教师钻研成长的能力历练。当我还是一名中学生时，我就喜欢写作，那时的文章还显稚嫩，但是老师一直给予我鼓励，使我在学习语文的道路上一直充满自信，一直用笔在写着自己成长的足迹。读师范时第一次得奖学金是因为我的一篇作文发表在《辽宁省中师作文选上》，为班级取得了荣誉，学校奖励我，这是我人生重要的转折点。从那以后，我就爱好上了写作。读书期间和参加工作以后，我一直没有放弃写作。一路上受过很多引路人的指点，如教过我的恩师、我的父母、沈阳文学艺术院指导老师、我工作单位的领导与同事。他们在我学习语文的道路上都给予我肯定和激励。我的父母没读过多少书，但是他们在不富裕的生活费中每年都给我挤出写作学习费用。我在沈阳文学艺术院学习三年，在容易接受熏陶的年龄里，我感受到了汉语言文字的魅力。任教中，我选择了初中语文学科，喜欢语文带给我灵动的思想。语文是用心感受，用经历来体会，经历越丰富的人感悟越深。我喜欢通过自己的解读感悟来设计课堂，经常在我的课堂里融入生活的语文，我会把生活中的所见所闻所感加进课堂里，也经常写作，写亲情，写社会热点，写人与人之间点滴温暖，来作为学生练笔、作文课的一个素材。所以很多时候，读书、写作成了我和学生语文课上交流的代名词。备课、上课、课后辅导，我都力求达到工具性与人文性的统一。今天当我听到了李丹阳老师成长的经历，我更加坚信语文课如果能上出自我的特色，必经之路就是读与写。目前，我自己写的文章上百篇，创作的教学设计有几篇已经收录在百度文库之中，还参加了"沈阳教育资源公共服务平台首届空间大赛"，成绩名列前茅。我将继续沿着李丹阳老师的足迹继续前行，坚信读写是教师钻研成长的能力历练过程。

（2）读写功底是教师钻研成长的文化底蕴，我在教师的岗位上任职23年，读写增强了我的文化底蕴。使我在钻研的道路上越走越远。我参加了我区选拔"区骨干、区名师，区首席，市骨干"的大赛。每一次评比考核都离不开读书写作。每一次考核都是公平、公正、公开，现场写论文、写报告，限时抽签说课、现场赛课，对我都是最有力的磨炼。当时不能理解我们区教育局的用意，觉得难为我们一线教师。但当一路走过之后，才真正体会到磨炼是送给教师最珍贵的财富。我们区的"研训一体培训"给了一线教师很多学习的机会，区里带着我们到上海青浦学习课例研修。我有幸参加了这个团队。在青浦，我们深入课堂，参加他们的备课、上课、课后辅导、独立设计主题课例研修方案，带着观察点听评课，进行写教学反思、写观察报告、课例报告、课例综述等训练。我们先后做了三期，确立了"读写结合的语文课堂"为主题的课例研修，写了6万字的文字稿，得到了专家的指点。我还潜心研读了青浦区关景双院长撰写的《静听教师成长的脚步声》《乐为师》等书，增加了我们的文化底蕴。我也因此发现了我工作中存在的问题，研究出了自己的科研课题主题，为自己的钻研成长奠定了基础。我今后要继续前行，做真正的明白之师。

（3）读写是教师钻研成长的服务意识。语文教师是母语文化的传承者，绝不只是知识的传递者，更是精神内涵的感召者。语文课堂中，我注重语文素养和思想品德的培养，我的一颦一笑、一举一动都要彰显语文的精神内涵。我在课堂上所写的感悟、对同学的教育，我也常常发给家长看，与家长建立长久的联系。老师是为学生服务的，为家长提供帮助的，树立服务意识，写作也就成了交流的中心。让家长了解我，了解老师的职业，了解母语文化的魅力。2007年，我的一个同事患了股骨头坏死，一直挂拐上课，从不间断，我被他的精神所感动，这就是让社会了解教师最好的实例。我在7年的时间里，一直为这位同事写稿件、报道，无论他参加哪种活动，我都积极为他付出辛苦，赶稿件，演讲，不计报酬。他的事迹感动了千千万万的人，被评为"全国模范教师"，"中华教育基金会"免费为他更换了股骨头，如今他已经扔掉了拐杖，重返工作岗位，回报祖国人民给他的第二次健康。这期间，我感受到了读书写作的重要性，读书是为了提高修养，写作是为了表情达意，而读书写作的最高境界就是服务于社会。语文老师心中有爱，心中有他人，就会将母语文化发扬光大。

教师的成长——思考是钻研的必经之路

佟雨臣校长的《一线教师如何开展小课题研究》，让我学会了思考，明确了课题的具体步骤、具体做法及课题研究的现实意义。

我自己一直在做一个课题《初中男女生语文文体阅读与写作差异的研究》，这是我实际工作中遇到的困难。在我们区选拔区骨干、区名师、区首席时，我学习用数据管理法来做课题研究，发现真问题。这个课题对于我和我的学生来说很有意义，我曾经写了一篇论文发表在《辽宁教育》上。当时是在我区培训时受山东赵桂霞校长的启发，学会用数据管理法做此项研究。我从初一开始带一届学生，到初三中考毕业，我确实经过自己的努力使三个理科很优秀的男生因为语文成绩的优势而考入了省重点高中，实现了他们的近期目标。我的这个实验是跟踪式的调查研究：有三个男生理科成绩较好，只有语文和思想品德学科成绩差，每次都因为这个成绩低而比别人落后，我经过研究后发现他们三个成绩不理想都是因为语文文体阅读和写作有不足而失分严重。我经过了反复思考，查找原因，调整自己的备课和课堂设计，加强个别辅导，最后中考时，这三个孩子语文成绩名列前茅，升入了省级重点高中。而且由于我的磨炼，给他们增长了才干，他们在高中语文成绩也一直很好，没有掉队。我体会到了钻研的快乐。那是一种成就，是比获得经济利益更快乐的幸福。

但是三年中，我摸索的规律、总结的一些粗浅的方法还不是很成规模，还在继续研究。这两日听了几位专家的指导后，深受启发。我要继续深入研究，完善课题，学会思考，学会钻研，这是我成长的必经之路。

教师的成长——实践是钻研意义的体现

大连沙河口区教师进修学校教研员徐军的《校本研修的开展与实施》的报告，使我懂得了校本教研中实践的重要作用，它是钻研意义的体现。

我任教23年，一直任班主任，任教语文学科。每一届学生中男女生比例不平衡，男生总比女生都多一些，我们学校地处沈城郊区，郊区学校这种情况一直存在，而且持续很多年。班级中语文、数学、英语的学习成绩男女生不是均衡发展的。班级中，每次语文测试都发现男生没有高分，优秀率、及格率都很低，女生有高分，优秀率、及格率都优于男生。学生学习习惯和人格培养等都存在这样或那样的问题，三年一轮回，这个问题始终困扰着我。

经过研究找出农村初中男女生在语文文体阅读上和写作上差异的原因，能找到教学相应的策略，让男女生在语文学科上缩小成绩差异，达到均衡发展，其意义是非凡的。解决困扰郊区学校多年的问题意义更加重大，对扩大学校在地区的影响更有利。此项研究最根本的意义是能使学生爱好语文，发挥语文学科的作用，实现语文人文性与工具性相统一，让学生能够将语文知识和能力更好地应用到生活、工作中，提高人文素养，培养健全的人格。

也希望我的研究能引起一线教师重视男女生存在的差异，在教学时，要因性别施教，有目的地设计教学，以便能达到男女生均衡发展。希望在中考、高考命题改革中，命题人能关注男女生性别差异、思维差异、男女生比例失调的情况而去命题，希望招生学校能根据自己培养的人才需要而去选择命题试卷，去选拔人才，给所有想学习和想发展的学生一个公平、富有人文性的选择机会，让我们的国家、社会能够人尽其才，创造一个和谐、民主、发达的人文中国，体现中国母语文化的本真地位及特点。

我希望自己的校本教研、实践行动能带动我校的教学发展，带动我区的教学发展，为每一个学生重塑生命的辉煌！使众多的有类似《地球上的小星星》里的主人公阿米尔的遭遇的孩子，能重获学习方面的新生……

第四章　亲情类

指导学生写亲人之间的感情，注重积累素材，抓住生活中的点滴小事，以小见大来写，蕴含深情厚谊。

1. 生日感怀
——致公公

深秋，凉意浓浓；夜幕，低垂四野；室内，暖意融融。今天是农历九月十九，公公的生日。

年年岁岁花相似，岁岁年年人不同，公公今年72岁。

自从我结婚后，每一年的这一天，全家人都是共同做菜，主厨是爱人，我打下手，洗菜、刷盘子。今天，爱人在单位加班，我也因工作忙，没有时间做菜，想去饭店吃，公公婆婆又不肯，怕多花钱。我们只好给公公钱，委托小姑子买菜做菜。一大早，公公就去了造化大集购物，和小姑子忙活做菜。这一天本来应该是我和爱人出力的，看到70多岁的老人楼上楼下地来回跑，我心中十分愧疚，也辛苦了小妹。我们结婚23年了，公公婆婆一直待我如亲生女儿，有重活不让我干，有好吃的给我留着。每年过生日给我买蛋糕、鸡爪子，我的爱好与饮食习惯他们都牢记在心，从不给我增加负担，虽然是普通家庭，没有大富大贵，但我感觉自己像是公主，被爱，被宠，幸福至极！一家人人心和善，都是为对方着想。

公公在家庭之中任劳任怨，心中所想都是为家人付出，从没想过自己，和婆婆恩爱有加。每次女儿从大连回来，老两口都像过年一样，给女儿做好吃的，只要孩子说出要求，老两口都极力满足。每逢公公工作轮休在家里时，都是换样做费事的饭菜，让我们吃好喝好。我们给买的新衣服舍不得穿，总是叠得平平整整放起来，总是捡爱人的衣服穿。一家人出去旅游，公公负责背包、拍照，哄着婆婆开心，为儿女服务。我们感到幸福又惭愧。公公婆婆通情达理，凡事从不锱铢必较，为人坦率、大度，同情贫困，扶助弱小，工作几十年，清正为公，一辈子清清白白，坦坦荡荡。公婆是我们的老师，言传身教，为人之表率，也是家族中亲情的典范。

我给学生上语文课的时候，经常谈自己家的事情，希望我的体会能让学生们懂得谦让与珍惜，爱身边的人，懂得孝顺和爱的核心。愿爱传承，愿家风温暖后人，愿天下父母永远健康长寿！生日快乐，爸爸！辛苦了，妈妈！

2. 餐桌前的幸福

社会在发展，时代在进步，人们的生活压力也很大。上班族每天早出晚归，做生意的更是披星戴月。一家人能见上一面，团聚在一起，也就是每天晚饭时，餐桌前也就成了幸福的源泉。

女儿上大学后，我们很少做晚饭了。我们与公婆住对门，每天晚上都是公婆做好晚饭等我们回来。他们一直坐在阳台上，隔窗而望，看到我们走进小区了，他们就等候在门口，当我们走到二楼时，会准时地听到四楼的家门开了，那时，我们心里暖暖的，家中有父母等候真是最幸福的事情。平日里见多了英年早逝、妻离子散、孤独终老、晚景凄凉的事情，我和爱人就很感慨。我们还能和父母每天一起吃饭，聊聊天，真的很幸福。其实，晚餐也没有多么丰盛的菜肴，有的只是炖白菜、水煮萝卜片、几碟小咸菜，粗茶淡饭，但是一家人吃起来特别香甜可口。老人以每天还能为我们做饭、开门为幸福。我们以每天还能看到老人灿烂的笑容，二老时不时地拌拌嘴，说说一天的见闻为幸福。我们也常常在餐桌上谈谈各自的工作，学生有趣的事情，成长瞬间的进步，有时也谈谈自己的失败、不足。老人总是告诫我们：工作要认真干，不要给别人添麻烦，凡事宁可自己受点累，也要把工作提前做好，对待同事要尊重和睦，对待学生要像对待自己的孩子一样，我们时时牢记在心。我的母亲一个人居住，早晨起来后我都打电话问候一下，吃晚饭时我也打电话报个平安。每周六我和爱人去陪母亲住，陪着吃晚饭。母亲故土难离，喜欢老房子与平静的乡村生活，不愿意到我家等我伺候。她常说："只要我还能动，就不给你添麻烦。"我也没有办法，只好每天打电话，周六去陪伴。每到打电话时，幸福的是能听到母亲充满喜悦的洪亮的声音，她说着猫啊、狗啊、鸡鸭的故事，我有时也没有太听懂，是猫打架了，还是狗跳了，但是我认真地听着，她爱讲什么就讲什么，只要她说话就行，她不放下电话，我就一直听着，有时我正吃着饭，有时我正干着活，只要母亲能说话，我就感到幸福。

日子就在每一天的晚餐时度过了，留下的是美好的童年回忆，体会到的是当下的珍惜。平凡人的一天，幸福简单至极。

窗前守望的期盼，上楼时轻轻的一声门响，进门时老人灿烂的笑容，餐桌上碗筷碰撞的声音，母亲电话里诉说的喜悦，女儿学习间歇时的问候……朝看水东流，暮看日西坠，在朝霞、雨露、盛开的花朵中品味宁静的幸福……

3. 浓情思亲倍感深恩
——纪念父亲

世上最近的距离是心与心的交融，最远的距离是阴阳两隔！今天是您离开我的第七天，但我却感觉您没有离开我，在冥冥之中护佑我，让我在心底时时有依恋……一辈子很长，时常让我感到死别很遥远；一辈子又很短，您在那一瞬间就远离我而去，来不及嘱托我任何事情，来不及听我一声呼唤……青山绿水之间回荡我的哭泣，山路弯弯，留下我踉跄的脚步，不忍离去，不忍别离……

时光匆匆，岁月无痕，风萧雨淋，陈年琼浆，如海涛拍岸，如风潮云涌，往事历历在目。您的一生坎坷多过顺利，凄风苦雨在您的脸上留下泪痕，心底划过的痛只有我知。无尽哀思，借心传递。

您是孝顺顾家的人，没有读完小学就辍学做工，为了弟弟妹妹，你选择了帮助父母挣工分贴补家用。娶回族母亲为妻，拥有一双儿女。记得小时候，您常和母亲因为民族饮食习惯的问题吵架。你为了家人付出了毕生。我和哥哥小的时候，家里特别困难，我 11 岁时，大年三十那天我们家没有钱过年，您到大姑家借了点钱，回来给我和哥哥买了一些糖果和肉，包顿饺子。我和哥哥很高兴，那时还体会不到你有多么痛，现在想来，你是乐在嘴上痛在心里。我家老房子那有两个圆形粮仓，每次快过年时，您都把买来的糖果和花生藏在那里，不让我们吃，要等到三十才能吃。我和哥哥实在忍不住，就趁您不在家时，偷偷地搬凳子爬进去，拿两块糖和两角花生吃，那美味至今还记得，也许如今再也没有那时的感觉了，甜蜜而幸福无与伦比。

您的爱一直伴随我们成长。您是地地道道的农民，每年打下来的粮食都要交公粮。我没去过集市，就趁着你送粮食的机会跟着马车去集市，三九天时，我坐在麻袋上，脚冻得像猫咬的一样疼，那我也高兴，觉得幸福。我吃到了第一个面包，有了第一个玩具——粉色的小军人。我高兴极了，那时您说，您有了我，将来就有了依靠。当时我还不懂您的意思，现在想来那是多么深刻的一句话呀！爱在点点滴滴之中汇成江河。

您有吃苦的精神，也懂为人之道。我上小学时，没有一件像样的衣服，您也无法满足我爱美之心。我把妈妈的衣服当成裙子围在身上，您看了后，让我脱下来，后来您给我买了第一条裙子，淡青色的，我高兴极了，整天穿着，不肯脱下来。您常说，在村子里见到长辈，一定要先问声好，如果正在骑自行车，一定要下车，站好，给长辈行礼，微笑，问声好再走。我牢牢记住了您的话，也照着去做，长辈人都很喜欢我，至今我还保持这份修养。您常教育我说，人穷志不短，做什么事都要力争上游，用学习成绩超过别人，证明自己。在面前人多时说话要落落大方，展示自己的才华，不能怯场、胆小，我牢牢记得。每次考试，我都超过大队书记的女儿，年年被评为三好学生，是父母给了我一份最好的教育。我努力学习，做事积极乐观，尽自己最大努力做好每一件事，这让我受益终身。我的每一步都迈得很踏实，成功像音符，一个一个在跳跃，奏出了我四十一年人生最华美的乐章。

您关爱女儿在无言之中，感恩之情在心中深深蕴藏。我上了中学后，家中更是困难。母亲每周一都烙六张白面饼，放在塑料袋中，我每天带一张作为午饭。而爸爸妈妈从来不吃一张。每次我吃的时候，心里都有一种不忍。您教育我无论因为什么事，都不能耽误功课，所以我从不请假，出满勤。我家离学校十多里路，每次下雨下雪，我踩着泥泞的小路，一步一摔跟头，但我也去上学，是您教会了我坚强。您因为保护四叔而被别人打了，住进医院，我当时听到此事就晕倒了。醒后去医院看您，您惦记着大地的白菜和家中的老马。我和妈妈回到家就下大地铲地，回家给老马铡草，那时我还小，体重还很轻，按不动铡刀，就像打秋千一样，来回跑着按。我家的地干净了，马喂上了，那一刻，我学会了承担和负责任。初中生活我在忙碌中度过，常常学到深夜。我家没有钱给我买营养品，您就用打下来带土的粮食给我换几个苹果，苹果特别小，您不舍得吃一个，都留给了我。还崩些玉米花，我晚上饿了吃点。那份关爱太珍贵了。我还来不及去回忆时，您就不告而别了，我愧对于您。

您用默默的关注保护我的自尊。我在中学考试比赛时得了奖，学校让获奖的学生家长来校开会，您不敢来，怕自己的卑微给女儿带来不好的影响。我读师范四年，您从来没去过我的学校，四年的生活费都是母亲送去的，现在想起来，我多么愧对于您呀，让您引以为荣的女儿，您却无缘看到她台上光鲜的一瞬间。读师范每次回家，我都要走十几里路，您怕我累，都是骑车去接我。您用节省下来的钱给我买了一把小提琴，给我交了两年的写作指导费用，您努力让我成为一名知识女性。我参加工作后，家离学校很远，每次下雨下雪，路都是泥泞不堪，您就用自家马车送我去上班，每次见您的背影，我的泪都要流下来。默默的守护，已经在你心底扎根。您的关爱、辛苦我默默记在心里，不会表达，总想说，却没有说，现在懂得了"子欲养而亲不待"的内涵，痛彻心扉。

谁言寸草心，报得三春晖。我工作后，第一个月的工资，给您买了酒和吃的，给妈妈买了件毛衣，您高兴极了，自豪极了。您的愿望是那么小，一点点回报就能满足您的需求，我们做儿女的真是愧对双亲。我还记得生女儿时，您在家做了个噩梦，一下子惊醒，天还没亮，您就风尘仆仆地骑着自行车来到我家看我，门开了，您还没进门，就在门口急切地问我是否安全，那份关爱，若不是至亲，谁能体会？

2000年，您得了急性脑膜炎，高烧40多度，浑身抽搐，送进医院，生命垂危。我一夜未合眼，我们贫穷啊，无钱医治，我想尽办法筹集医疗费用，医院给我们下了病危通知，让我们料理后事，那时我才二十几岁，不谙世事。我们一家人哭着把你抬到新民市传染病院，那时想，如果上天让我替您去死，我可以毫不犹豫啊，还好一夜的抢救您有了好转，您的女婿承受了巨大的压力，把您从鬼门关救了回来。

近几年，家中光景甚是惨淡，您常常因琐事而烦恼，也失去了继续奋斗的勇气。我常常给您鼓励和安慰，想让您有信心。一辈子您没离开过家中，也没出外旅游过，看过风景。我和您的女婿努力为您创造了机会，带着四位老人和三个孩子外出了一次。您爬了山，坐了船，坐了火车，看到了大海、鸭绿江断桥。您那股兴奋劲儿，我至今还记得，您像个孩子一样，到处看，眼睛里全是爱和满足，乐得嘴合不上，一个劲地说着这儿，说着那儿。看您如此高兴，我欣慰极了，为自己能给您一些快乐而自豪。每逢过节，我都是尽力去张罗，让您和母亲、公公婆婆高兴，吃的、穿的、用的，尽力满足。我为自己能力有限而难过，为不能让您住更好的房子、吃到更好吃的东西、享受更好的生活而愧疚。

最后一次见您是在2014年2月21日，只有那一天我休息，我为了多赚点钱养家而放弃了多看您的时间，我真的后悔，没有多陪您，多安慰您孤独的心。我们在世间最后一次通话是在 2014 年 3 月 14 日，家中意外，让您倍感伤心流泪。我安慰您说："爸，我就是您的靠山，您的大树，不用怕，有什么事，有我和您女婿呢，我们会养活你和妈妈到老，您好好保重，吃好喝好睡好。"电话里，您泣不成声，说："好女儿，我知道了，我知足了。"我没想到，这是您在世间留给我的最后一句话，想到这里，我撕心裂肺的痛啊！世上声音有千万种，唯独没有了父亲呼唤我的声音……

您为了不让我工作分心，在生命最后的时刻也没有拨通我的电话，让我留下了终生的遗憾，没能陪您走完最后一程！以后吃的、穿的，您再也享受不到了，希望您泉下有知，能知道我的深情挚爱、无尽哀思……

您生前的愿望得到了满足，长眠于青山绿水之间的穆斯林墓园。亲人们都送了您最后一程，了无遗憾。以后的路还要走下去，我会照顾好家人，让他们生活得更好，完成您的遗愿。我将继续好好工作，在我的领域有所成就，不辜负您用生命换来的我的安宁。

在您的墓前，我不停地哭泣，不忍离去，不忍分离，哭泣您还有遗愿没有完成，哭泣我再也见不到您了。世上最远的距离是阴阳两隔，最近的距离是心心相融，您在我心中从未离去。

> 挚爱亲情，天地为证，
> 山路弯弯，牵思不断，
> 回路长长，步履蹒跚，
> 阴阳相隔，情真难卸，
> 爱女忧思，绵延天涯。

爱女艳侠

2014 年 3 月 28 日

4．母亲 70 岁

2019 年 7 月 4 日是母亲 70 岁的生日，但由于工作忙，到了 7 月 6 日（周六），我和爱人才给她过生日。我的家族中有几位亲人已经不在了。母亲 70 岁了，精神还很健旺，真的很难得。这得益于她时时劳作，老房子前后都是菜园子，种着各色小菜、花花草草。养几只猫、狗、鸡，出行有两辆电动小货车，可以代步、载货。母亲喜欢乡间自由、宁静的生活。我在工作之余就陪母亲住，聊聊天。

父亲过世 5 年了，母亲逐渐走出失去亲人的悲伤，心里还很阳光。每天早上天刚刚有了曙光就起床，到菜园子里拔野草，收拾各种杂物，她一辈子要强惯了，不允许自己的简陋居所有一点荒芜。中午太热的时候就进屋休息，睡一会儿午觉，下午凉快一点的时候又出去在园子里绑秧子藤蔓，剪除多余枝节。菜收得多了就拿到集市上卖了。母亲没读过几天书，可是卖菜算账都很精准，70 岁的老太太，思路还很清新，说话声音洪亮。

过生日前一周，我去陪住，给她留了些钱，买菜用的。母亲说我工作忙，不用我买菜了，她自己安排。她早早开始忙碌，收拾这收拾那，计划着买什么做什么，开着小车一趟一趟地去市场、超市，忙得不亦乐乎。我没有邀请亲属，不想给大家增加负担。只想我和爱人、女儿给母亲安静地过生日。可是亲属有能记住母亲生日的，就一个通知一个地都来了。母亲是家族中的长嫂、长姐，如今还很健康，还能劳作，是家族的福气，亲情让生活贫苦的人感到富足。农家院里，搭起凉棚，做菜的做菜，烧烤的烧烤，聊天的聊天，小黑狗跑来跑去，在人们脚底下翻滚、玩耍，小猫跳到房檐上远远地观看，一片欢乐祥和的气氛。父亲生前的情景历历在目，7 月 5 日晚，我梦见了父亲，他还是健在时的慈祥面容。能在母亲生日的前一天与父亲梦中相见，看来是心有灵犀，父亲希望母亲晚年幸福。幸福的含义就是老人健康，儿女承欢膝下，住在哪里，吃什么样的饭菜，都不重要，重要的是心灵的富足。席间谈起小时候的事情，还是记忆犹新：母亲当年虽是小个子，却有的是力气，在生产队干活从来不服输，是一等一的高手。如今 70 岁了，也能把自家的菜园子打理得生意盎然，真是农人的本色。

岁月留下了硕果，也留下了沧桑，母亲的腿脚不再似以前那么稳健了，一个小小的石头都会成为阻碍了。五叔搂着母亲的肩膀说："老嫂比母，你要好好活着，你活着我们才有家，年年的生日我们都来陪你一起吃饭，以后的生活会越来越好，你在这里，我们的心灵就有了依托。"说话间，五叔和母亲都流下了泪，其他的人也眼圈红红的。逝水流年，大家都会老去，我也在生活中成熟起来，担起肩上的责任，为老母亲撑起一片天，为后辈子女做出榜样，感恩、孝顺在家庭之中代代传承。幸福就在心里，就在餐桌前杯碟交错间，就在血浓于水的亲情里。亲属看到我发的聚会照片，都纷纷打来电话祝福。

70 岁的母亲高兴极了，这一晚她安稳地睡熟了。人生如白驹过隙，朝如青丝暮成雪，坎坷波折成过往，经历积淀是财富。我在母亲身旁静静地看着她进入梦乡，也许她梦见了想见的人，笑靥如花……

5. 醉美家风最美家庭

望中华上下悠悠千古，传华夏家风亘古弥新。中华文化源远流长，博大精深，仿佛那绵长银河里耀眼的星座，闪耀了悠悠五千年，它的精华薪火相传，绵延不绝。

自家天下开始，家族一词深入人心，家风家训便也日渐兴起，令人沉醉，激人奋进，并成为一种传统，代代流传。

（1）醉美家风氛围馨香

我的家族以勤俭持家、诚信善良为本，以团结九族、邻里和睦为意，以孝老爱亲为文明风尚，以文才出众、力争上游为荣。我们一家与公公、婆婆生活在一起。公婆现年 70 多岁。公婆是农民，婆婆在去年国家政策落实后，有了退休金。丈夫戴鑫，任教于沈阳市第六十中学，女儿戴诗菲，现就读于大连工业大学日语系，我任教于沈阳市第六十中学。

公婆在家族中都是排行老大，我和爱人在家族同辈中都是排行老大，我的女儿在她这代人中还是排行老大。这巧合恰恰给了我们一个无形的约束，那就是凡事要学会担当，有榜样意识、典范意识、付出意识、谦让意识。

公婆的青少年时期正是中国最困难的年代。家中人口多，粮食短缺，仅有的一点粮食、布票都要先给老人和年幼的弟妹，老大就变得坚强和担当。公婆是爱学习的人，那个年代他们一边干活一边学习，从没有放弃读书，尽管无钱读到最高学府，但在农村也称得上是文化人。语养智慧，文润人生，经历过了最艰苦的岁月，他们更懂得珍惜，也养成了勤俭持家、艰苦朴素的生活作风。

公婆用一双勤劳的手撑起了家，用一颗善良的心温暖着家族。他们经常教育我们，要精打细算地过日子。家中的电视罩等都是婆婆用针线绣出精美的图案，朴素中彰显智慧。我见过两位老人有一对白色枕套，那上面用针线刺绣了一对"鸳鸯戏水"。那是他们心灵憧憬美好生活的象征，时时鼓励自己，慰藉自己，一切会好的，一切会有的。我们刚结婚时，缝纫活都是婆婆用缝纫机补好。后来我也学会了做缝纫活，还学会了设计服装，婆婆非常高兴。女儿出生后，婆婆就专职照顾孩子。当时我们不是住在一起，婆婆带孩子特别细心、守时。每天一定会提前到我家。婆婆每天都会教女儿认字、认事物、讲故事、写写画画，有时裁裁剪剪、缝缝补补。女儿上学前就会使用针线，缝缝补补，给娃娃做衣服，梳各种发型，写写画画更是兴趣盎然。婆婆还会带孩子在老房子的菜田里种些菜，种些花草，女儿也跟着干。我们下班后，公公教女儿吹口琴、吹箫，爱人教女儿下象棋、折纸、做手工，我有时指导她说话连句等。几年里女儿虽然没去幼儿园，但她学的东西并不少。公公婆婆营造了良好的家庭氛围，让女儿从小就在琴棋书画、勤俭持家中受到熏陶。我们也懂得了守时、敬业的理念，立足岗位，率先垂范，拼搏进取。

（2）醉美家风孝顺礼让

平日里的亲人相处，逢年过节，大家聚会时，身为老大的公婆绝对是孝顺礼让的模范。兄弟姐妹、长亲、长幼，都是和睦谦让。有时遇到老人、兄弟姐妹对人对事看法不一致时，从不顶撞，都是心平气和地解决问题，做到晓之以理，动之以情。他们常说："吃亏是福，天道酬勤。"坚持做了就会成为一种习惯，用心体会了就是一种品格，传递下去就是一种境界。我和爱人践行着父母的教诲，团结宗族，善待同事，爱自己的教师职业。我们起着承前启后的作用。每次家族聚会，长辈们都会让我讲几句开场白，因为我是教师，我是"老大的代言人"，我讲得最多的是对长辈的仰慕、尊重，对兄弟姐妹的期望，愿我们的家族能传承中国的传统文化，代代开花。

生活就是这样不断地让我学会感恩，学会了担当。我和爱人努力工作，在自己的岗位上尽职尽责，让父母感到骄傲，为父母创造更好的生活。带着公婆去植物园、红海滩，带着双方父母到獐岛和鸭绿江边游览，孩子大学开学，也一起带着双方老人送到大连……老人和孩子感到无比的满足，而我真的感到惭愧。父母活了一辈子都在为亲人付出，没有索求任何回报。我的亲生父亲平生只见过一次大海，爬过一次山，就突发疾病离我而去。父亲发病时怕影响我给学生讲课，最后一个电话没有打给我，是我的爱人送他最后一程，我没能见到他最后一面。亲人离世，我倍感心痛，才懂得珍惜，"子欲养而亲不待"。一辈子很长，一辈子又很短，短得来不及告别，来不及嘱托。我更加懂得了孝顺、礼让的真正含义，那是用生命在守候。

家庭之中最暖心的事莫过于婆媳之间的关系和睦相融。我和婆婆相处20多年，亲如母女。"老吾老以及人之老，幼吾幼以及人之幼。"婆婆年岁已大，身体不好，上下楼费力气，就常在阳台上晒晒太阳，看看窗外的风景。早晨目送我们一个个地上班、上学，晚上按时做好饭菜，在夕阳中盼望我们归来。我和爱人经常和她聊家常，隔代人有很多事常常回忆，兴奋时婆婆的脸上泛起少有的红润，心灵的慰藉远比那一剂良药来得有效。望着窗外花园中的丁香花，婆婆说今天那又多开了两朵，西侧的草坪的草又长高了一些，邻家的孩子今天下楼玩了……她寂寞的心敞开了拥抱我们不易察觉的温暖。

我和爱人给公公婆婆买了电脑和智能手机，公婆比着学习使用电脑和手机，早年间学的拼音与现在不同，婆婆为了打字，竟然几个晚上不睡觉背诵拼音。没用多久，公婆就可以使用电脑和手机在网上和我们交流了。我上班时，婆婆就与我短信交流，她的短信都像诗一样，七十多岁的老太太，文采飞扬。孝顺的含义不只是物质的满足，更多的是精神的慰藉。这种温暖的家风令人沉醉。

家庭是孩子的第一课堂。女儿三岁时就知道奶奶腰不好，就知道不让奶奶背着走，爷爷奶奶带她去超市买食品，从不多要。女儿不满十岁的时候，就用自己的零花钱给奶奶买了一件衣服，至今奶奶还记得这件事，并且一直收藏着那件衣服。我们不在家时，女儿就会在奶奶生病时照顾奶奶，倒水、买药、洗衣服。每年母亲节女儿都会送给我礼物，还自编自演节目给我看，在她心里早已有了家风的概念，早已有了孝顺的理念。如今是大学生了，她一路走来都是老师同学效仿的楷模，娴静、善良、孝顺、礼让、进取、多才多艺，在我们的家族中也被称为下一代的榜样。

（3）醉美家风文才荡漾

世上最近的距离是心与心的交融。从父辈的身上我学会了感恩，从孩子的身上我学会了感悟。我常常把生活的点点滴滴写成一篇篇饱含激情。深蕴感恩的文字，给家人看，家人也是用这样的方式交流，写作成了家里的习惯。公婆经历过太多的波折，现在很满足于家庭的温馨，在闲暇之余写了《珍藏美好》的回忆录，用一首首诗诉说着心中属于自己的幸福。每每读到他们的文字，都是泪满眼眶。只有善良的人、诚实勤奋的人、感恩的人才有如此胸怀，如此境界。耳濡目染，我们都是生活中的强者，"爱出者爱返，福往者福来"。我和爱人都有多篇文章和论文发表。女儿从小到大都是文学爱好者，一直被老师和同学赞为"女神"，多篇文章发表在校刊上。现就读于大学，是校学生会专业撰稿人。平时一家人工作、读书不在同一座城市，每天都会在网上交流，传递最多的是诗词对接。往往为了一个词能达到效果，全家总动员推敲定度。

以文传递倾情牵挂，以谦恭展示朴实无华，以守望珍惜最美的家，芬芳溢春夏……

环境塑造人，大气的家庭培养大气的人才，孝顺的长辈引领着后辈儿孙，醉美的家风培养最美的文明。

古人云"仁智礼义信"，今人言"勤孝谦和思"。古往今来，各个家族历史背景不同，形成的家风家训也各有不同，但其核心应是大体相同的，它们都贯穿彰显着中华优秀传统民族文化的精神内涵，其优秀的品质传承弘扬了千秋万代，流芳百世，构成了悠悠上下耀眼五千年的璀璨中国，成为世界历史里的绮丽瑰宝！并且我坚信它将会似珍珠一般，一直熠熠生辉，亘古不变地闪耀于世界之河！

第五章　游记类

指导学生写游记，锻炼学生读万卷书，行万里路，写见闻和感受，文化旅行，树立旅游是另一种学习实践的观念。

最美家庭，醉人旅行
——记 2018 苏杭之行

为人子女总想尽孝，孝就是在老人还健在之时及时陪伴。我和爱人平时忙于工作，也尽力抽出时间陪伴父母。但是能给予父母的远不如父母给予我们的十分之一。还好的是我和爱人都是教师，有寒暑假，我们尽力去创造条件，带老人外出，看看山，看看海，看看枫叶。老人说这辈子没有坐过飞机，不知道在天上飞是什么感受。我和爱人鼓足了勇气带着 70 多岁的老人和孩子坐飞机到南方，看看园林建筑、水乡人家，了解不同地域风情，品味南北方文化。

两个月前就订好了机票和酒店。老人高兴地昭告亲属，我和爱人给三位老人买了几套漂亮的衣服。他们在我们还在工作的时候就倒计时。终于出行的日子到了，公公安排好同事顶替自己的工作了，婆婆安排好女儿看家了，母亲安排好姑姑看家了，一切准备就绪，我们全家 6 口人在 2018 年 8 月 1 日踏上了愉快的旅途。刚到机场，老人就兴奋极了，进了安检后，就在候机厅不停地拍照，我和爱人竭诚服务。

我们的飞机从沈阳桃仙机场起飞，降落在无锡硕放机场。机场服务人员人性化管理，服务态度非常好，给老人安排了靠窗的位置，飞机起飞后，老人看着窗外的蓝天白云，心中又高兴又满足，不停地看，不停地说。后来感到飞机隆隆的声音震动耳膜，头疼，我有点害怕紧张了。这三位老人都有点血压高，心脏不太好，我生怕出现任何突发状况，我的手紧紧攥着，手心都出汗了。后来看老人有所好转，此时飞机落地了，我的心也如释重负。呼吸到无锡新鲜的空气，老人舒畅地笑了。

我们入住无锡尚客优快捷酒店，在梅园附近。当晚，我们没有外出，买些晚饭，让老人休息。看看无锡一条街的小吃，与北方不同，豆腐脑叫豆花，很少见到回族店铺，无锡属于长江三角洲地区，汉族人口密集的地方，很少有人吃牛肉。母亲是回族，吃饭很难找地方，我走了几条街看到菜市场，买了些小菜，自己简单处理就给母亲当晚饭了。无锡的烤鸭还是很好吃，1 号和 2 号在无锡吃了两顿烤鸭。无锡的物价比较高。这里气候湿热，属于亚热带季风气候，初到此处，有点不适应。

2 号早晨，我和爱人带着老人孩子到路上打出租车去无锡鼋头渚，正左顾右盼的时候，过来一个女司机，热情地问我们到哪里，我们说出地名，她说她的车正好可以坐下六个人。价钱合理，我们高兴极了，要知道在异地他乡，想找到一辆适合我家六口人的车不容易。这位张姓司机特别健谈，一路上给我们介绍无锡的风景名胜，指点路途，介绍风土人情，特别和蔼善良，她是无锡人的代表，我们加深了对无锡美好的认识。一座城市的素养和文化，只要看服务行业，就可以评价出好与坏。我们感谢张司机给我们带来的清凉，炎炎夏日，她的服务态度真诚友善，像一股清泉滋润我们的心田。

鼋头渚是横卧无锡太湖西北岸的一个半岛，因巨石突入湖中形状酷似神龟昂首而得名。鼋头渚始建于1916年，现水域面积达539公顷。2012年10月26日，鼋头渚晋升为国家AAAAA级风景区。鼋头渚有充山隐秀、鹿顶迎晖、鼋渚春涛、横云山庄、广福寺、太湖仙岛、江南兰苑、中日樱花友谊林等众多景观，各具风貌。

在鼋头渚，老人在太湖边、荷花池旁、堤岸边拍照，走在幽静的林间小路上，心情无比惬意。婆婆更是高兴，带了三套衣服，公公给背着，侍奉拍照。我很羡慕老夫妻俩的幽默和谐，有时他们也风趣地拌拌嘴，但都是一种快乐。看到他们，我也想自己老了的时候也会有这样的晚年生活。父亲不在了，只剩母亲一人，没有了这种相依相伴的日子，我就要多照看了，我和爱人轮流给母亲拍照。女儿是大三的学生，有自己的审美观点，看着我们拍照，她笑我们痴狂，自顾自地玩去了。以前只是在照片上看过太湖，今天真正来到湖边，还是被深深地震撼了。湖水碧波荡漾，美丽的縠纹，浩渺的烟波，辽阔的蓝天白云，让人心旷神怡。离开沈城的热浪，投身到绿意葱茏的南国，有一种别样的愉悦。人需要亲近自然，需要与大自然同呼吸共命运。心中涌起的瞬间感受不断迭加。我们沿着湖边继续前行，嗅到了荷花的馥郁馨香，白色高洁，粉色娇羞，驻足荷花前，艳丽的衣裙与碧绿的荷叶相映生辉。假山、石林、翠竹依傍环绕。坐上园林缆车来到了鼋头渚的码头。我们乘船去了太湖仙岛。到了岛上老人就走不动了，就在岛上远眺太湖，拍照留念。其间我们看了一场动物表演，有小狗表演团结跳圈、鹦鹉识币带来吉祥、猴子走钢丝、山羊四蹄聚拢等，让老人开心不已。出了景区，张司机准时来接我们，我们回到旅店。

3日早晨，我们退了房，还是张姓司机送我们去苏州，本可以坐高铁去苏州，我和爱人考虑老人年纪大，来回倒车麻烦，又怕过度劳累，就索性到哪里都包车，让老人孩子出行省时省力，少点辛苦。一路上张司机服务周到，热诚指引。我当时想她如果在苏州该有多好啊，然后就向她打听，苏州还有没有这样的车，可以坐下我们一家人。张司机马上就联系了一个苏州本地人，当着我们的面打的电话，让那位大哥给我们优惠一些，如果我们出行就请他为我们出车。张司机说话干净利落，事情办得妥当漂亮，是一位女强人，让我们十分佩服。车子很快就到了苏州拙政园平江路万缘酒店。找了半天没找到，一看是万缘酒店和瑞丰华庭酒店合并了，办理入住时费了口舌。两个月前我就下了订单，宿费也交了，可是酒店查不到我的信息，不能入住，给携程打电话，说让我按现时价格入住，我很生气，当时面对这种情况，我据理力争，我不会多交一分钱入住，我要捍卫我的权利。最后是携程补的差价，我按照两个月前的价格入住。这一件小事让我感受到了，如今网上办事情也不是真实可靠，凡事都要有记录，有备用方案，虽然受点小挫折，也让我增长了人生阅历。

入住之后，我试图联系苏州新联系的司机，多次打电话，对方都不接。没办法，我和爱人到旅店附近的小吃部买饭，跟女老板攀谈，又联系了一位大车司机，想去周庄，价钱也谈好了，就是还没有定具体的时间。回到酒店后，那位始终不接电话的苏州男性司机给我回电话了，一接电话，我的印象就不太好，方言很浓，说话声音尖利，最后谈到去周庄的价钱时，还觉得比较合理，而且我知道是优惠价了，那就定他的车了，我还对饭店女老板给我费心找的司机很抱歉，我没有用，耽误人家生意了。无论怎样总算在苏州雇到车了。3日下午，我们几口人去了苏州狮子林参观。到了园林里面，老人都高兴极了，此时正好是多云，隐藏了太阳光辉，适合散步休闲。我是语文教师，因语文课本里有《苏州园林》，所以我就特别感兴趣，要来欣赏园林匠师的高超技艺。老人此时到处拍照。

狮子林始建于元代至正二年（1342），是中国古典私家园林建筑的代表之一，属于苏州四大名园之一。狮子林同时又是世界文化遗产、国家 AAAA 级旅游景区。

狮子林位于江苏省苏州市城区东北角的园林路 3 号。平面呈东西稍宽的长方形，占地 1.1 公顷，开放面积 0.88 公顷。因园内"林有竹万，竹下多怪石，状如狻猊（狮子）"，又因天如禅师惟则得法于浙江天目山狮子岩普应国师中峰，为纪念佛教徒衣钵、师承关系，取佛经中狮子座之意，故名"狮子林"。

由于林园几经兴衰变化，寺、园、宅分而又合，传统造园手法与佛教思想相互融合，以及近代贝氏家族把西洋造园手法和家祠引入园中，使其成为融禅宗之理、园林之乐于一体的寺庙园林。

亲眼见到之后，感叹设计者的别具匠心，我学习到了书本以外的知识。

从狮子林出来后，我们一路逛街景、赏花枝、进店铺、吃小吃，最后在一处小服装饰品店里，给姑姑、婆婆、母亲每人买了一件苏州刺绣连衣裙，还有丝巾。老人满足幸福极了，回到旅店就穿上了。吃过晚饭，大家都休息了。

此时我的手机响了，苏州司机加了我的微信，做一段简短的交流。我才知道他也姓张，叫张金文，苏州本地人，他看了我的头像后，说像蒙古的公主，我知道，其实我有回族的血统。简短自我介绍后，他看了我的朋友圈，知道我是老师，并且看了我写的文章，参评的雷锋家庭的稿子《最美家庭，醉美家风》，对我们一家人好生羡慕，约定 4 号早晨 7 点半去周庄。早晨他按时到了，他是典型的南方人相貌，谈吐都带有地方的风情，一路上也给我们介绍所到之处的风景及生活习惯特色，并且嘱咐我们到周庄游览的注意事项，极贴心周到。我在 2015 年去过周庄，当时在最外围的大门进来的，走了 3 里路才到周庄里边，这次我请求司机将车子开到景区入口，免得老人走不动。张司机将车子直接开到入口，并且主动积极为我买团购票的价格，非常感动。入口时，千叮咛万嘱咐地告诉我注意事项。我改变了对他的不好印象，觉得他是一位可以信赖的朋友。

周庄位于苏州城东南，昆山的西南处，有"中国第一水乡"的美誉，是江南六大古镇之一。周庄是一个具有九百多年历史的水乡古镇，而正式定名为周庄镇，却是在清康熙初年。周庄在苏州管辖的昆山之西南，古称贞丰里。若要在中国选一个最具代表性的水乡古镇，毫无疑问就是"中国第一水乡"周庄。千年历史沧桑和浓郁吴地文化孕育的周庄，以其灵秀的水乡风貌、独特的人文景观、质朴的民俗风情，成为东方文化的瑰宝。作为中国优秀传统文化杰出代表的周庄，成为吴地文化的摇篮，江南水乡的典范。

最为著名的景点有沈万三故居、富安桥、双桥、沈厅、怪楼、周庄八景等。富安桥是江南仅存的立体形桥楼合壁建筑；双桥则由两桥相连为一体，造型独特；沈厅为清式院宅，整体结构严整，局部风格各异。此外还有澄虚道观、全福讲寺等宗教场所。

周庄古镇南边濒临一片大湖，俗称南湖、南白荡，与吴江分界。乘船经南湖可抵青浦商榻，游览大观园。湖滨茂林修竹，环境幽静，湖水清澈澄净，鱼虾丰富。这里既是一个天然水库和养鱼场，又是一个不可多得的风景区。南湖景色四季皆宜，秋夜的月色格外醉人。当金风送爽、明月高悬时，湖面上一片碧绿、一带金黄，充满了"长烟一空，皓月千里，浮光跃金，静影沉璧"的意境。

周庄八景：全福晓钟、指归春望、钵亭夕照、蚬江渔唱、南湖秋月、庄田落雁、急水扬帆、东庄积雪，随着岁月的变迁，有的陈迹依旧，有的增添了新的光彩，有的却已影踪难觅，被历史的风尘所湮没。

我们进入周庄后参观了张厅、沈厅。

张厅是周庄镇仅存的少量明代建筑之一，为江苏省重点文物保护单位，原名怡顺堂，相传为明代中山王徐达之弟徐逵后裔于明正统年间所建。清初卖给张姓人家，改名玉燕堂，俗称张厅。近几年来经过有关部门精心维修，恢复了原有的风貌。作为殷富人家的宅邸，张厅历经五百多年沧桑，但气派依旧。走过沿街的门厅，面前是一个天井，绿意盎然。两侧是低矮的厢房楼，上下楼都设蠡壳窗户。在漫长的岁月中遭到损坏的砖雕门楼、坚实的石柱、细腻精良的雕饰，仍不难看出张厅昔日的风采。大厅轩敞明亮，一抱粗的庭柱下是罕见的木鼓墩（柱础），这是明代建筑的明显标志。厅堂内布置着明式红木家具，张灯结彩，迎送宾客。墙上悬挂着字画，一副对联尤其引入注目，上联是"轿从门前进"，下联是"船自家中过"。仔细琢磨，对联十分贴切地写出了张厅的建筑特色。

沈厅原名敬业堂，清末改为松茂堂，由沈万三后裔沈本仁于清乾隆七年（1742）建成。据《周庄镇志》记载："沈本仁早岁喜欢邪游，所交者皆匪类。及父殁，人有'不出三年，必倾家者'。本仁闻之，仍置酒，召诸匪类饮，各赠以钱，而告之曰：

'我今当为支持门户，计不能与诸君游也！'由是，闭门谢客经营农业，于所居大业堂侧拓敬业堂宅，广厦百余栋，良田千亩，遂成一镇巨室。"看来沈本仁是属于那种浪子回头金不换的人物，他没有把上辈人遗传的家产挥霍殆尽，在父亲死后发愤耕耘，拓展家业，建成了颇具规模的沈厅。沈厅共由三部分组成：前部是水墙门和河埠，专门供家人停靠船只、洗涤衣物之用，为江南水乡的特有建筑；中部是墙门楼、茶厅、正厅，是接送宾客、办理婚丧大事和议事的地方；后部是大堂楼、小堂楼和后厅屋，为生活起居之处。整个厅堂是典型的"前厅后堂"建筑格局。前后楼屋之间均由过街楼和过道阁连接，形成一个环通的走马楼，为同类建筑物所罕见。

我们参观完之后就租了一条船，游览整个水乡古镇。船娘摇橹，我们一家人坐在船里欣赏，其间船娘问我们是否愿意赏钱听歌谣，我们看船娘挣钱不容易，就照顾她的生意，也给老人孩子助兴，就拿出50元钱，船娘一路上唱了5支曲，还带我们走了福寿安康发财桥，到了沈万三故居。我即兴作了一首诗：

古镇周庄运河桥，
船娘摇橹唱歌谣，
万三故乡繁荣嚣，
亲人对坐天伦笑。

下了船上了岸，我们在一家鱼馆吃了一顿午饭，这顿饭吃得让我懂了一个道理，景区的买卖都是唬人骗人的：要了几个菜，没看到几个小虾，特别贵，尤其是饭，我们问老板饭怎样收费，他说3元钱一碗，随便吃，接着就端上来一大碗饭，我们六个人有四个人分着把饭吃了，没够然后又上了半碗，等我算账的时候，发现饭的价钱是18元，我问老板为什么一碗饭是18元，老板说，是每个人3元一碗，我听后很生气说："老板，您在玩文字游戏啊！"出门看风景，与人交流就是学习，以后我会记得去景区的注意事项，也后悔没有听张金文司机的嘱咐，不要在景区买东西、吃饭，往往被骗。还是感受到张金文司机的善良，萍水相逢，待我们如此真诚。离开景区时，张司机没有让我们去找他，而是驱车赶到我们休息的地方来接我们，想得周到，考虑老人的不便，十分感谢。

回来的路上，由于在周庄游览得很尽兴，也看到张司机的善良、热诚，我们临时决定，带老人去一趟杭州西湖。杭州不在我们计划之内，真的是由于司机善良、理性的服务，也是圆了我和爱人的孝心，老人年纪大了，也许以后再也不会出远门了，能带他们去的地方一定去，就这样，我们去了杭州西湖。

5号早上6点钟，我们一家人出发去杭州，行程两个半小时，到了杭州感觉气压低，温度高得受不了，汗像下雨一样。到湖边上找卫生间找不到，向保洁人员打听，她不告诉，问别人也不知道，张金文司机一直帮助我们找，前面领路，终于找到了，又帮助我们打听买票的事，还想要找个杭州本地人给我们讲解，真的是像遇到了亲人一样。我们在湖滨码头上船到湖中三潭印月游玩。

三潭印月是西湖十景之一，被誉为"西湖第一胜境"，是西湖中最大的岛屿，风景秀丽，景色清幽，尤以三潭印明月的景观享誉中外。主要景点有"开网亭""闲放台""先贤祠""迎翠轩""花鸟厅""我心相印亭""曲桥""九狮石"等。

岸上金桂婆娑，柳绿花明，与雕栏画栋的建筑相映成趣，具有湖中有岛、岛中有湖、园中有园、曲回多变、步移景新的江南水上庭园的艺术特色。

我也作诗一首：

> 绕湖一周四码头，
>
> 三潭印月湖中游，
>
> 断桥残雪白堤走，
>
> 杭州西湖千里绣。

从三潭印月下来，我们去了中山码头，去看白堤断桥残雪，可是老人孩子走不动了，几乎要中暑了，37℃湿热高温，我们是受不了的，只好返程了，好心的张司机将车子违规开到我们休息的地方，接我们上车。回到旅店，我去了苏州大润发超市给婆婆买吃的，她吃什么都坏肚子，只有吃煮茄子土豆才好，可是苏州没有卖的，我只好买生的，回到旅店用烧水壶煮。几天里婆婆只吃一顿饱饭。母亲是回族，我到大润发想找鸡肉牛肉肠，根本找不到，南北方饮食差异太大了，连超市的货品都不一样。当晚我们稍事休息。

6号早晨九点钟我们去了苏州的拙政园。

苏州园林吸收了江南园林建筑艺术的精华，是中国优秀的文化遗产，理所当然被联合国列为人类与自然文化遗产。苏州园林善于把有限空间巧妙地组成变幻多端的景致，结构上以小巧玲珑取胜。狮子林、沧浪亭、拙政园、留园统称"苏州四大名园"，素有"江南园林甲天下，苏州园林甲江南"之誉。苏州园林代表了中国古典私家园林的风格和艺术水平，是不可多得的旅游胜地。苏州四大名园分别代表着宋、元、明、清四个朝代的艺术风格。

拙政园位于古城苏州东北隅，占地5.2公顷。全园以水为中心，山水萦绕，亭榭精美，花木繁茂，具有浓郁的江南水乡特色。花园分为东、中、西三部分，东花园开阔疏朗，中花园是全园精华所在，有"香洲""雪香云蔚亭""海棠春坞"等建筑，西花园建筑精美，各具特色，其中有"与谁同坐轩"，轩亭非常别致，修成折扇状，因苏东坡有词"与谁同坐？明月、清风、我"而故名。轩依水而建，平面形状为扇形，屋面、轩门、窗洞、石桌、石凳及轩顶、灯罩、墙上匾额、半栏均成扇面状，故又称作"扇亭"。园南为住宅区，体现典型江南地区民居多进的格局。园南还建有苏州园林博物馆，是国内唯一的园林专题博物馆。

老人到处拍照，每一处景观都十分精美，让人感叹不已。晚上张金文司机又带我们夜游七里山塘，还找导游给我们买的团购票，省了很多钱，他一直陪同到我们夜游回来。七里山塘的夜景非常美，让人觉得像是在童话中，水乡特色尽收眼底。

唐宝历二年（826），大诗人白居易从杭州调任苏州刺史，为了便利苏州水陆交通，开凿了一条西起虎丘东至阊门的山塘河，山塘河河北修建道路，称为"山塘街"，山塘河和山塘街长约七里，叫"七里山塘"。

苏州的夜真美。古老的吊桥横跨运河，川流不息的人群在静静聆听运河水缠绵的诉说，犹如幽远的江南丝竹从地下袅袅上升。街灯亮了，白居易码头古韵流香，彰显这古老城市的内涵。我们在温婉细腻风格的苏州大街小巷，度过了四个难忘的不眠之夜。似曾相识的身影在街巷中漫步，异地他乡，缠绵遐想是那样惬意而令人流连。香樟树散发着香气，空气中凝结着水气，一家人在张司机的陪同下漫步白居易码头，心中有无限的依恋，景美，人美，情更美。

人生很多美好的记忆都缘于偶然的萍水相逢，含蓄深沉，令人回味无穷，人性的率真善良也在那一瞬间绽放。震撼心灵的是那一声轻轻的问候，并肩同行中一个细小的帮助，一个善意的眼神，都令相遇的人感到温暖；一次特别的相遇，不经意的相识，都会触动心里最柔软的地方，令人思念辗转。文化的城市，江南的城市，名人的故乡。我们怀着敬仰之情去了解那段历史。一座座江南园林的设计诠释了艺术的价值，彰显了历史的悠久。诗意苏州，魅力苏州人。苏州之行，令我们一家人终身难忘。

我即兴赋诗一首：

> 小桥流水人家，
>
> 堤岸垂柳桃花，
>
> 七里山塘古塔，
>
> 拙政园林如画，
>
> 苏州贵人伴驾，
>
> 萍水相逢佳话。

7号一早，我们收拾妥当退了房，准备回无锡，张金文司机给我们一家人送来早餐——20张苏州特色饼，还有豆浆，去七里山塘他不但没收费，今早还送了特色小吃，让我们一家人感动得不知说什么好，他是真心想和我们做朋友，真心诚意地帮助我们。我原以为他只是一名载客的司机，其实他家里不但有超市，还有一个物流公司，自己是一位老板，来给我们做司机只是看情缘，不差这点车费，就是善良人结缘。真的幸运，我们一家老小此次远行会遇到贵人相助，世上还是善良的人多，让我们对苏州充满了敬意！希望我也能代表沈阳人的形象，来接待苏州朋友，八方来客，打造美丽沈阳！

7 号早上我们还是由无锡的张司机接回，晚上我们去了无锡灵山小镇的拈花湾，那是一座宛如仙境之所。

灵山小镇·拈花湾，坐落在无锡马山国家风景名胜区的山水之间，这里向来有"净空、净土、净水"之称，生态秀美，环境优越。而拈花湾靠山面湖，更与灵山大佛依山为邻，可以说是得尽天地人文灵气。拈花湾的命名，一方面源于灵山会上佛祖拈花而迦叶微笑的经典故事，同时也缘于它所在的地块形似五叶莲花的神奇山水。

灵山小镇·拈花湾，是灵山集团历时 5 年，继梵宫之后又一精品力作。2015 年 11 月 14 日，被誉为"中国心灵度假目的地"的拈花湾微笑绽放。

拈花湾的禅意是现实生活中的禅，无论你是在品茗、行走，抄经、打坐，还是倚着雕栏发呆，懒散地晒着午后的太阳，嗅着阳光下花草中的甘香味，无不境由心生。"懒度庸人意，且拂明镜台。我自拈花笑，清风徐徐来"，恰好是最真实的写照。

灵山小镇·拈花湾打造的是一个自然、人文生活方式相融合的旅游度假目的地，追求一种身、心、灵独特体验的人文关怀，让人们体验无处不在的禅意生活，有半山衔日（拈花湖）、香月花街、拈花塔、妙音台、梵天花海、福田阁、禅乐馆、拈花客栈。

我们贪婪地看着美景，留恋不舍，婆婆更是兴奋，两个小时她一直在走，没有休息，也不觉得累，看着她高兴的样子，我们也很幸福，能给老人一点回报，也是我们莫大的快乐。我也应景写了一首诗：

> 华灯初上火通明，
> 窗前丽影镜独钟，
> 空中明月丝丝萦，
> 夜夜诗情笙歌听。

8 号早上，我们在京杭运河无锡河段驻足拍照，亲眼见到京杭运河的繁忙，我们很欣慰。渔民货船来来往往，川流不息，祖国繁荣昌盛，也是百姓的幸福。京杭运河沟通五大水系，是中国水路运输最繁忙的地段，真是百姓的幸运。感叹还是祖国太平和乐！

中午，小张司机将我们安全送到无锡硕放机场。我们候机的时候，张金文送客人也到了机场，他目送我们的背影离开。此次旅行，我们结识了无锡、苏州的两位好友，使我们的旅途无比顺利，让我感慨万千。当飞机安全抵达沈阳桃仙机场时，我长长地舒了一口气，终于落地了，家人安全返回，旅行结束了。

此次旅行终身难忘，萍水相逢的人们难舍难分。南北方文化交流，让我们受益匪浅，苏州之行令人陶醉，人与人的距离、人与自然的距离不再遥远，几天的相处成为永久的美好回忆！看到父母脸上灿烂的笑容就是最幸福的感召，陪伴是一首写不完的诗，相逢是一首唱不完的曲，再见是一杯喝不完的酒……生活不仅仅是生存，更是对丰富的精神世界的追求……

把回忆当月亮，有盈有亏；把留恋当太阳，有升有落。酿时浓浓的，吮时淡淡的，揣进深深的，捧出浅浅的……

2018 年 8 月 8 日

第六编

课题跟踪实践改进经验总结

我从研究"农村初中男女生语文文体阅读与写作差异"到找到"均衡发展的策略"，一共研究了 16 年。我从问题入手，然后分析问题、解决问题。通过几个周期的实战，形成了自己的教学风硌，建立读写结合的语文课堂。用教师自己的习作指导学生读和写，实现语文课的真谛：积累语文知识，运用语言文字，表情达意。语文皆是生活，从语文中提高自身修养。读写相携，初语修文。下文是我 16 年间将其运用到语文教学中的教学经验成果研究，现在总结出来，与读者共享。

关注差异　成就未来

——农村初中男女生语文文体阅读与写作差异分析及
达到均衡发展策略的改革实践

一腔热血，一生守，一世爱，一园芬芳
三尺讲台，三寸笔，三十载，三千桃李
十成心力，百分耕，千倍耘，万口传扬

一位语文教师为了学生的终身发展致力于教育教学改革，扎根农村几十载，关注男女生性别差异、思维差异，寻求语文文体阅读与写作均衡发展策略，不仅给学生带来了福音，也使教师自己成长，更是国家教育基础改革的需要。

一、改革背景

任教 26 年以来，我一直任班主任，任教语文学科。每一届学生中男女生比例数不平衡，男生总数比女生都多一些。我们学校地处沈阳市郊区，郊区学校这种情况一直存在，而且持续很多年。班级中语文、数学、英语的学习成绩男女生不是均衡发展的，学习习惯、人格培养等都存在这样或那样的问题。每一届初三中考时都会遇到难题，男生有的理科成绩比较好，而语文成绩忽高忽低，语文成绩的高低决定他中考时能去哪一层级的高中读书。三年一轮回。这个问题始终困扰着我。我当时对自己班级成绩低、男生语文成绩差做了调查。以 2003 年七年级学生为例，我的班级中，现有学生 41 名，其中男生 25 名、女生 16 名，男女生比例不平衡。每次语文测试都发现男生没有高分，且优秀率、及格率都很低，女生相对的有高分，优秀率、及格率都优于男生。

（一）调查

对全班 41 名学生进行调查：

图一　2014 年 5 月语文质量监测男女生各大题平均分差异统计图

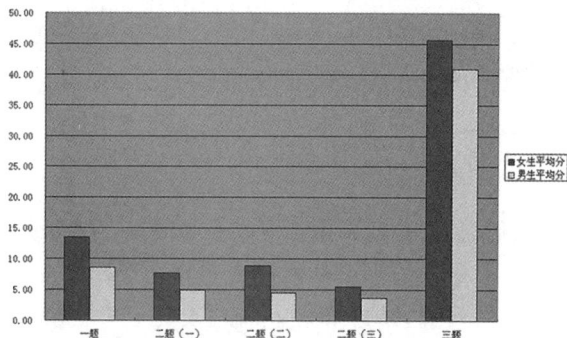

以上的统计图比较的是男女生在知识积累、阅读理解、作文平均分方面的差异，可以看出女生平均分均比男生平均分高，文言文阅读（二题一）和议论文阅读（二题三）分差小一些。总体成绩女生高于男生。

图二　2014 年 5 月语文质量监测男女生各小题平均分差异统计图

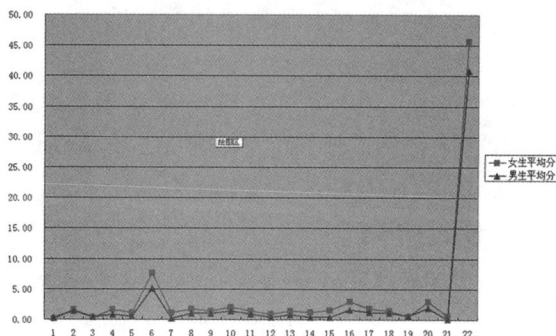

以上统计图是男女生在每一个小题的平均分比较，总体分数女生高于男生。

通过统计图比对可知男女生成绩差异很大。

对学生答题技巧和读书倾向进行了问卷调查：

调查项目	男生	女生
听写汉字和给汉字注音的测试，考查书后出现的一类字词和书下注释中出现的二类字词。	字音、字形全对的有 9 人，拼音全对的有 9 人，汉字全对的有 11 人。	字音、字形全对的有 17 人，拼音全对的有 20 人，汉字全对的有 17 人。
选择题、辨析题，男女生各根据什么去填写选项？	看前因后果关系，看暗示的词语。	有时是乱写，幸运、碰巧填对。
探究题，社会科学方面如何答题？	从电视节目"地理科学"中见过。	不知道。
口语交际题如何得分？	不会说。	我这样做过，母亲教过我怎样说。
平时同学们喜欢读哪类书籍？	爱看漫画，因为有趣，爱看侦破、探险小说，军事类、科技发明类、体育类。	爱看童话故事、言情小说、影视作品、抒情类。
写作文爱写什么体裁文章，爱写什么事？	爱写议论文、科幻类、奇思妙想的事，不会写景抒情。	爱写家庭生活、抒情类叙事文，一写就收不住笔。

分析调查问卷后发现，男女生平时的爱好倾向与考试试卷得分失分情况息息相关。

（二）分析

对学生进行深入的调查，寻找存在差异的原因。

我查阅了相关资料，明白了男女生学习语文出现的文体阅读差异与写作差异大，源于男女生性别差异、心理差异、性格差异、家庭教育差异、学校教育差异以及教材编写差异。

性别差异：女性在题目涉及抽象思维、空间思维以及立体视觉活动时成绩不如男性，而在语言方面优于男性。女生比男生身体发育成熟早，在智力发展上也有一定的早期优势。与女性相比，男性在阅读能力的发展上可能需要花更长的时间才能走向成熟。

心理和性格差异：男生对阅读的兴趣普遍不及他们对自然、物理、科技、体育等方面的兴趣那么强烈。而女生们更倾向于通过阅读来获得乐趣，以丰富自己的生活。

家庭教育：父母对男孩子和女孩子的教育重视程度不同。郊区家庭中大多数是父母亲都出外打工，晚上回家很晚，在学历上也辅导不了孩子。提供经济保障一般，没有多余的钱去给孩子请辅导老师。在语言沟通上很少，造成男女生在家庭中接受的教育环境有差异。

学校教育差异：学校教育中，用一把尺子衡量男女生，按同样标准要求男女生，忽略了性格差异。在语文学科上，出现了能力差异大、文体阅读差异大、写作差异大的现象，而没有深入研究，不能注重对男生细节能力的培养，不能注重对女生整体把握能力的培养，也是目前教育的缺憾。

教材的编写：从 2003 年—2019 年，教材改版 4 次，所选教材是多家出版社出版的，叙事、抒情类作品居多，利于男生阅读的作品少，注重形象思维、机械记忆，忽视了男女生性别差异、思维差异，也是男女生语文成绩差异大、文体阅读差异大的原因。直到 2019 年才定准用国家教育部的部编统一教材。

我又继续深入研究了近几年我市中考语文命题及全国各市中考命题，发现中考命题时，对男女生性别差异也是忽略的。命题偏向女生思维规律的居多，女生语文成绩高分多，女生考上省级重点高中的占多数，男生占少数。因为在中考时，很多男生就因语文的成绩低而与重点高中乃至日后与重点大学无缘了。

这种循环规律，导致了我校目前男生语文成绩好的少。这一调查研究让我深深地反思，我在学生基础教育阶段做一线教师，应该注意这一问题，反思我的教学理念是否符合学生性别发展，我们在思想教育上对男女生思维差异引导存在忽略，要研究我们在教学中对男女生培养的方式是否做到了因性别施教、因思维差异而进行去差异化培养。因此，我开展了相关课题研究。

二、改革过程和教学措施

（一）外出考察界定课题

我参加了教育研究院组织的江苏学习考察活动，在江苏扬州树人学校进行了深层次、近距离的学习和调查。在树人学校，我走进了课堂，近距离地与树人学校的老师接触，听课、评课、研讨，与学生进行交流。课间时，我抓紧一切机会与学生、老师进行研讨。我每听一节课，都着重关注一下每个班级男女生分配情况、分组情况、课上男女生回答问题情况，及课上男女生的差异表现情况，老师提问、评价，生生互动，师生互动，所有关于男女生学习语文差异的现象我都关注。不同学科我也是这样关注的。我希望在南北方不同省份、不同程度的学校，找到我课题的着眼点，然后改进，提高我自己的教学水平。听课之后，我都是追着执教者探讨关于我课题涉及的内容。通过数据分析显示：市内好的学校，这种差异很小，通过全年组的男女生平均成绩比对，得出结论就是我研究的课题以农村初中男女生为研究对象。我的课题标题定为《农村初中男女生语文文体阅读与写作差异分析及达到均衡发展策略的研究》。

2014 年 5 月语文质量监测男女生成绩统计表

题号	试卷赋分	女生总分	女生平均分	男生总分	男生平均分
1	2	2	0.09	6	0.27
2	2	36	1.64	32	1.45
3	2	6	0.27	8	0.36
4	4	36	1.64	17	0.77
5	2	24	1.09	12	0.55
6	10	167	7.59	111	5.05
7	3	24	1.09	4	0.18
一题	25	296	13.45	190	8.64
8	3	39	1.77	22	1.00
9	2	32	1.45	23	1.05
10	5	45	2.05	32	1.45
11	2	32	1.45	21	0.95
12	3	20	0.91	10	0.45
二题（一）	15	168	7.64	108	4.91
13	3	32	1.45	18	0.82
14	3	26	1.18	9	0.41
15	3	33	1.50	9	0.41
16	4	64	2.91	35	1.59
17	2	40	1.82	27	1.23
二题（二）	15	195	8.86	98	4.45
18	2	32	1.45	24	1.09
19	4	11	0.50	14	0.64
20	6	64	2.91	43	1.95
21	3	14	0.64	1	0.05
二题（三）	15	121	5.50	82	3.73
22	50	1003	45.59	899	40.86
三题	50	1003	45.59	899	40.86
总计	120	1783	81.05	1377	62.59

（二）教学策略

策略一 激发兴趣，调动积极性（主要以 7 年级学生为研究对象）

初中阶段女生在性格上的表现还是爱说，表现欲强些。男生则不爱说，不爱表演，爱动手操作。男生比女生晚发育一年。为了激发学生在课堂上发言的积极性，让他们觉得学习语文很快乐，我在 7 年级上第一周语文课时都是配乐朗读、范读，关注男生。他们说话、朗读都不如女生，给男生充分的朗读、发言的时间，鼓励他们开口说。第一个月开展诗词、美文朗诵会，诗词背诵考级比赛，诗词表演。对男女生要求不一样，对男生要求低一点。请从本地走出去的、在社会上有一定影响力的人士回到学校，现身说教，让学生受到思想的触动，从而爱好语文读写，表达情感。融进语文的意境之中。定期开展辩论会、制作手抄报、校园一角晨读、图书馆阅览书籍。男女生搭配，让学生在活动中弥补不足，缩小男女生差异。

例如：开展"中学生该不该使用智能手机"辩论会。辩论会构想："智能手机"是目前中学生最依赖的通信工具，有的过度沉迷，以至于丧失学习的信心，体现不出阳光、进取、积极、乐观精神。同时，这一阶段的学生正处于青春期，不可避免地会出现一些叛逆的言行，尤其是在与家长、同学的交往中，会遇到一些困惑与问题。使用智能手机有利也有弊，基于以上几点，我想从这次辩论会上让孩子充分展示、充分竞争、充分讨论，起到树立正确的观点、展示风采、理清困惑，锻炼男女生口语表达、语文写作、小组互助、表演等的能力，激发他们学习语文的兴趣。

策略二 根据文体，因性别施教（以 7—9 年级学生为研究对象）

教师在阅读教学中注重文体差异与男女生性别差异，备课预设，上课预案。我曾随我区到上海青浦学习关景双院长创立的课例研修，我建立了"读写结合的语文课堂"模式，贯穿教学，教学中明确体裁，明确目标，不同文体用不同的教学方法。在培养学生时，将文体差异与男女生差异相结合，加以综合考虑。

（1）记叙文教学（重点是对 7 年级学生加以训练）

记叙文讲究记人、叙事、写景状物等。这种体裁女生从生理结构、性格特点、家庭教育等因素来看适合学习，而且比较占优势，答题技巧掌握得好。而男生由于生理结构、性格特点、家庭教育、个人爱好等原因，对这种文体掌握比较差。我在讲课中注重对男生细节思考能力的培养，尤其是写景叙事，引导男生发挥理解记忆的优势，重视阅读积累，将抽象思维向形象思维过渡，引导学生在家庭中多与父母沟通，锻炼口语交际，将关于亲情的故事或生活中观察到的事讲给大家听，从而达到对男生因性别施教的目的。

措施①：训练男生口语表达：语法式，重复式。

男女生存在性别差异、心理差异和性格差异，所以男生上课答问题就是用单个字、单个词地回答，成句话说则语法混乱。教师指导语法，让学生反复说，学说句子，女生可以做示范，男生重复模仿。

措施②：练笔字数要求分层次。学生分组训练，语文能力强弱不同。阅读有数量要求，阅读之后的小练笔就是读写结合的课堂特点，给他们的练笔要求是男生70—300字，女生是200字以上。学生们都很高兴，都能完成老师规定的内容。写得好的可以尽兴写。

措施③：师生才艺大比拼。发挥语文教师素养的导向作用。我研究的"读写结合的语文课堂"模式，很有成效。尤其是记叙文里，学会一个方法就可以进行小练笔。师生共同写作比拼。

如《周庄水韵》之读写结合——虚实结合。这一课学完之后，我们进行了练笔尝试，写得差点的学生也能写一句符合要求的话，"河水清澈见底，久违的儿时记忆又出现在眼前，我与哥哥滑冰、抓鱼的惬意感又浮上心头"。写得好的就是一首诗了："生活就是这样不断地让我学会感恩，忧郁时感念相遇，别离时感念甜蜜，无论相遇还是别离，静守都是一种幸福的期待，期待生活中色彩斑斓，期待岁月的河流多些激情的浪花。"

（2）议论文体教学（以7年级下学期为主进行训练）

议论文是讲明事理、阐明观点的文章，有短文、杂文、文艺评论、学术论文。重视实用，融进自然、社会思维等领域，引发人们的思考。这种文体根据男女大脑不同结构及多种特点差异，更适合男生学习。7年级下学期的男生开始进入青春期，男生在阅读实践中也以理性思维为主，真正是先入为主，领悟理解优于女生，他们有敏捷的思维，用逻辑思维来考虑问题、表达观点，写作中也善于运用这种文体。而女生则不然，她们没有这种全局意识。从试卷答题中看出，女生答"论证思路"这一问题时失分特别多，这就需要我在教授这一文体时，正确引导女生由形象思维向抽象思维、逻辑思维发展，把握全局，有独立见解，从具体到概括发展，弥补其抽象思维的不足。

措施①：论辩中练思维。

议论文有一个题型是"给选文某一段补充论据，或者选哪一个材料能做这段的论据"。这道题需要学生明确本文的论点，补论据则涉及写作的语言表述。这样的题我发现男女生有不同，常常为一个论据而辩论得不可开交。如"论点是'挫折是人生成功的奠基石'，要求补写一个论据来证明论点"，男生爱写一些名人科学家、军事类人物，如"林肯多次竞选州长失败，却一直坚持，最终成为总统；邓稼先在外国专家撤出情况下，自己经过多次计算使原子弹试爆成功"。女生爱写作家或者情感类名人，如"《甄嬛传》里的甄嬛一路坎坷，被人排挤，最后凭借心计登上了宝座"。这两个论据都符合要求，这就是男女生的思维差异，在论辩中达到了均衡发展。

措施②：求同存异。我尊重学生的个性差异，但给他们提出的要求就是找对观点，论据适合就行，语言表述要精练，议论文不像记叙文那样有完整的情节，女生说的长篇大论，还要指导其力求精练。

（3）说明文教学（以 8 年学生为主加以训练，对 9 年级学生进行 3 种文体综合训练）

说明文指解说事物性状、事理的文章，如说明书、解说词、科普说明文。

措施①：利用课程资源开发。讲授指导阅读这种文体时，注意到这种文体适合男生阅读，因为男生在生理特点、性格特点及思维方式上都讲究实用。学校和家庭教育存在着差异，充分利用课程资源和校本教研，缩小男女生之间的差异。电脑已经普及家庭，我们的各科课程里也涉及一些课件制作，需要收集信息的能力。我充分信任学生，交给他们一些任务，他们都会利用电脑出色地完成。

措施②：实践与读写相结合。动手能力还是男生更强一些。男生制作完了，在电脑前面展示给大家看时，就会按鼠标，解释则不擅长，我就让男女生一组，把他们制作的过程写下来，讲给大家听，这样既锻炼了动手能力，也练习了说明表达方式的运用，缩小男女生之间的差异。如：幻灯片的制作《珍奇的稀有动物——针鼹》一课时，男生就找来了澳大利亚很多濒危物种的图片，加进幻灯片里，插入文本框，改字体，设置自定义动画，让女生一一写出说明，交给我。这样的锻炼天天都在进行，达到了均衡发展的目的。

（4）作文教学（以7—9年级学生为对象）

7年级进行作文片段练习，开头结尾相照应，段段扣题，谋篇布局，景物描写，人物外貌、神态、动作描写，教师自己写例文，有作文讲评课；8年级练习成文，主要是围绕主题组材，句子优美，有作文讲评课；9年级选择典型素材，真情实感，亲历事件整理。7、8年级以练写记叙文为主，9年级可以指导写议论文。

每次题目都是二选一，可以让学生写不同文体，根据自己的特长，男生喜欢写适合议论文的题目，他们觉得比记叙文好写，平时爱看些时事和科学的书，能够用到作文中去。女生爱写记叙文，觉得比议论文好写，喜欢亲情类、友情类、借物抒情类。由兴趣带入来指导男女生写不擅长的文体，以便达到均衡发展，提高写作能力。

措施①：师生同写练习。作文指导中，我尊重学生性别差异、个人阅读素养及写作差异，不限制文体，但我在指导时，这两种文体兼顾，以便于男女生学习。我本人也与学生用同样的题目写作文，我常写一些叙事类的文章给学生看，并讲述我的想法、我的认识、我的经历，引导学生善于观察，善于感悟，培养写作能力。

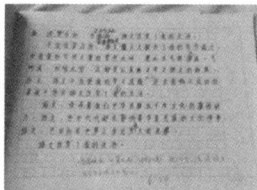

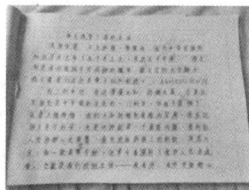

措施②：积累素材，厚积薄发。组织学生每天课前讲一个小故事，是发生在自己身上或身边的人身上，或者是在当天的新闻、报纸、杂志上看到的，能反映积极、向上精神的小故事，目的是锻炼口语表达能力，也便于积累作文素材。上课指导时，给出一个作文题目，让大家把他讲过的故事运用进来，锻炼他们的改写和反思能力。经过研究努力，学生的作文水平有了明显的提高，从结构、立意到语言都有了进步。薄金来和刘沫辰两位男生，在以前写作中，作文得不到一类文的评价，现在他们的作文也有了细腻的情感表达，薄金来的作文进步非常快，一学期练习 9 篇作文，他有 8 篇都是 45 分以上，语言优美，立意鲜明，文采飞扬了。虽然他们写作的方法不同，体裁不同，但收到的效果却是相同的。写作能力提高之后，就要求他们去写自己不擅长的文体，以便达到均衡发展。

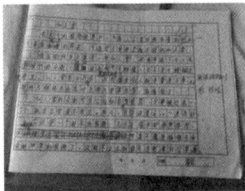

策略三　营造环境，有利于阅读

初中阶段教材编写中适合女生的内容较多，适合男生的较少。语文版教材每册必有两个单元都是文言文单元，涉及的内容诗词十首，名家的散文、游记，托物抒情的居多些，少有军事科学探秘的。现代文单元也是叙事类居多，说明文、议论文也是文体知识点突出些，内容上男生感兴趣的少，有些需要背诵的内容男生就更是头疼。所以在班级中推荐一些书目便于学生阅读，弥补教材编写的差异，如：《我爱科学》《科学探秘》，还有军事、体育、科幻、《意林》《读者》等适合不同学生阅读的书。利用校园文化建设对学生进行读书教育。学校到处都是名人事迹介绍，用这些资源来开发学生的阅读潜力。利用图书馆、阅览室来给学生创设阅读学习的环境。班级里利用黑板报、走廊宣传板，设计各种文学作品展及绘画、书法展，来陶冶学生情操。教材新改版的部编版对学生就照顾到了男女生差异情况。

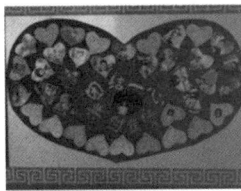

策略四　家校结合，以弥补缺憾

教师做好与家长的联络，建立联系群，与家长时时沟通、互动、交流，为学生搭起家庭教育的桥梁。农村初中男女生语文学习差异大，原因很多是家庭教育的影响，因此班主任老师要经常召开家长会，做家长的思想工作尤为重要，营造家、校、社会教育三位一体。利用沈阳教育资源平台开通人人通、班班通空间，让家长、学生都互动起来，有利于阅读。

例如：我们学校是郊区，学生父母多数是忙于打工，没有时间照顾孩子，有时老师要把回不去家的学生带回自己家照看，等家长回来了，再来老师家接孩子。有时学生有学习、心理方面的特殊情况了，老师要到学生家里去家访，做好家与校的联系工作，为学生营造良好的育人环境。班主任每学期都必去每个学生家里家访一次，我的事迹被刊登在《沈阳日报》上。我促进男女生均衡发展，不让一个学生掉队。

三、研究成果

（一）结论

1. 通过研究，总结出农村初中男女生阅读与写作中存在差异的原因有六个，分别是：男女生性别差异、心理差异、性格差异、家庭教育差异、学校教育差异以及教材编写差异。

2. 缩小农村初中男女生阅读与写作差异，促进均衡发展的策略是：激发兴趣，调动积极性；根据文体，因性别施教；营造环境，有利于阅读；家校结合，以弥补缺憾。

（二）效果

1. 学生变化：通过实践研究，学生的阅读能力、写作能力都有了一定程度的提高，获评二类文的学生数大幅度增加，更可喜的是男女生在阅读和写作方面的差异明显缩小。经过自己观察、其他教师和家长反馈，学生的良好阅读习惯已经养成。比如遇到名言警句、简短美文，学生会反复读，甚至会背，有意识地积累资料；遇到有不了解的作者，不明白的字词、义等，能主动查阅资料，不敷衍了事，经常练笔。以下通过三个表格比较分析。

改革研究之前，图一：

语文 6 次质量监测男女生平均分差异统计图

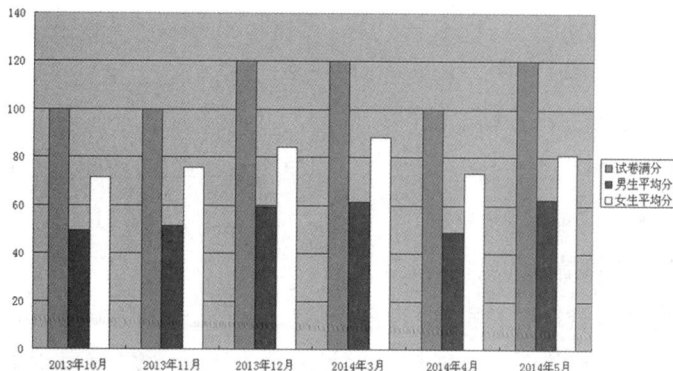

改革研究之后，图二：

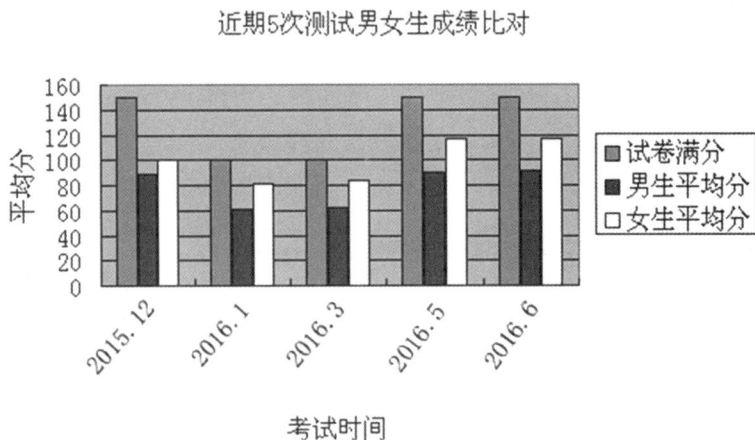

近期5次测试男女生成绩比对

考试时间

小结：通过图一和图二对比，看出男女生平均分在普遍提高，差异缩小，文体阅读均衡性很好。

图三

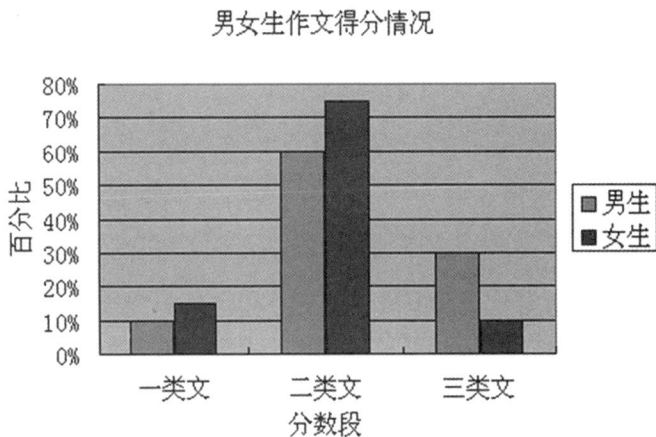

男女生作文得分情况

分数段

在长期的语文教学中，学生的语文素养有了很大提升。

我研究了 5 个周期，3 年为一个周期：第 1 周期（2003—2006），第 2 周期（2006—2009），第 3 周期（2009—2012），第 4 周期（2012—2015），第 5 周期（2015—2018），现在是 2020 年，是第 6 周期的第 2 年。

这 5 个周期，不断总结策略、改进、完善，17 年中我一直在做。每一个周期都会改进一些策略。2019 年是新一届 7 年级入学，这个改革经验实施效果更加显著。

17 年里，我还对改革研究的对象在高中、大学、工作后的表现、境遇，进行跟踪回访，去验证这个改革措施起到的作用。

当年有三名男生理科成绩特别好，就是语文成绩差，150 分满分，每次测试他们只能得到 90 多分，我很着急，就研究了针对男生的策略。这个策略有效了，三名男生中考的时候分别得了 127、128、135 分，没有被其他人落下。这几个孩子我每年回访一次，他们在高中、大学及工作后都非常出色，语文有了深厚的底蕴，也带动了其他学科，情商也高了，深受周围人的喜欢。现在是 31 岁了，在单位是领导，也成家了，一切顺利。也有女生因为中学时候理科不好，然后引起任课老师的注意，用均衡发展策略达到了理想的结果，如今也考上了理科大学，文理并行，一切顺利。我看到自己的研究有了效果，这一策略为孩子未来的发展起到了承前启后的作用，初中三年正是人生观、价值观形成的时期，在容易接受的年龄里，他们没有因为偏科而掉队。

2. 教师的成长：教师自己的阅读与写作教学能力也有很大提高。在 16 年的研究中，2013 年 12 月我发表的论文《初中农村教师的语文素养在学生中的导向作用》刊登在《中国科教创新导刊》上，这是国家级核心期刊。2014 年 9 月论文《初中男女生阅读与写作差异研究》发表在《辽宁教育》上，这是省级核心期刊。还有一篇考察报告《农村初中男女生阅读与写作差异分析及达到均衡发展策略研究》发表在国家级刊物《新教育时代》上。这项课题在 2016 年 11 月通过了"十三五"市级课题验收，准予结题，我本人也获得了《农村初中男女生语文文体阅读与写作差异研究》主持人结题证书。我自己建立了"读写结合的语文课堂"，坚持做主题式课例研修，撰写了 6 万多字的《读写归真　初语修文》课例报告。我的研究对学生的个体是受益的，对我的班级整体是受益的，对我的学校是有辐射作用的。我所带的班级语文平均分要高于平行班级 8 分左右。我想我的改革可以为我区、我市教研提供第一手资料。一枝独秀不是春，百花齐放春满园，我把自己的经验介绍给其他语文老师，带动其他老师共同进步。并由语文学科的均衡发展策略辐射到其他学科，缩小男女生能力差异，达到齐头并进、均衡发展的目的。

（三）国内外研究现状

国内研究有《男女生心理差异与教育》《语文教育研究概论》《初中生语文学习的性别差异研究》，学位论文《初中男女生语文学习差异分析和教学策略实践地研究》。

国外研究有美国麦可比·杰克林《性别差异的心理学》、美国布鲁纳《教育过程》，其中有一些是关于这方面的研究，但都没有具体深入到农村初中男女生语文文体阅读和写作差异这方面的研究。国外有关于小学生语文阅读与性别差异的，也没有我要的这方面的研究。对于初中男女生性别差异这一部分内容很少涉及，尤其是具体到农村地域范畴的就更少了。

（四）创新点、亮点

我总结出农村初中男女生文体阅读与写作存在差异的原因，以及达到均衡发展的策略。完善了自己的教学风格，通过自己的研究引起其他学科教师对农村初中男女生性别差异的重视，从而缩小学生在其他学科上存在的差异，达到均衡发展。

我的研究填补了7—9学年段、13—16岁农村地区男女生语文教学策略的空白，为带动地区发展实现教育均衡提供真实案例资料，也为学生未来十年、二十年的生活打下了基础。

（五）改革的意义

缩小了男女生在语文学习上的差异，学生会阅读语文文体，会写作了，男女生并肩同行，使学生在学习语文中得到了快乐，形成正确的人生观、价值观，将语文融入自己的生活和工作中，体现汉语情感熏陶，体现增强文化底蕴修养的真正意义。我关注的教材编写工作2019年也在全国落下帷幕了，部编教材更合理了，中考高考改革也在进行了，更适合男女生不同阶段的发展，社会上已经关注男女生差异了，我们的汉语言文化在国人心目中地位又提高了，我作为一线教师能在改革中出一份力，感到自己的教育教学价值是无价的。

四、问题与下一步计划

我是女教师，在对待男女生的态度上要有改进，因为男生在家里都是几个老人看着一个孩子，男生的责任心和自理能力不强，我要给予他们充分的信任和锻炼的机会，不能对淘气的男生有急躁情绪，让男孩子有男孩子的个性，鼓励他们大胆地做男孩子的事情。

下一步，我带的班级是七年级，是课题研究改革的第六个周期，这个班级男生还是比女生多了三分之一，我经过一年培养，语文阅读最好的、作文最好的是男生们了，已经有了成效，计划在八至九年级时要把男生锻炼得拥有组织能力，把我班全体男生带动起来，再让男生带动女生，把理科成绩提高，从培养思维上入手，到初三毕业时，争取将三分之二的学生送入高中，三分之一的学生送入中等职业学校发展特长。

我本人多读理论教育的书籍，继续做主题式《读写结合的语文课堂》课例研究。

计划每学期做三次，带领我工作室的人员汇编材料，高度总结提炼提高农村初中男女生语文文体阅读与写作能力策略，在区域内推广。

> 沧海一粟添浩瀚，
>
> 森林一草绿满山。
>
> 教师一语育桃李，
>
> 感恩一心报世间。

后 记

　　《读写相携　初语归真》一书在编写和整理过程中得到了许多关爱我成长的人的关心与支持，尤其是苏家屯区教育局的唐喜峰老师和于洪区教育局的陈玉秋老师，为本书积极策划指导，倾注了心血。我的家人默默付出，父亲用生命守护我的安宁。认真书写、整理自己专业成长的轨迹，都源于语文教师的写作。科研课题，使文集从最初的茧，蜕变成为一只美丽的彩蝶，映入大家的眼帘。每一篇小文都是自己一段真实的经历，每一句话都是最真实的情感流露，每一个字里都饱含着我的款款深情！从笔端流出的是我发自心底的人生感悟，从一抹绿意小草到绿遍天涯的成长，好似涓涓细流一点一点向灵魂深处流淌，一路上充满了艰辛，关爱我的人仿佛缕缕阳光照亮了我生命的天空，个人爱好在他们的鼓励与帮助下滋润成了梦想，得以实现。感谢沈阳市教育局领导、沈阳市教育研究院领导、《于洪教育》期刊编委们多年来给我提供展示的平台；感谢赵文杰科长、刘鹏翼科长给予我的鼓励与提供的机会；感谢原于洪区教研室刘绍森主任、潘虹教研员多年来对我的培养、知遇之恩；感谢六十中学原校长李景山，现任校长修敬、李保群书记、刘健宝主席在工作中对我的重视和培养，给我创造了良好的工作环境；感谢六十中学全体老师对我的帮助。时光荏苒，蓦然回首，我已走过了不少风风雨雨，我的初中班主任朱文昶老师引领我走上语文教师的道路，点点滴滴的感恩与幸福成了我心灵的绿茵，摒弃浮华，寻找心灵的栖息地！读写相携，初语归真。